"美丽中国，我是行动者"系列丛书

爱在山河　人间值得

——2019 最美生态环保志愿者人物档案

生 态 环 境 部 宣 传 教 育 中 心
"美丽中国，我是行动者"系列丛书编写组　编著

中国环境出版集团·北京

图书在版编目（CIP）数据

爱在山河　人间值得：2019最美生态环保志愿者人物档案 / 生态环境部宣传教育中心，“美丽中国，我是行动者”系列丛书编写组编著. -- 北京：中国环境出版集团，2020.5

ISBN 978-7-5111-4250-4

Ⅰ. ①爱… Ⅱ. ①生… ②美… ③我… Ⅲ. ①环境保护—志愿者—生平事迹—中国—现代 Ⅳ. ①K820.7

中国版本图书馆CIP数据核字(2019)第292047号

出 版 人　武德凯
策划编辑　李心亮
责任编辑　王　琳
责任校对　任　丽
装帧设计　艺友品牌

出版发行　中国环境出版集团
（100062　北京市东城区广渠门内大街16号）
网　址：http://www.cesp.com.cn
电子邮箱：bjgl@cesp.com.cn
联系电话：010-67112765（编辑管理部）
010-67110245（第三分社）
发行热线：010-67125803，010-67113405（传真）
印　　刷　北京盛通印刷股份有限公司
经　　销　各地新华书店
版　　次　2020年5月第1版
印　　次　2020年5月第1次印刷
开　　本　787×1092　1／16
印　　张　23.5
字　　数　450千字
定　　价　172.00元

编审组、编委会名单

行动起来就是改变

为生态环保志愿者立传的图书出版了。这是一种精神的传颂，一种文明理念的弘扬。

作为“美丽中国，我是行动者”主题实践系列活动中的一项重要内容，2019 年 6 月，生态环境部办公厅和中央文明办秘书局联合在全国推选出百名长期积极组织或参与生态环境保护实践活动的优秀志愿者，授予“最美生态环保志愿者”称号。本书选取了部分最美生态环保志愿者的感人事迹集结出版。

我们从中看到了许多熟悉的志愿者名字，他们来自各行各业，有耄耋老人，有青年学生，有国家企事业单位的工作人员，有外来务工者，有的兼职志愿服务，有的专职志愿服务，有的还在岗，有的已退休。他们大多数都是普通人，来自平凡的岗位，做着平凡的工作。他们以传播生态文明、服务社会和他人为己任，活跃在生态环境保护的第一线，活跃在全国城市、乡村的每个角落，用他们的赤诚奉献唤醒人们的环境意识，激发公众参与的热情，一点一滴推动着身边环境的改变，履行着公民的社会责任。我们知道，因为志愿服务的公益性质，许多志愿者没有收入，没有荣誉，更多的是牺牲和付出。他们平凡却又伟大，他们理应获得社会更多的敬重和关爱。

服务之美，润泽无声；奉献之美，成就梦想。生态文明建设不仅是国家战略和政府职能，更需要公众参与。每个人的积极参与是生态文明深入推进的持久动力。只有全面、有效地动员全社会的力量，调动各个阶层、团体的积极性，逐步建立健全政府主导下的公众参与机制，在全国上下形成共识，生态文明建设才能真正成为政府主导、全民担当的行动。

应当说，经过三十多年的发展，在志愿精神的带动下，公众参与已经在祖国大地开花结果，生态环保志愿队伍不断扩大，志愿服务内涵不断丰富，志愿服务精神逐渐融合发展，志愿服务事业朝着更加规范有序的方向发展。志愿服务团队、志愿服务项目、志愿服务精神已经成为社会的一种品牌，成为推动某个城市进步的一个亮点，更成为推动生态文明建设的有益补充和巨大动力。

百名最美生态环保志愿者的事迹告诉我们：行动起来就是改变。一些让我们束手无策的难题、一些似乎难以改变的现状，解决途径只有一个：行动，持续地行动。致敬“最美生态环保志愿者”，就是希望我们每一个人都争做生态环保志愿者，都能发扬志愿精神、发挥志愿作用，像这些志愿者那样，行动起来，把“奉献、友爱、互助、进步”的志愿服务精神当成自己的自觉意识和实际行动，向社会传递生态文明，向周边传达善意，在志愿服务中完善自己、培育环境道德、提升环境素质、倡导环境风尚，为打好污染防治攻坚战、建设美丽中国做出贡献。

因水平有限，疏漏和不妥之处在所难免，恳请读者批评指正。

本书编写组

2020年2月

蓝天保卫战 我是行动者
Beat Air Pollution

美丽中国 我是行动者
2019年百名最美生态环保志愿者

邓佳 摄

Beat Air
Pollution
WORLD
ENVIRONMENT
DAY
2019世界环境日全球
2019年6月5日 杭州

邓佳 摄

荣誉证书

王 涛 先生/女士：

授予您“美丽中国，我是行动者”2019年“百名最美生态环保志愿者”。

特发此证，以兹鼓励。

生态环境部办公厅 2019年6月

2019年6月

清洁海岸 保护环境 打造最美海州湾

锦市黑嘴鸥保护协会环境教育基地

丰田纺织(中国)
一人一树TB心
丰田纺织(中国)
一人一树TB心
丰田纺织中国第7回丰纺绿洲公益行动·阿拉善腰格里

目　录

人物名片

姓　　名：孔媛媛

民　　族：汉　族

籍　　贯：山东省菏泽市

所在单位：邯郸市环境文化交流促进会

01

人物事迹

1991 年，孔媛媛创建邯郸市环境文化交流促进会，着力为人们提供常态化的环保服务，让环境文化浸润人心。她和她的团队组织生态志愿者在中小学发起“垃圾减量化”环保公益活动；带领志愿分队相继赴 50 余所大中小学，进行环保宣讲 100 余场，创建 50 余个环保教育试点；发起全民减霾“五千米内不开车”行动，近 10 万名司机签署了“五千米内不开车”实名承诺书。此行动被央视《新闻直播间》和《中国报道》等媒体相继报道，在晋冀鲁豫四省周边及邯郸 6 区、1 市、11 县逐步普及。

荣誉榜单

曾荣获中国青年志愿服务金奖、全国保护母亲河奖、感动河北年度人物、美丽河北“最美蓝天卫士”、美丽河北“最美志愿者”“河北好人・环保卫士”等荣誉称号。2019 年被生态环境部和中央文明办联合授予“最美生态环保志愿者”称号。

环保志愿者的价值在于唤醒，我希望做一名播种人，将环保的种子种入所有人的心中。

——孔媛媛

孔媛媛：用足迹丈量脚下的路

“送你一片绿色，让你心情好。送你一串欢歌，欢歌让你飞……”2019 年 5 月 23 日，河北邯郸碧水湾小区，500 多名观众合着音乐的节拍挥舞着手里的彩旗，报以热烈的掌声，现场的气氛，感染着每一个人。“保卫蓝天，和每一个人的健康息息相关！” 退休职工毛敬宽拉着她 4 岁的外孙女高董诗情当场提出加入志愿者的申请。孔媛媛和她领队的橄榄绿青年志愿者感到很欣慰，他们知道自己的精彩演出已悄然叩开了观众的心扉。28 年来，他们走百县、进千乡、入万村宣传环保已成为习惯。

从进乡入村搞宣传、清理滏阳河畔的垃圾，到奔赴数千里外的可可西里无人区参与环保服务，孔媛媛带领她的橄榄绿青年志愿服务团（以下简称橄榄绿），已经走过 28 个年头，全国的志同道合的加盟人员达到了 3 万人。橄榄绿就像一棵树，如今已枝繁叶茂，郁郁葱葱。

徒步千里走滏阳

滏阳河是邯郸的母亲河，她家就在河畔住。孔媛媛说：“我从小生活在邯郸市滏阳河边。那时候天是蓝的，河水是清的，水里有小鱼小虾。大家茶余饭后都喜欢在河边遛遛弯、聊聊天。再后来环境变差了，天不再那么蓝、河水变黑发臭，成了人们路过都要掩鼻的‘龙须沟’。在岸边长大的我，当时就在想

孔媛媛给小学生讲环保课。

该为这条河做些什么了。”那时她经常看到有身着橄榄绿的武警官兵在清理滏阳河的垃圾，于是，就和几个同学加入了清理的队伍。

就这样，孔媛媛成为了一名环保志愿者。1991 年，她和伙伴们怀着对军人的敬仰成立了河北省内第一支民间环保组织——河北省邯郸市橄榄绿青年志愿服务团，她当上了凡事冲在前的团长。28 年来，这群意气风发的志愿者团队所做的每一件事都值得书写。

2006 年暑期，孔媛媛带领团队组织实施了“爱我母亲河，徒步千里走滏阳”环保志愿活动，从滏阳河源头到天津渤海湾入海口徒步 760 千米，途中调查了解了滏阳河、子牙河、海河生态状况。

全体志愿者经过 45 天艰难跋涉，胜利到达天津塘沽区海河入海口。整个活动，共散发了 10 万份保护母亲河宣传册，捡拾垃圾 20 余吨，清理河面漂浮物 40 余吨，进村入户环保宣讲 46 次。撰写的《滏阳河环保调研资料》，呈交各地政府相关机构，引起了各地政府职能部门的高度重视，加强了对滏阳河河流污染的治理，使得滏阳河在短时间内水质迅速好转。

比日趋整洁的河流更为令人高兴的是两岸人们观念的变化。“磁县高邑镇接近马头的地方，以前是滏阳河两岸最脏乱的，当地有几家小企业直接向河道排污，百姓反映过也没多大效果，后来人们的生活垃圾也往河岸倾倒，认为反正自己也改变不了什么”，孔媛媛说，“之后我们大学生志愿者不停去宣传，去清理，逐渐深入人心。”观念的变化起到了至关重要的作用，企业也上了减排措施，人们也自觉地进行垃圾分类。

由此，志愿者们产生了长效治理的想法，在21个重点区域设立了监测站点，当地村委会或热心人士争相担当检测员。现在滏阳河正变得干净漂亮起来，邯郸市区段的夜景亮化，从北仓一直到达滏阳公园，一派“桨声灯影，画舫如织”的气象。

千里挺进大别山

孔媛媛至今难忘，在“徒步千里走滏阳”中，途经沧州献县一个村子时，有个6岁的小女孩一直盯着志愿者程书丽手中的半瓶矿泉水，于是程书丽把那半瓶舍不得喝的水给了孩子。孩子兴奋地跑到她妈妈身边说：“妈妈，你看我有好水了。”妈妈说：“水是姐姐路上要喝的，咱不能要，咱家里有水呢。”小女孩委屈地说：“姐姐的水是清的，咱们家的水是浑的……”孔媛媛眼圈红了，河水污染，老百姓是直接受害者。她的心很痛，更坚定了她矢志环保的决心，她也是母亲啊！

2007年7月，孔媛媛率领团队实施了千里挺进大别山保护三江流域环保志愿行动，徒步跨越冀、鲁、豫、皖、鄂五省，在途经的金堤河、黄河、平洪河等众多河流段暗访了砍伐大堤防护林、污染企业偷排污水、采沙船乱挖乱采等情况，开展了修缮河堤、水质取样等工作。活动总行程1000多千米，历时48天，进村入户宣传60余次，采写稿件80余篇，进军营、学校演讲32次，设置了20多个沿河环保监督站。央视记者两次专程跟随队伍进行跟踪采访；搜狐、百度等网络上掀起了“保护母亲河”的热潮，上百万的网友通过网络关注着活动的最新动态，在国内反响强烈。

2008年3月5日，在得知湖北麻城遭受了罕见的冰雪灾害后，孔媛媛组织志愿者远赴湖北重灾区麻城参与雪后重建工作，并带去了五千棵柏杨树苗和生活用品。志愿者的爱心行动，感动了麻城人民和麻城市各级领导，经湖北省政府批准，麻城市政府授予孔媛媛团队志愿者为“麻城市荣誉市民” 称号。

可可西里环保行

孔媛媛是一个忙碌的人，但也是一个充实的人，她说：“我们无法计算人生的路有多远，但是我们可以把握的是旅途中的每一个站台，每一个人，每一件事，每一道风景。”她以非常人的毅力坚持着自己的信念。

有了千里走滏阳的经验，她又萌生了一个更大的想法——“可可西里环保行”。

2010 年 8 月 9 日，孔媛媛和团队一行 10 人，第二次奔赴中国唯一一块原始状态下的自然保护区可可西里。

海拔 5 300 米之上，高寒、缺氧、强风……队员们都在接受着身体极限的挑战。在可可西里国家自然保护区管理局的配合下，他们在卓乃湖、五道梁、不冻泉、索南达杰保护站开展了保护生命之源、协助藏羚羊迁徙、反击盗猎者、记录腹地沙化情况等服务工作。高原海拔的无人区对人的身体和大脑损害严重，志愿者冒着生命危险在“生命禁区”风餐露宿，爬冰卧雪。有的队员因高原反应严重中途退出，有的仍忍着伤痛咬牙坚持……他们不会作秀，只想为国家唯一一块原始状态下的自然保护区尽一份力。

橄榄绿志愿者们每天都要跟保护站的同志们一起巡山。有一天，志愿者发现地面上有拖拉机轮子印迹，于是他们前后两辆车沿着车轮印追下去，这一追就追了近 9 小时。车子在海拔 5 700 米的高原冰河上行走时突然熄火了，几个人下去推车。这一带都是雪山融化形成的河流，脚站在水里刺骨的疼痛，车子终于被推出河床后天也渐渐黑了下来，他们简单吃了点儿东西就在车上睡着了，夜里，车外不停有动物在周围打转……晚上冻得睡不着觉，好不容易挨到天亮，几个人又沿河道追去。中午时分，终于看到远方一顶帐篷，他们向帐篷靠近，保护站公安在前，队员在后，进帐篷后发现里面共有七个人，旁边一口大锅里炖着满满一锅野生动物的肉。这一查查出 100 多只旱獭和两张羚羊皮。要知道旱獭这种动物在鼠疫流行期间极易感染鼠疫杆菌造成人之间鼠疫流行，捕獭人员一旦出现感染情况，将带来严重的疫病传播后果。更让志愿者吃惊的是，在帐篷里躺着一个人，用被子盖着脸，经询问才知道，这是其中一个偷猎者 16 岁的儿子，昨夜暴风雨时到帐篷外解手，被一个雷电击中，终结了鲜活的生命。就这样，贫穷愚昧让他们铤而走险。眼前的一幕让每个人心里五味杂陈，既同情他们的遭遇，又痛恨他们破坏环境的行为。在可可西里一个月里，他们协助可可西里森林公安，共抓获七拨盗猎者，缴获 500 多张动物皮。

青藏高原放眼望去美景如画，车窗外虽然天高云淡、阳光明媚，但当风吹到脸上时感觉到的却是刺骨的寒意。在藏族同胞眼里，一座雪山就是一位神灵，这些神灵庇佑着所有的生灵，包括那些碧绿的草原，依靠草原生存的牛羊，以及依靠牛羊生存的人们。天路，不难；难的是，志愿者得让自己上路。正如传言的那样，可可西里自然环境变幻莫测、难以生存，一日之间，一会儿是晴空万里，一会儿狂风暴雨，一会儿又是雪花飘飘。大雪来的快，去的也快。每次跟着可可西里保护站的队员们一起巡山，看到在暴雪中无家可归的小羚羊，听到受伤的藏野驴无助的凄惨叫声，孔媛媛和队员们都感到很心痛……他们觉得更有必要让人们了解可可西里的生态现状和野生动物情况，呼吁世人都来为保护可可西里最后一片净土贡献自己的一份力量！

在卓乃湖保护站，队员张钰原本身体强壮，但到了腹地后，因看到许多藏羚羊、藏野驴、山鹰等野生动物兴奋不已，抑制不住激动捕捉珍贵镜头，体力透支出现了严重的高原反应，晚上出帐篷时，又不小心碰到帐篷铁管上碰破了头。刚到可可西里管理局培训时，专家讲过，到海拔 5 000 米以上最害怕有人碰伤、流血，一是怕伤口无法愈合，再者怕出现感染。他怕保护站的同志发现，不敢吭声，几天里一直大把大把偷吃抵抗高原反应和消炎的药，过了三天，他的伤口巨痛，他实在坚持不住，出现昏睡状态。孔媛媛他们发现后急忙用担架

组织大学生志愿者开展“拒绝雾霾，我在行动”宣传活动。

把他抬到几千米外的停车处，车辆火速把张钰送到几百里外的格尔木人民医院进行救治。抢救的医生说："你们再晚来一天的话，这个人将有生命危险。"

有一天中午，天上飘着雪花，志愿者跟随卓乃湖保护站的工作人员在卓乃湖腹地巡山，走着走着发现吉普车没油了，原来油箱漏油，保护站工作人员看看时间，紧急决定把车放在这里，让志愿者赶快徒步向青藏公路上赶。这一带是群狼聚集地，到了夜晚狼一定会攻击人，他们必须赶在天黑前，登上青藏公路。保护站两名人员拿着枪在前面走，两名志愿者手中握着锋利的石块紧跟其后，走了 8 小时的路程才登上青藏公路。上路后，顾不上疲惫的身体，他急忙打开志愿者旗帜拦截过往的一辆辆车，28 辆车过去了，没有人理睬他们。不是当地人不友善，主要是该路段夜间经常发生抢劫案件，警方已经贴出告示，让路过司机不要随便停车。最终有一辆西藏邮政局的车停了下来，志愿者赶紧拿出保护站志愿者工作证，司机才答应了他们的请求，将志愿者安全送到了不冻泉保护站。临走时，司机师傅坚持不留姓名，向志愿者挥手说："扎西德勒，扎西德勒！"

橄榄绿志愿者在可可西里海拔 5 300 米的烽火山口发出倡议——让三江源头清澈流淌，让每一种动物茁壮成长，让每一颗种子积极向上，让每一双眼睛散发光芒……

代表千万邯郸人为其点赞

2013 年，受重工业污染影响，全国多个城市雾霾天气大大增多，连续出现重污染天气Ⅲ级应急预警，大面积呼吸系统传染疾病频发。由于受各种条件限制，防治雾霾的民间参与度几乎为零，司机们的环保意识更是"空档"。在雾霾这样的环境灾害面前，需要发动全社会力量防霾治污、共同面对。2014 年 2 月，孔媛媛和志愿者们在全国首次发起"五千米内不开车"低碳绿色出行全民减霾紧急行动。

任何新生事物的推行，都会有矛盾、有困难，孔媛媛带领志愿者上街宣传的第一天就挨了骂——"我们几十万买辆车在家玩呢？你们还是少操心吧！"如何破解？孔媛媛经过思考，运用创意思维制作了一个长 5 米、宽 3.9 米的"巨型口罩"。在宣传区域，他们刚将这个"巨无霸"挂起就吸引了众多的目光。在众人的惊奇中，孔媛媛以同理心为立足点进行了宣传——"汽车尾气可吸入颗粒物已成为大气污染中的首要污染物。您愿意让您的孩子天天过戴口罩的生活吗？一切为了您的孩子，请三思！”

与此同时，他们还开展了一系列的活动：将绿色出行环保宣传品搬上了全市 2 000 多台次公交车，并借助车载移动电视广泛循环播放自制的环保宣传短片，每天将近 50 万人次观看；“减霾”公益骑行，以身作则，号召市民尽量减少驾车，引导市民树立绿色消费、低碳环保的生活观，呼吁广大市民积极加入“全民减霾 · 五千米内不开车”行动，引起市民极大关注和热情参与……

橄榄绿志愿者们另一个宣传教育活动在学校拉开。在逸夫小学、开元小学、邯郸大学等 100 所中小学开展了环保课堂活动，起到了“引领一个学生，带动一个家庭，影响整个社会”的效果。

春风化雨，润物无声。一场环保出行的理念在市民中流行开来。当年 4 万多名私家车车主与环保志愿者实名签订“五千米内不开车”承诺书。当年，在团中央、民政部、中国志愿服务联合会共同举办的志愿服务广州交流会暨首届中国青年志愿服务项目大赛中，橄榄绿青年志愿者服务团“五千米内不开车”低碳出行环保志愿行动和“河北省橄榄绿民间环保教育展览馆”两个环保项目从 1 500 个全国入围项目中脱颖而出，双获银奖，作为“邯郸模式”引起与会者高度赞誉。2015 年 3 月，邯郸市委书记高宏志亲自参与“五千米内不开车”活动后给橄榄绿写了一封信，表示嘉奖鼓励，信中称赞橄榄绿“倡导绿色生活理念，增强公众环保意识，展现了‘环保雷锋’的高尚品质”，“不仅是我个人，而且 1 000 万的邯郸人民，都向你们致敬，为你们点赞！”

令孔媛媛欣慰的是，如今“五千米内不开车”“拼车出行”“绿色骑行”“公交出行”已成为更多邯郸人的选择。

在她的带领下，橄榄绿团队不断发展壮大，至今团队成员在全国已有注册志愿者 30 000 多人。孔媛媛说：“环保志愿者的价值在于唤醒，我希望能做一名环保播种人，将环保的种子种入所有人的心中，大家共同行动起来，让天更蓝、水更绿、空气更清新。”

人物名片

姓　　名：葛玉修
民　　族：汉　族
籍　　贯：山东省菏泽市曹县
所在单位：中国银监会青海监管局

02

人物事迹

1970 年，葛玉修从原籍山东曹县入伍到青海省，在青海省军区服役 24 年，服役期间，先后 3 次立功、20 余次受嘉奖。1995 年至今的 23 年里，他行走 9 万多公里路，拍摄了 16 余万幅高原野生动物的图片，撰写了大量反映野生动物及生存环境的文章，完成超过 500 场环境保护讲座，不遗余力地传播着一个理念：保护濒危动物，保护生态环境。1997 年，葛玉修成为我国第一个拍摄到中华对角羚的人，在他的呼吁和各方支持下，普氏原羚这一物种有了响亮形象的中文名字——中华对角羚，葛玉修也因此被称为“中华对角羚之父”。

荣誉榜单

先后被推选为“北京奥运火炬手”“感动青海人物”“绿色中国年度人物”“最美青海人”。荣获中国“斯巴鲁生态保护奖”“地球绿肺天使”“中华宝钢环境奖”和青海省、中国金融系统“德艺双馨文艺工作者”等荣誉。2019 年被生态环境部和中央文明办联合授予“最美生态环保志愿者”称号。

我最欣赏的一句话是圣雄甘地说的：从一个国家如何对待动物的态度就可以判断出这个国家的伟大与文明。

——葛玉修

葛玉修："我就是原生态的草根儿……"

初识他，留下了老顽童的特点、军旅生涯烙印的严谨、率真粗犷性格的印象。再见他，对他传播生态环保理念的执着印象尤其深刻……

问："关于环保最喜欢谁的格言？"

答："圣雄甘地的：从一个国家如何对待动物的态度，就可以判断这个国家的伟大与文明。"

问："最信奉的一句话？"

答："地球不属于人类，而人类却属于地球！"他强调说。

平静地享受孤独

喜欢是最好的老师。喜欢和兴趣让他乐此不疲。喜欢拍摄野生动物，喜欢孤旅，喜欢在没有人烟、没有淡水、没有遮蔽物的孤岛享受孤独，远离浮躁喧嚣是一种幸福，回归自然的感觉是一种幸福。

青海湖中有个孤岛，他在那里和鸟儿近距离生活了 7 天。

白天，看鸟儿跳舞、听鸟儿歌唱。

夜晚，看漫天星斗挂在穹天夜幕上，听湖水拍岸，听鸟鸣打破寂静。

最难忘那令人震撼的画面：青海湖湖面上成百上千的鱼鸥密密匝匝、熙熙攘攘，雪白的羽毛在晨光下闪闪发光，将湛蓝湛蓝的湖水映衬得异常耀眼夺目，

为部队官兵传递生态环保理念。

至今举办环保讲座已超过 500 场。

仿佛置身如梦如幻的世界。他感叹着生命的力量！生命聚集的力量！

最难忘令人动容的瞬间：在青海湖“三块石岛”拍摄，喂养了几只离群的小斑头雁，几天相处中小斑头雁和他形影不离。就要坐船离开三块石岛了，三次放归，三次跟随。船开了，小斑头雁们从岸边的一块礁石跳到另一块礁石，不慎滑到水里，在奋力向船游来时遭遇两只鱼鸥不停地攻击，这一幕让他潸然泪下……

久违了的回归自然的享受，没有孤独、没有寂寞！为能够近距离接触野生鸟类而兴奋、激动。上岛不易，只想与鸟为伴，只想为鸟类留下珍贵的照片资料。

在领略大自然的美丽、神奇和伟大的同时，发现自身的渺小，同时也发现自身变得简单。远离喧嚣，心是静的，而思想是远的……

自愿地承担责任

他热爱大自然，乐行荒野、孤岛，青海湖畔，与飞禽走兽为伴……

偶遇“普氏原羚”，后增名“中华对角羚”，呼吁建立中华对角羚特护区，被聘为保护站荣誉站长。

从摄影中体会了快乐，从环保中承担了责任。承担责任也是快乐！他说会将环保一直做下去，不会有终点。

1997 年他去布哈河口偶遇 7 只褐黄色的动物排成一线跳跃着狂奔，只见一团团犹如盛开的白莲花，在枯黄色的草地上跳跃。他抓拍了这组照片，竟填补了普氏原羚图片的空白，专家称赞他是全国第一个拍摄到普氏原羚的人，被视为当前该物种质量最高的第一手视觉资料。

20 世纪 90 年代，普氏原羚先后被世界自然保护联盟红皮书列为濒危级动物。1999 年中国的濒危兽类红皮书将其列为极濒危级动物。普氏原羚目前少于大熊猫，当时仅存 300 余只。他查阅普氏原羚的命名来由了解到，普氏有在中国掠夺财物、残害藏民的罪恶历史。经与专家、朋友研究，考虑到普氏原羚为我国所独有，雄性长着一双与其他羚羊不同的相向对弯的黑色环棱状犄角，他呼吁给普氏原羚增加形象而富有民族情结的“中华对角羚”名字。如今，“中华对角羚”的名字已经被越来越多的专家和学者认可。

2004 年他拍摄了一具被狼咬死的中华对角羚的尸体，血肉模糊，四周狼藉。中华对角羚死前奋力挣扎的惨状，那双仰望苍穹的充血的眼睛，让他震惊、痛惜……

青海湖周边生态环境的不断恶化，使中华对角羚的栖息地大幅缩减，而今牧民们围护草场的铁丝网又成为中华对角羚奔跑的障碍，使其处于任野狼撕咬、吞噬的境地。

目睹并拍摄了惨不忍睹的血腥惨状，他把挽救这一极度濒危物种作为自己义不容辞的责任，高度关注其生存的环境。为此，他发起创办了旨在“关注野

走进学校讲环保。

生动物，维护高原生态”的青海省第一个民间生态环保网站“青海青”。他呼吁国家有关部门，立即采取措施，尽快建立“中华对角羚专属保护区”，挽救这一极端濒危的物种。2008 年 12 月，中华对角羚特护区在青海湖北岸成立，他被聘为保护站荣誉站长。

面对严重的草原鼠害、沙化、雪线的上升、湖面的萎缩、飞禽走兽惨不忍睹的现状，他不遗余力地进学校、下基层、到机关、赴军营，以实例、图片唤醒人们的环保良知、觉悟。他几百次地呼吁：人是社会中的人，环境保护是每一个人的责任，人们对地球过度地索取就是加速毁灭人类自己。环保是一种责任与义务。

“承担责任是快乐的！摄影是窗口（我眼中的世界），是镜子（作品中可以看出自己的全部）。人们讲‘影像从心’，摄影拍的是自己的灵魂！人在世上，就要承担责任，自己享受着承担责任的快乐，不是很幸福吗？我会将环保一直做下去，不会有终点。”他坚定地说。

勇敢地面对危难

问：“痴迷野生动物摄影，当遭遇险境、生命危难时，是否后悔过？”

答：“从没有过！遇险时只考虑如何脱险，脱险后只想怎么能拍出好照片。曾发誓‘再不来了，打死也不来了’，但几天后又急着去拍片了！不后悔是因为在干自己喜欢的事，后怕是因为经历过生死考验。”

24 年的军旅生涯，培养了他处惊不乱、遇险不慌的军人素质。回放他曾经历的惊险画面：

——青海湖孤岛，寸草不生，满目荒凉，但那里却是斑头雁、鱼鸥等众多鸟类的天堂。他曾 6 次登临此岛，其中一次的午夜，突然狂风骤起，青海湖掀起狂涛巨浪，感觉地狱就在眼前，孤岛就要被吞噬……

——2002 年假期，为拍摄黑颈鹤，来到了距西宁 850 千米、海拔 4 300 米的玉树州隆宝滩。在沼泽地里发现了一对黑颈鹤低头觅食。他屏住呼吸，慢慢靠近目标，按下快门。这时，脚下的草墩开始晃动，不料一脚踩空，陷进沼泽，越陷越深。情急之中，他用三脚架的手柄钩住草墩，侥幸逃生。

——某年正月初七，他在 −30℃的青海湖泉湾拍摄大天鹅，掉进了冰窟窿，几经挣扎爬了出来，但浑身结冰。事后，说起这惊险的一幕，影友们调侃：“你是青海湖的‘鸟王’，你要死了，青海湖的鸟都不答应！”

——中华对角羚是非常机警的野生动物，为了拍摄，冬天他要冒着随时被狼群攻击的危险，在 −20℃的高原潜伏数小时，他把相机揣进贴身的衣服里暖温，取景框上，呼出的热气转瞬凝结成冰。他三次遭遇野狼，经历了“赶、追、躲”的险境，并成功拍摄了野狼照片。

冒险的经历成就了他的摄影，他说“我绝不是拍的最好的，但应该是拍的最多的，很多朋友说我照片上的鸟比鸟岛上的还要多。”

敬畏　尊重　爱护生命

生命是可贵的。自然界的生命不论强大和弱小，都应该被敬畏、被理解、被尊重、被保护。

1995 年春，当他首次踏上青海湖鸟岛，他被蓝天碧水、万鸟欢歌的壮观场面震撼了，从此痴迷。

男儿有泪不轻弹，但一想到可爱的小斑头雁曾一次次地追随他、难舍难分的情形，就情不自禁地说：“与人相比，鸟是弱者，人们已经太多地侵占了野生动物的生存空间，越接触鸟类，越了解鸟类，就越关爱鸟类！”从此，志愿环保。

他坚持长期观察鸟的生活、起降、觅食和嬉戏，购买、借阅了大量介绍鸟类的书籍、画册，而且虚心向鸟类专家请教。如今他谙熟鸟的主要特征、生活

葛玉修摄影作品：漂亮的青海湖精灵。

习性已不亚于专家水准，以至于通过辨识鸟的鸣叫，就能预知鸟的起飞和降落；观察鸟的神态，就能预知鸟的下一步行动。2001 年夏天，他拍摄的一组被他命名为《鸟爱三题：相亲、相爱、相随》的作品，就是他悉心观察、耐心追拍的成果，得到了摄影界的高度评价。

赏阅那一幅幅深入鸟类“家庭生活”的佳作，从求偶、产卵，到孵化、破壳、学步、涉水，相亲相伴，丧偶独居，都表达得那么细腻、富有人情味，融进了摄影人强烈的感情色彩。《婚恋变奏曲》《生命礼赞》等组照，讲述了鸟类和人类相似的悲欢离合、浪漫情思，用独特的视角告白：鸟是人类的朋友！地球不专属于人类！

理性地面对荣誉

有人说：“他是青海名片，还有数不清的光环、头衔。”

他曾经说：“我不过是个摄影爱好者、环保志愿者。”

他现在说：“我就是原生态的草根儿！”

即便他是环保界、摄影界有声望的人物，我更愿意相信他的现在、未来都是“原生态的草根儿”！

200 余次去青海湖、22 次到三江源、13 次到可可西里，共拍摄 16 万幅高原野生动物的图片，撰写了 150 余篇反映野生动物及其生存环境的文章，在《人

生活在三江源的野生动物。

民日报》等 120 余家报刊、新华网等 60 多家网站发表。创办了青海省第一个民间生态图片网站“青海青”，携图片、视频制作的生态环保课件，走清华、上北大、进社区、到小学，登 CC 讲坛、中国国家地理大讲堂，穿梭于全国各地演讲 550 余场，不计报酬。先后 24 次受邀赴中央电视台宣传生态环保；山东、青海、东方、浙江、湖南等卫视和地方电视台上百次录制节目，人民网、新华网、央视网、新浪网及《人民日报》《工人日报》《金融时报》《中国环境报》等主流媒体多次报道他的事迹与专访。美联社记者对他进行了电视跟踪采访，专题片《一个人能为生态环保做多少》先后在美国 CNN、英国 BBC 播放。

奥运会期间，葛玉修的 5 幅摄影作品与其他 195 幅摄影作品在北京国家体育馆展出。2011 年国庆，他的 121 幅摄影作品在天安门广场大屏幕展示……

绿色中国 2010—2011 年度人物评选，他成为青海省首位获取这一殊荣的绿色英雄！在诸多殊荣中他更愿意接受“绿色年度人物”“最美生态环保志愿者”。他解释道：“绿色代表着生命，代表着希望，加之我有 24 年的军旅生涯。我所做的这一切都是志愿的。”

用心舍命地拍摄

问：“在新锐和传统的拍摄理念、方法方面，您坚持什么？”

斑头雁，大雁的一种，因头上有两条黑色的斑纹而得名。葛玉修摄

答："我的照片之所以珍贵，是因为它是用我的命换来的。我会选择等待最佳的拍摄时间。我拍鸟是拍它的一生，拍它的各种形态。我这种坚持是为了让题材更深刻。我认为敢于挑战传统是好现象。无论什么风格，用心去拍，能感动自己才是最重要的。我喜欢原生态的东西，不会破坏照片原样，永远本色。总之，这条路我会一直走下去，直到生命的尽头。"

笔者手记

49年来，他把青海视为第二故乡。24年来，他风餐露宿，披星戴月，用镜头语言和文字记录着青海野生动物的美好与大自然的严酷，不遗余力地传播这样的理念：

要保护濒危动物的生命，保护大自然生态环境！

生态的失衡将带来生态的灾难，生态的灾难将是人类的灾难！

保护环境就是保护人类自己！

地球不专属于人类！

在他的积极呼吁和社会各界的共同努力下，中华对角羚从1995年的300只增加到现在的2 700余只，葛玉修亦被青海省野生动植物保护协会聘请为"资深会员、中华对角羚代言人"，当选中国野生动物保护协会理事。

他能够义无反顾地自觉、志愿呼吁保护自然生态，缘于他对大自然、动植物生命的敬畏、尊重，缘于他对人类与自然和谐相处的向往，缘于他对环境保护的笃信与责任。

他出版的《鸟岛》《青海湖精灵》更是在青海湖畔定格了高原的精灵，它们在荒野中展现大自然生命的灵气、宁静、活力以及尊严的崇高，在赏阅的同时，能够感受到呼吁环保、关注生命、追求人与自然和谐的主题。

从他单纯爱好摄影到执着于环保公益事业的人生轨迹，笔者感受到了花甲之年的他童心不泯、人生彻悟之后的简单和快乐。简单不失深刻，快乐不失内涵，这应该是一种值得倡导的人生追求。

（本文撰稿：中国金融作家协会理事　王文媛）

人物名片

姓　　名：吴向荣
民　　族：汉　族
籍　　贯：内蒙古自治区阿拉善盟阿拉善左旗
所在单位：阿拉善锁边生态协力中心

03

人物事迹

吴向荣 17 年来一直扎根于种树造林防沙治沙的最前沿，通过人工种植锁边灌木林，在腾格里沙漠东缘建成了长约 20 千米、总面积 3 万多亩[①]的绿色“防护堤”，阻止沙漠的扩张和侵蚀，锁住了黄龙般的流沙、守护着绿色草原。

他带领团队在防沙治沙领域创新“农牧民 + 合作社 + 基地”的合作模式，引导并扶持农牧民种植沙漠锁边采种灌木林，实现了转产增收和可持续发展。由吴向荣参与创建的阿拉善锁边生态公益基地，经过十几年坚持不懈的努力，取得了显著的生态和社会效益。

荣誉榜单

2010 年被评为民间林业合作事业“先进个人奖”、阿拉善盟十大杰出青年，2017 年加入《联合国防治荒漠化公约》民间组织观察员，2019 年被生态环境部和中央文明办联合授予“最美生态环保志愿者”称号。

① 1 亩≈ 666.7 平方米

从一棵树开始，与土地重修旧好。

——吴向荣

吴向荣：守着沙漠的人

阿拉善，本义为“五彩斑斓之地”，然而早春三月，所见之处尽是枯黄。如今的阿拉善，土地荒漠化面积已高达 93.15%，沙进人退，牧民们不得不搬离自己的家园。有这么一群人，他们在阿拉善的沙漠里十七年如一日，种植各类防沙治沙灌木，形成了长度约 20 千米的“绿色长城”，有效地阻挡了腾格里沙漠的东移，促进了贺兰山西麓植被的自然恢复。

——题记

阿拉善盟位于内蒙古西部，总面积约 27 万平方千米，却有超过三分之一的土地被沙漠覆盖，有着相当于整个浙江省面积的沙漠。多年前，阿拉善盟的沙漠以每年 353 平方千米的速度扩展。沙漠化会损坏铁路路基、桥梁，迫使交通中断，甚至导致公路废弃；河流、水库被黄沙堵塞，水质变差影响使用。沙漠地区频有风沙活动，能把作物的种子和幼苗吹干、枯死，连根拔出或者掩埋于沙中，还会影响飞机的起飞和降落。

最可怕的是沙尘暴。一旦阿拉善发生沙尘暴，从这里被风刮起的沙尘，不出 3 天就能到达北京。中国华北地区的沙尘绝大部分来自阿拉善的沙漠，这里是中国最大的沙尘暴发源地。

地广人稀、生态脆弱，既非粮仓，又非牧场，常年风沙、干旱少雨，这就是阿拉善的标签。

在“青春有你——种树植心植树活动”启动仪式上。

“种下一棵树，
就是种下了希望，
从此，
善良在心里有了家。”

——吴向荣

2003年，吴向荣从日本留学归来，本有继续深造或在外企工作的选择，但最终，他选择回到家乡——内蒙古自治区阿拉善左旗的腾格里沙漠中治沙。腾格里沙漠和贺兰山之间的地带，风沙移动快，沙丘连绵起伏，也是沙漠向东延伸、直逼贺兰山的风沙通道。在这里，吴向荣经历过住沙窝、啃馒头的艰辛，也体会过成片苗木死亡的绝望，但他还是坚持了下来。多年来，吴向荣不仅摸索出了锁边固沙等科学防治沙漠化的方法，还形成了种植、管理、后期维护的一整套有效经验。17载青春年华，吴向荣和他的团队种下了6万多亩防沙固沙林，形成了总长度近20千米的锁边生态林区，有效阻止了当地腾格里沙漠向东扩张的步伐。这一切的背后，是吴向荣和他的队友们17年来与风沙和尘暴斗争的坚持与信念。

“种下一棵树，
就是种下了希望，
从此，
自然在心里有了家。”

——吴向荣

第一次种树的经历吴向荣至今记忆犹新。在沙漠里造林，最适合的树种是乡土灌木。灌木苗只有 30 ～ 40 厘米长。第一次分发树苗，皮卡车拉来大家一看都乐了，这比牙签略粗的小苗也叫树啊？种下树苗的第二天，来了一场沙尘暴。一夜之间，连苗带坑了无痕迹。这对毫无思想准备的吴向荣来说，是个不小的打击。“一群义务来植树的日本人站在那儿，摊着双手，张口结舌。”

阿拉善每年的降雨量只有 100 多毫米，但蒸发量却高达 3 000 多毫米。在许多内行眼里，在阿拉善造林实属天方夜谭。即使明白种树治沙不是件简单的事，即使意识到了治沙的诸多困难，吴向荣他们还是选择了坚持。

给志愿者们进行生态环境讲座。

“种下一棵树，
就是种下了美丽，
从此，
幸福在心里有了家。”

——吴向荣

2005年，在给当地政府递交的一份报告中，吴向荣第一次提到了“锁边”这个概念。这是吴向荣团队在植树造林过程中一种形象的比喻：将沙漠的边缘锁住，不让它肆意扩散。

沙漠在过去被湖泊和绿洲分割，中间是荒漠草原，由高大灌木包围。过去沙漠是在一个相对固定的位置里，流动性不大。但是进入20世纪70年代后，沙漠的移动速度加快了。

吴向荣的项目是沿着沙漠的边缘造林，他的目标不是把沙漠变成绿洲，而是阻止沙漠继续向戈壁和荒漠草原扩张。

2006年，在吴向荣与日方的主要合作项目相继结束，亟须国内合作平台支持时，中国绿化基金会伸出了援助的双手。

今天，在阿拉善腾格里沙漠东缘生态治理示范区域内，生态基本实现了自我平衡和修复。早期种植的树木种子落下后，新的树木又开始生根发芽，逐步代替了一些人工种植树木。在这个区域里，沙漠的流动基本停止了。

“自然需要什么，
而不是我们想要什么样的自然。”

——吴向荣

17年来，吴向荣一直扎根于种树造林防沙治沙的最前沿，通过人工种植锁边灌木林，在腾格里沙漠东缘建成了长约20千米、总面积6万多亩的绿色“防护堤”，阻止沙漠的扩张和侵蚀，锁住了黄龙般的流沙、守护着绿色草原。

近五年来，阿拉善腾格里沙漠锁边生态公益项目基地平均每年造林超过3 000亩，管理面积达33 000多亩。其间，吴向荣带领的团队开发引入了滴灌节水、灌木容器育苗、开沟造林、钳插造林以及采种育苗等相关技术，成活率从过去的70%左右提高到现在的90%以上，造林效率提高了一倍以上，对荒漠化地区的生态环境的修复和治理做出来了有益的尝试和贡献。通过人工造林和近自然管护，沙漠化问题得到了根本性改善，生态环境持续好转，林木自然更新替代并且不断发现新的植物种类，鸟类和其他动物的种类和数量都有所增长，植物种类由不到 30 种增长到 130 种以上，鸟类从原来基本没有增长到 20 种以上，在区域环境内逐步实现了自然生命的和谐共生。

"沙漠不可怕，
荒漠化不可怕，
可怕的是人们内心的荒漠化。"

——吴向荣

除了种树造林，生态教育是吴向荣很关心的一个课题，吴向荣说，他希望环境保护的种子能种进更多人的心里，让大家都能够认识到保护生态的重要性，并积极参与进去。

"我在日本留学的时候，当地居民都能非常准确地告诉我花草树木的名字，但是日本人问我阿拉善的植物叫什么名字时，我却一个也答不上来，孩子们也不知道，这是教育上的一种缺失。"吴向荣补充说，"只有认识才能更好地保护，所以应该让孩子们有更多亲近自然的机会。"

从 2004 年开始，吴向荣联系当地学校，希望学校能带孩子们体验种树的乐趣，但是却遇到了重重阻碍，"主要是孩子们的安全问题。"吴向荣说。

吴向荣与员工一起抬栽植苗木。

吴向荣给志愿者小朋友讲解如何栽植苗木。

经过与某学校多番交涉之后，该校同意一批学生前往示范区体验、学习，第一批学生不到 20 人，每名学生配了一名老师看护，车辆费用、午饭费用都由示范区承担。

万事开头难，有了这次成功的实地体验，越来越多的学生对种树感兴趣，“现在局面已经完全扭转，不少学校主动联系我们，希望让孩子们有更多亲近大自然、拥抱大自然的实践机会。”吴向荣高兴地说。

吴向荣希望动员更多的社会力量参与到基地造林项目中来，无论是政府层面、百姓层面，学生或者牧民，大家都能够认识到我们保护生态的重要性和意义。希望每个人种下一棵小小树苗的同时，心里也可以植下一颗热爱自然、保护环境的种子。

这是吴向荣提出的“种树植心”的理念，倡导“在沙漠种一棵树，在心中种一棵树”，唤醒全社会对自然生态的认知。现在，每年都有几千名的中小学生、志愿者及一些企业团队走进沙漠，体验种树、认识自然、感悟生命。

近几年，吴向荣还带领团队在防沙治沙领域创新“农牧民＋合作社＋基地”的合作模式，结合林业部门的造林补贴政策，引导并扶持农牧民种植沙漠锁边采种灌木林，指导农牧民成立采种合作社，通过灌木林采种带领周边 20 多户牧民群众实现了转产增收和可持续发展。

“与自然的生命和谐共生，
与善良的人们共享发展。”

——吴向荣

由吴向荣参与创建的阿拉善锁边生态公益基地，经过十几年来坚持不懈的努力，取得了显著的生态和社会效益，得到了社会和有关部门的认可，2008 年公益基地被国家林业局命名为“全国防沙治沙示范区”，2009 年被中国绿化基金会认定为“中国绿化基金会生态文明建设培训基地”和“全国自然科普基地”，2011 年被国家林业局评选为“民间绿化先进项目”，同年被内蒙古自治区环保厅认定为阿拉善盟首个“自治区级环境教育基地”，2017 年被批准加入了《联合国防治荒漠化公约》民间组织观察员等等。吴向荣本人先后担任中华全国青年联合会第十二届委员会委员、中国绿化基金会名誉理事、日本世界沙漠协会执行理事、内蒙古自治区生态文明建设和黄河文化经济促进会副会长、阿拉善锁边生态协力中心理事长（阿拉善腾格里沙漠锁边生态公益项目基地负责人），并于 2010 年被国家林业局评为民间林业合作事业“先进个人奖”、

吴向荣与丰田纺织志愿者们合照。

阿拉善盟十大杰出青年。先后有中国青年网、东南卫视、辽宁卫视、厦门卫视、新浪、一席等媒体，对吴向荣十几年投身荒漠化治理的事迹进行了采访报道。2018 年 4 月还被重庆科技馆聘为科技 · 人文大讲坛嘉宾。

作为腾格里沙漠锁边生态公益项目基地的负责人，吴向荣如今是阿拉善的一个标杆，感召着更多的普通人参与这场和沙漠拉锯的斗争。现如今，锁边基地已经发展为面向公众的自然教育平台，只有让人们认识到自己与自然的联系，才能真正地保护自然。用吴向荣的话来说“心里面有一棵树时，你看世界就不一样了，会有更广的视野，会看到完全不一样的存在。”

人物名片

姓　　名：刘德天
民　　族：汉　族
籍　　贯：辽宁省营口市
所在单位：辽宁省盘锦市黑嘴鸥保护协会

04

人物事迹

1991 年，刘德天为了保护濒危鸟类黑嘴鸥和它赖以生存的环境，创立了盘锦市黑嘴鸥保护协会，成为“中国环境 NGO 第一人”。20 多年来，他不畏艰苦，考察黑嘴鸥的繁殖地，大量撰文介绍黑嘴鸥，为宣传保护倾注了巨大的心血。他不断创新环境教育模式，使 16 万中小学生受益。打造出包括文学、美术、摄影、书法、歌曲、舞蹈、刺绣等 18 门类黑嘴鸥文化，其中三篇传说被国务院批准列为第一批国家非物质文化遗产名录。在他的一系列努力下，带动了很多人一起来保护黑嘴鸥，有 50 余万亩黑嘴鸥的栖息地得到有效保护，黑嘴鸥的数量也从 20 世纪 90 年代的 1 200 只增加到 2019 年的 10 200 只，创造了民间环保组织保护濒危物种、修复生态湿地的成功案例，原环保部部长陈吉宁曾在人民大会堂为他点赞。

荣誉榜单

先后荣获“地球奖”“绿色中国年度人物”“福特汽车环保奖”“阿拉善生态奖”“中国环境保护特别贡献奖”“杜邦杯环境新闻人物”“母亲河奖”等环保奖项。2019 年被生态环境部和中央文明办联合授予“最美生态环保志愿者”称号。

环境问题好比有人落了水，这时呼吁救人是必要的，但是每个人都在喊，谁也不下水救人，落水者就会溺水而死。因此既要呼吁救人又要下水救人。

——刘德天

刘德天：黑嘴鸥保护第一人

他是中国最早的生态环保志愿者之一，他是“地球奖”“绿色中国年度人物”“环境保护特别奖”等多种环保奖项获得者，他从 1991 年起，经过 28 年的不懈努力，成功保护了黑嘴鸥这一物种。他是盘锦市黑嘴鸥保护协会会长、原《盘锦日报》高级记者刘德天。

中国最早发起环境 NGO 的人

全世界有鸥类 44 种，黑嘴鸥是最后为人所认识的。黑嘴鸥有浅灰的翅膀、雪白的身体、乌黑的圆脑袋、尖尖的黑嘴巴，属于鸥形目鸥科鸥属。1871 年，法国传教士司温侯第一次在中国厦门采集到一个标本，并给定名黑嘴鸥。

黑嘴鸥属珍稀、濒危物种，保护、研究的意义极大。对黑嘴鸥的研究必须在繁殖地进行，然而黑嘴鸥的繁殖地在哪里？鸟类专家经过 100 多年都没有找到。

1990 年，世界自然基金会鸥类专家梅伟义博士带领几位中外专家到盘锦考察，要确认黑嘴鸥的繁殖地是不是真的在辽河入海口的湿地。刘德天当时是《盘锦日报》的记者，在采访梅伟义博士之后，他获得了“生态网”“濒危”的新概念，并了解到黑嘴鸥属濒危的物种，盘锦是全世界唯一的繁殖地。刘德天不仅写出了轰动世界的报道《中国发现黑嘴鸥繁殖地 揭开世界百年未解之谜》，而且发起了中国第一个环境 NGO——盘锦市黑嘴鸥保护协会。

许多人问刘德天，你身为记者，怎么会参与到鸟类保护的行列中来了？面对这样的提问，刘德天产生了“落水论”——“环境问题好比有人落了水，这时呼吁救人是必要的，但是每个人都在喊，谁也不下水救人，落水者就会溺水而死。因此既要呼吁救人又要下水救人。”他成为既呼吁救人又下水救人的一个。

中国NGO需怎样运作？黑嘴鸥又怎样保护？早在28年前，既无教科书可查找，又无案例可借鉴，刘德天摸着石头过河，摸出了一个“飞鸟战略”。

所谓“飞鸟战略”，即不是蹲在鸟巢旁守护，而是把保护工作的各个方面比作鸟体的各个部分，整合多方面资源，像鸟体的各部分一样形成有机整体，开展有效的保护。

鸟之头：代表方向，是以黑嘴鸥为旗舰的物种保护；鸟之身：栖息地保护；鸟之两翼：一翼为开展环境教育，另一翼为打造黑嘴鸥文化；鸟之爪：修复生态；鸟之尾：全方位保护（跨界保护），刘德天在保护生态的道路上一路走来，摸爬滚打，他并没有浑浑噩噩，而是有所感，有所思悟，悟出了《生态九论》：

落水论：环境问题好比有人落了水，这时呼吁救人是必要的，但是每个人都在喊，谁也不下水救人，落水者就会溺水而死。因此既要呼吁救人又要下水救人。

智慧论：NGO一无权，二无钱，保护环境靠什么？靠智慧，靠生态智慧。

文化论：用文化的力量保护生态，保护环境，保护动物，保护鸟类，是软功夫，是长久之计。我们既要继承先人留给我们的生态文化，又要不断酿造生态文化之美酒以飨公众。

卒子论：草根NGO虽然是个“卒子”，但一直“拱”下去，也可以“将军”。

钓鱼论：NGO做环保要全身心的投入，不能像小猫钓鱼。

生态论：生态，有很多道理在里面需要悟。

读懂论：大自然是一本书，我们要读懂它。用心来读，读懂大自然的意思，增进友情。

听懂论：其实，大自然的每次灾害事先都告诉了人类，只是人类没听懂而已。

感应论：天人合一的理念，我们的先人提出的早，知道的人多。天人感应提出的晚，知道的人少。其实天人是有感应的。

他的《生态九论》如果展开，是篇很精彩的生态感悟论文。

为黑嘴鸥撑起保护伞的人

皮之不存，毛将焉附。对于鸟类来讲，栖息地是最重要的生存条件，全球物种消亡的速度之所以在不断加快,其中一个重要原因就是栖息地在快速丧失。

保护黑嘴鸥，刘德天把大部分精力下在了栖息地保护上。

刘德天发挥生态智慧，遇事敢于担当，一次又一次保住一片又一片鸟类的栖息地（湿地），上演了一出又一出环保好戏。

一片面积为 5 400 亩的湿地承载全球 50% 的黑嘴鸥，却长期处于“被保护遗忘的角落”。在这里，曾经有人将猎枪对准黑嘴鸥；有人进到黑嘴鸥的巢区捡蛋，一次竟捡走 40 余枚回去蒸蛋羹；这里还曾被水淹过。刘德天写文章指出“这里的黑嘴鸥是从辽河东岸生态逃难而来，而这里依然有生态隐患”，他呼吁保护这片具有全球意义的湿地！

怎样才能让人们认识到这片湿地的价值呢？他首先选择环境教育，以情动人。什么是人间最动人的情呢？他认为是母子情。

2002 年，他策划了“送黑嘴鸥雏返回家园”的活动，把受伤后被志愿者治愈的一只黑嘴鸥雏鸟带到这里放飞，他用放飞说事。他请来了环保部门、自然保护部门、在当地采油的油田采油厂、当地苇场、学校、当地居民等各利益相关方参加放飞活动。他写出以黑嘴鸥妈妈口吻的诗歌《回家吧，小鸥》和以小黑嘴鸥口吻的诗歌《放心吧！妈妈》，由中学生和小学生分别朗诵，表达了母亲对孩子惜别、不舍、牵挂的情怀，孩子对母亲的分别、安慰、自信的心情。这特殊的母子情感动了大家,使大家感受到湿地的价值和保护鸟类的重要意义。

然而，环保并非毕其功于一役的事情。第二年，这里发生人为水灾，黑嘴鸥卵被淹，800 多只黑嘴鸥雏被淹死。刘德天痛心不已，他认为有必要争取社会舆论的支持和监督，包括《人民日报》在内的多家媒体都对此事件进行了报道。媒体的呼吁和监督带来了很大的社会影响，这块湿地引起了当地各级政府的高度重视。

怎样解决这片湿地的环境问题，刘德天发表了中国专家关于“建立保护站”和日本专家关于“控制调水时间”的意见。

这块鲜为人知的重要湿地，一直没有名字，刘德天从保护的角度出发，从不公布其方位。后来，由于新闻报道的需要，必须取个名字。叫什么好呢？刘德天再三思考，想出一个名字——“南小河”。“南”有两层含义：一是把方位搞混，不让别人找到它。这片湿地从行政区划方面讲，它在东郭镇小河村的西边，应叫“小河西”而他特意取“南”字；二是“南”同“难”（在北方“难”

的读音为“南”）谐音，代表保护该地困难重重，不可掉以轻心。

刘德天历时 3 年，先后采用开展环境教育、借助舆论监督、发挥专家智慧、影响政府决策“四步法”，终于促成自然保护部门在南小河建立了保护站，保护站配置了人员、车辆，还安装了监控设备。

2010 年春，一家招商引进的企业在 30 万亩滩涂上开发海参养殖场。企业于春节放假期间悄悄开工，大年初二有志愿者向黑嘴鸥保护协会举报了这一开发行为。节后一上班，刘德天便向市环境保护局领导作了汇报。在开发现场，刘德天向环保局长介绍了这片滩涂对于黑嘴鸥等鸟类生存的重要意义和开发将给鸟类生存造成的影响。环保局长当场表态，“这个工程给我停下来”！第二天，《盘锦日报》头版发表了消息并配发了评论员文章，盘锦电视台也进行了报道。在舆论压力下，当地政府作出了放弃开发计划的决定。目前这片滩涂依然完好无损。

有专家给这次保护行动算了 4 笔账：

第一笔：30 万亩滨海湿地保存完好的生态账；

第二笔：渤海避免了大规模排污造成的污染账；

第三笔：开发商免于将巨额投资打水漂的幸运账；

2009 年 5 月 17 日，黑嘴鸥保护协会在环境教育社会实践基地开展环境教育。

第四笔：政府省下了大量生态修复资金的节约账。

2012 年冬季，黑嘴鸥保护协会发现一企业在黑嘴鸥繁殖地南小河建车库。南小河是自然保护区核心区里的核心区，怎么可以搞建筑？车库一旦建成，黑嘴鸥繁殖地就多了一个大的污染源。协会准备在网上曝光这一破坏环境的行为。但这又是一个非常敏感的问题。刘德天经过三天反复思考，最后作出了曝光的决定。这一信息在网上一发布，立即说情的人不断，说情者要求删除网站上的信息。刘德天表示，删除可以，但有两个条件：一是要拆除车库，二是要恢复该地生态。在刘德天的坚持下，企业连夜将投资 100 多万元的违章建筑拆除，随后又投资 30 万元进行了生态恢复。事后刘德天回顾这一案例时，用了四个字：艰苦卓绝。

栖息地的保护，使黑嘴鸥有了一片赖以生存的安全港湾，黑嘴鸥数量由 1990 年的 1 200 只增加到 2019 年的 10 200 只。“世界地球日之父”、美国环保专家丹尼斯·海斯在给刘德天的信中这样写道：“感谢你对鸟类保护所作出的杰出贡献。50 年前在我住所 50 米远处有过秃鹰，不过现在绝种。中国有像你这样的人在保护鸟类。真是难得。”

不断创新环境教育模式的人

刘德天提出“少年绿则中国绿”。黑嘴鸥保护协会从 1991 年成立之日起就对青少年开展环境教育，走过了从教室到走进大自然，再到创建环境教育基地开展环境教育的历程。他“把发生环境问题的现场作为开展环境教育的课堂”的理论与实践得到业内人士的首肯。

2018 年，刘德天的论文《把发生环境问题的现场作为环境教育的课堂》获环保部宣传教育中心颁发的“特别提名奖”。他是第一个不断创新环境教育模式的人。

黑嘴鸥保护协会先后与 4 个风景区合作创建环境教育社会实践基地。协会把环境教育定位在一个“玩”字上，“以景区为课堂，以景点为教材，寓教于玩”，收到环境教育“润物细无声”的效果。先后有 16 余万名中小学生在环境教育社会实践基地参加过生态体验、绿色夏令营、观鸟和开展无痕海滩等活动，使他们在“玩”中接受环境教育。

成功的环境教育，带动辽河油田兴隆台第一小学在 2012 年获得“国际生态学校”称号，校长 2013 年获得“地球奖”，大洼区高级中学 2013 年获得“国际生态学校”称号，全市有15所学校获省市环境友好学校和绿色学校称号，有1 000余名中小学生获得“绿色小卫士”“环保好少年”称号。

较早提出并运用文化力量保护物种的人

用文化的力量保护黑嘴鸥，是刘德天的一大创新。民间“捅燕窝瞎眼睛”“燕住喜房不住愁房”的说法使燕子得到有效保护。刘德天从这一现象中感悟到文化的力量。他觉得，创作一首环保歌曲的作用胜过没收一万支猎枪。2000年，他从零做起，打造定位为吉祥文化的黑嘴鸥文化，提出用十八种艺术种类打造黑嘴鸥文化。

这十八种艺术种类包括民间传说、小说、绘画、摄影、书法、诗、词、歌、赋、舞蹈、剪纸、刺绣、苇艺、油雕、葫艺画、粘帖画等。打造黑嘴鸥文化19年，已生产出作品6 000余个（件）。其中属于古渔雁民间故事的《吉祥鸟》《瘦鸟救凤凰》《妈妈唤》等民间传说被国务院批准为国家级“非物质文化遗产”。舞蹈《飞吧，黑嘴鸥》曾在北京鸟巢演出。

300多名艺术人才，齐聚黑嘴鸥保护协会志愿服务团队之中，他们当中，有当地的作家、诗人、摄影家、剪纸、刺绣大师、词作家、作曲家及各类民间艺人。

刘德天颇为得意他的文化保护论：“用文化的力量保护生态、保护环境、保护物种、保护鸟类，是软功夫，是长久之计。我们既要继承先人留给我们的生态文化，又要不断酿造生态文化之新酒，以飨公众。目的就是要借助种种艺术手段，熏陶人们的灵魂。”

民间实施生态修复并取得成功的人

在环保社会组织中，刘德天是较早实施滨海湿地生态的修复人。

沙蚕是辽河口滨海湿地生物链的组成部分之一。沙蚕不仅是黑嘴鸥的“细粮”，而且由于它是软体动物，易消化，是黑嘴鸥幼鸟的上乘食物。

近年来，日本从我国大量收购沙蚕，用作海上钓鱼的鱼饵。受利益驱使，黑嘴鸥觅食地周边的一些农民滥采乱挖沙蚕，导致沙蚕资源锐减。“食堂”少美食，造成黑嘴鸥的生存受到严重威胁。

2015年刘德天提出了一个构想：用人工孵化沙蚕苗播撒到湿地来恢复沙

2015 年 7 月 17 日，黑嘴鸥保护协会举行有政府各相关部门、各志愿者团队代表参加的沙蚕播撒仪式。图为盘锦市辽东湾第一小学的师生和盘锦市公安边防支队的官兵参与播撒。（盘锦市黑嘴鸥保护协会提供）

蚕资源，修复滨海湿地生物链，接上黑嘴鸥食物链。这一构想得到了中华环境保护基金会和辽宁省环保厅的支持，最终项目落地并付诸实施。

恢复黑嘴鸥觅食地生态，首先要有沙蚕苗。相关资料极其有限，黑嘴鸥保护协会聘请水产专家组织技术攻关组，进行实地生态研究，结合传统水产孵化经验，不断突破技术难题，终于取得攻关成功，孵化出了沙蚕苗。

经过 3 年的努力，黑嘴鸥保护协会共孵化出沙蚕苗 10.6 亿尾，这些沙蚕苗播撒到辽河口和大凌河口的 510 余亩滩涂之上。志愿者在沙蚕项目地上挖掘发现，沙蚕苗最长的已长至 30 厘米。沙蚕项目的成功，结束了黑嘴鸥觅食地沙蚕资源面临枯竭的局面。“黑嘴鸥食堂重建”首战告捷，吸引了更多的黑嘴鸥到全球最大的繁殖地——盘锦安家落户，繁衍生息。

黑嘴鸥保护协会“黑嘴鸥觅食地生态恢复项目”的成功，为辽河口滨海湿地生态修复开了个好头，为中国 NGO 参与修复生态开了先河。

（本文撰稿：江上村）

人物名片

姓　　名：初雯雯
民　　族：汉　族
籍　　贯：山东省烟台市
所在单位：阿勒泰地区瞳之初自然保护协会
　　　　　瞳之初自然摄影工作室

05

人物事迹

初雯雯，野生动物摄影师及保护者。本科毕业于中国农业大学，研究生毕业于北京林业大学。自两岁被父亲抱着出野外后，学生时代的每个假期都在野外，开展环境保护工作并随着父亲等科研人员观察野生动物。七岁时拥有了人生中第一台单反相机，因参与野生动物保护事业，时常拿着相机徒步野外，记录野生动物状态。

初雯雯立志用影像资料记录并保护新疆的野生动物。她参与北京卫视、中央广播电视总台等多家媒体关于野生动物保护方面的纪录片及采访节目，持续为新疆野生动物保护宣传奉献力量。2018 年至今已发起两个公益项目，以公益的力量继续进行濒危野生动物（如蒙新河狸、普氏野马）的保护，同时积极开展自然教育项目，为更多未成年人及自然爱好者提供实地保护野生动物的体验。出版《初瞳——我和我的野生动物朋友》一书，讲述野生动物及大自然的故事。

荣誉榜单

2019 年被生态环境部和中央文明办联合授予“最美生态环保志愿者”称号。

我总是将自己当作野生动物的一员，那些伤害，就像我自己受伤一样，所以想要保护……

——初雯雯

初雯雯：保护野生动物的“阿勒泰公主”

许多人对初雯雯的印象是从北京卫视的《我是演说家》节目开始的。“成批成批的黄羊，因为雪层太厚，找不到食物，就被冻死饿死，为了避免在积雪融化之后，尸体腐烂引发瘟疫，我们当时真的是每一天都要把尸体扛回保护站去统一处理。每一次我扛着黄羊往车上走，就一边流眼泪，等到把羊放到车上，用手抹一把眼泪，都能感觉到刺痛的感觉，原来眼泪早就不知道在什么时候冻成冰碴子……”当年 22 岁的中国农业大学的学生初雯雯，站在北京卫视《我是演说家》的舞台上，眼含热泪演讲了《不要伤害我的朋友》和《莫让家园变泽国》，讲述了自己十多年来和野生动物们的相处经历，让全场动容，也被观众熟知。主持人鲁豫赞其有着超出年龄的淡定和老练。

此后，初雯雯和她保护的野生动物朋友们屡屡出现在中央广播电视总台的纪录片里。越来越多的人认识了这位美丽的阿勒泰姑娘。

“被自然洗了脑，被野生动物勾了魂”

“我是野生动物摄影师。”每次别人问起初雯雯的职业，她都这么回答。可是，最后总会落到一个问题上：“你一个小姑娘，为什么非挑这受苦又不赚钱的事儿呢？”“是呀，这大千世界，可挑选的行业有千千万，可我偏就像是被自然洗了脑，被野生动物勾了魂。”

从2001年有了自己的第一台照相机开始，一直到现在，初雯雯大多数时间都与野生动物待在一起，记录着它们的不同瞬间，“未来恐怕也会一直如此。”

出生于阿勒泰市的初雯雯今年25岁。她的父亲是动物保护学家初红军，20世纪90年代，他从山东大学硕士研究生毕业，来到阿勒泰研究蒙新河狸，成了当地学历最高最出名的年轻人，与当时追求者众多的美丽姑娘结婚成家。因为有这么一个动物保护学家爸爸，初雯雯2岁就被抱着去野外；7岁就开始自己收拾行囊，翻山越岭，过河穿林；十多岁随着队伍去救灾，扛着被冻死的野生动物在雪地里一路走。在别的孩子都在忙着背古诗词的时候，初雯雯却在卡拉麦里的平原上努力地记住每一种植物的名字：“这个是假木贼，这个是白梭梭，这个是柽柳，这个是……呃……”只要卡壳了，或者小小的“呃”一声，换来的就是一鞭子和一声惨叫。所以，对野生动物和植物，初雯雯可比对课本上的内容熟悉多了。

7岁那年，爸爸送给初雯雯第一台相机，带着她拍下了第一张野生动物的照片，也是我国野生动物保护史上的重要一页——2001年的普氏野马野放。从此初雯雯时常带着相机徒步野外，记录野生动物状态。

高中期间，初雯雯主导并参与项目“乌伦古河流域蒙新河狸秋冬季生境因子选择及社区保护意识调查”，并凭借该项目获得“第二十六届全国青少年科技创新大赛”国家二等奖，从而获得保送资格，参加保送生考试考入中国农业大学。在校攻读英语与传媒双专业，立志用影像资料记录新疆的野生动物。本科生取得双学位后，她又攻读了北京林业大学研究生。

毕业后，初雯雯最终选择回到阿勒泰，这里有她最爱的家人，也包括美丽的山河和广阔风景中的野生动物。

“她初雯雯呀，野人！”

2017年9月，初雯雯23岁那年，她和搭档成立了“瞳之初”自然影像工作室，并发展为瞳之初自然保护协会。瞳之初自然保护协会有10人左右的固定团队。常驻阿勒泰的团队包括监测、救助野生动物的护林员以及拍摄野生动物的专业影像团队。协会目前不止做影像，更主要在做自然教育和濒危物种保护。

他们有一份拍摄时间表，随着野生动物的活动规律转移“作战地点”。

春天3～5月是有蹄类动物（如黄羊、野驴、野马）产仔的季节，初雯雯的团队会进行小范围监测，派出一辆车远距离巡视它们是否遇到危险，尽量不

初雯雯和父亲徒步野外考察野生动物生存环境。

初雯雯静候河狸的出现。

打扰它们生产。

秋天是蒙新河狸做食物堆的季节，这些在中国比大熊猫还要稀少的小动物，会在天气转凉时啃下树枝，将枝条搬运到河狸窝的水下入口附近。等水面结冰，监测人员通过冰面上叶子的密集程度可以判断水下河狸窝的家族规模。

到了冬天，仅剩不多的野草被大雪覆盖，野生有蹄类动物找不到吃的，初雯雯的团队会将提前储备的牧草撒到戈壁滩上，为野生动物补饲。

很难想象一个二十来岁、长相稚嫩的小姑娘是如何扛着十几千克的摄像机，上险山、卧雪地，守护这片旷野上无主的生灵。身边的人，之前都是这样评价她的："她呀，野孩子。"这几年变成了："她初雯雯呀，野人。"初雯雯说："细想起来，我的价值观都是在大自然中树立起来的。都说'少女情怀总是诗'，在我的人生之书里，可能情怀的部分早已被自然填满了。"

被初雯雯称为"大管家"的"瞳之初"团队成员蒋新春，曾是跟随初红军多年的护林员，他说初雯雯"对野生动物的热爱和努力超过其他我见过的人。"

野生动物摄影工作充满不期而遇的危险。在阿尔金山，有野牦牛冲着初雯雯的车突奔过来，幸而半路停住，不然它的冲力足以顶翻越野车。在海南寻找褐翅鸦鹃的途中，初雯雯穿着迷彩服趴伏在三轮板车后高高堆起的草垛上，由于重心不稳，车在过坑时被震翻，她直接抱着"大炮"（指专业摄影器材）跳到地上。

为拍摄科克森山的盘羊，初雯雯和团队成员需要每天步行 16 小时，翻过数座海拔落差上千米的山，在乱石险峰间背着行囊和相机小心前行。为了抓住光线最佳的落日时分（新疆的落日在北京时间晚上八九点），他们在 11 点左右才能收工，然后在月光下寻着盘羊行走的“捷径”摸索下山，走到车前已是凌晨三四点，休息没几个小时，第二天早上八九点再次出发。有时他们会在阳光过于强烈不宜拍摄的下午，像盘羊那样在山顶小憩。

这些困难都不能阻止她保护野生动物的急切心情，这些生命每一刻都可能遭遇不测。令人痛心的事总是发生。人们丢弃在野外的塑料瓶子，可能会卡住小狐狸和刺猬的脑袋；人们建造大坝导致的下游水位下降，或是倾倒污水，可能使一窝河狸迁移，误入其他河狸领地而被攻击、死亡；飞奔着自驾车辆、运输车辆的公路，为防止其他牲畜进入的牧场铁丝网，随时都可能夺取野生动物的生命。“我总是将自己当作野生动物的一员，那些伤害，就像我自己受伤一样，所以想要保护……”

2009 年冬至 2010 年初春，阿勒泰遭遇了一场特大雪灾。初红军带着初雯雯去戈壁滩上撒一些牧草，给饥饿的黄羊（学名鹅喉羚）提供食物。在自然灾害面前，野生动物毫无还手之力。初雯雯看到路边缩成一小团一小团死去的黄羊，看到它们为了刨开锋利的冰雪挖到地上野草，割烂了的蹄子腕，泪水结冰糊了一脸，没两天脸都冻烂了。

2009 年，山顶冰雪融得快，盘羊肚皮空空，忍着饥饿去更高的山上找草，其中一些因为体力不支没踩稳，从山上滚落摔死了。

第二年春，阿勒泰卡拉麦里自然保护区的草长得特别好，看到这些草可以让幸存下来的野生动物更好地养育自己的孩子们，初雯雯感动得想哭。

2019 年 4 月，初雯雯与野生动物手绘者、《最强大脑》节目中的资深观察达人“水哥”王昱珩合作出版了新书《初瞳：我和我的野生动物朋友》，初雯雯笔下那些照片背后的故事，有暖心的，也有惊心的。她让人们看到的，不仅是大自然的光鲜亮丽，还有大自然被人类伤害后留下的累累伤痕，比如因为误食“憋气丸”（中国狗贩子发明的毒药），内蒙古大狼倒在 10 厘米厚的雪地里，爪趾甲布满血痂。又比如因为要被做成“毛鸡酒”，海南褐翅鸦鹃只能在猎人布袋里挣扎。

中国国家地理的图书策划总监杨磊评价说，“雯雯是最特别的作者，因为纯粹”。

初雯雯把所有版税捐出，买成书进校园送给学生。

初雯雯和她的野生动物朋友。

“河狸公主”

在阿勒泰，初雯雯有好几个名字。她被称为“野生动物残联主席”，因为她救过许多“大自然的孤儿”，有因为撞上了牧民铁丝网而翅膀骨折的白肩雕，还有缺了半只脚蹼的火烈鸟、截了肢的跳鼠等。也因为救助与保护河狸被朋友称为“河狸公主”。

对于初雯雯来说，河狸就像是家人，像孩子，她舍不得错过它们的每一个瞬间。作为一名野生动物摄影师，拍摄河狸已有十几年的时间了，河狸的每一次小小变化都紧紧牵动着雯雯的心弦。

2018 年，瞳之初自然保护协会与阿勒泰地区林业局共同开展了蒙新河狸年度调查，发现我国最后的 162 个河狸家族岌岌可危：它们的栖息地乌伦古河两旁许多区域的灌木柳基本被消耗殆尽，许多地方甚至连一棵灌木柳都没有了，都已经“秃”了。

究其原因，河谷林地不单是河狸的栖息地，同时也是牧民们世代生活的区域，双方对河谷林里灌木柳的消耗日积月累，使乌河生态环境逐渐退化，这也加剧了人兽冲突。

在初雯雯的描述中，河狸非常聪明可爱：“河狸永远都特别淡定，发生任何的自然危机，它都能够以很坚持很刻苦的一个态度用自己的方式去解决，比如说水位不够它去‘筑坝’，冬天没有吃的它去做‘冰箱’，它会啃掉一棵很大的树用来建大坝，河狸会以自己的努力坚持不懈地去完成一件事情。”但这么可爱聪明的河狸目前的生存状况却正变得岌岌可危。

为了帮助改善乌伦古河两岸的生态环境，保护这种珍稀动物，初雯雯提出了河狸守护者项目，给每一个河狸家族编了号码，为每一个河狸家族招募了云守护者，形成了“162 个河狸家族 + 162 个云守护者 + 162 个在地守护者”的项目模式，每个云守护者捐 500 元，换成一车草，给当地守护者，这样牧民就会愿意主动守护河狸，同时减少家畜对河谷林的啃食，保护野生动物敏感的生态环境。

由于灌木柳是蒙新河狸最主要的食物，初雯雯团队想通过补种灌木柳的方式解决蒙新河狸食物匮乏问题，于是又有了“河狸食堂”公益项目。通过爱心人士的共同努力，在约 10 个蒙新河狸家庭附近种下 5 万棵由当地林业部门提供的灌木柳，为河狸提供充足食物。

“我们想种树的地方是牧民的草场。所以今年发动的项目就是我们给牧民发树苗，让牧民去种，我们发补贴。牧民可以选择种，也可以选择不种。”

初雯雯介绍，这个补贴涉及两次验收，第一次验收是在秋天，看牧民养的牛羊有没有吃春夏种下的树。第二次验收是第二年春天再去种树的时候。“如果这两次都能保证树还在，我就把所有的补贴都发给你。”

“这样等于是给了牧民选择——选择种这个树，就不让牛羊进去吃，拿到的补贴完全够牧民买草给牛羊吃。或者牧民不要这个补贴，就让自家牛羊去吃。总之可以有很多方法去正向引导。”

雯雯对于河狸的爱，都在言语之间，她最大的愿望就是给动物留点空间，它们也需要有一个属于自己的家园，人类没有权利去干涉和伤害它们。

也许一个人的力量是有限的，但这份力量正带动更多的人投入到野生动物保护中来。初雯雯心中的野生动物保护事业变得越来越清晰。她依然跋涉在山川荒野，看翠绿的乌伦古河，蜿蜒流过翠绿的河谷；看卡拉麦里大戈壁滩上低矮、零星的草，和顽强的生命；还有秋天的科克森山上，雄壮的公盘羊新换上厚厚的皮毛，它站在山巅俯瞰自己的整个领地……

（参考文章：《“90 后”野生动物摄影师初雯雯：它们真正的归宿是大自然》澎湃新闻记者　罗昕）

人物名片

姓　　名：万晓白
民　　族：汉　族
籍　　贯：吉林省白城市通榆县
所在单位：吉林省白城市通榆县环保志愿者协会

06

人物事迹

万晓白 20 岁开始在科尔沁沙地生态示范区做志愿者，这位“80 后”，扎根沙地，在荒漠中集合志愿者，修复沙地生态，解决生态脆弱区人境矛盾，用志愿服务的形式践行生态文明。在她的努力下，通榆县环保志愿者协会目前建立（在建）生态沙化草原修复区 5 块，生态修复科尔沁沙地（草原）5 000 亩。协会工作影响范围达到方圆 300 平方千米，约 9 000 人次受益。

荣誉榜单

先后获得“中华宝钢环境优秀奖”“第七届母亲河奖绿色卫士奖”“中国青年五四奖章”“中国青年优秀志愿者”“全国向上向善好青年”等荣誉。2019 年被生态环境部和中央文明办联合授予“最美生态环保志愿者”称号。

两万棵杨树浇透一遍水，大概需要两个月，每年要浇 4 次。那时，我感觉每天就是浇水浇水。

——万晓白

万晓白：火沙坨子里的治沙姑娘

科尔沁沙地是中国四大沙地之首，是北方沙尘暴的始作俑者。吉林省通榆县同发乡新合屯正处于科尔沁沙地的东部，这里沙丘面积大且流动快，被称为“火沙坨子”。在这里，黄沙、盐碱早已司空见惯。但偏偏大家见怪不怪的环境，却有一位“80 后”女子看不惯，她与黄沙战斗、同盐碱抗争。她本可以过着衣食无忧的风吹不着、雨淋不着的安逸生活，却偏偏选择了在风里、沙里、地里奔波，而且这一奔波就是 14 个年头。她就是吉林省白城市通榆县环保志愿者协会秘书长万晓白。

“这些年，遇到一件事解决一件事，最后也没什么困难了”

1980 年出生的万晓白，毕业于吉林大学，毕业后就到宁波当了一名教师。

介绍万晓白，就不得不讲一讲她的父亲万平。

万晓白的父亲万平曾是这里的下乡知青，历任吉林省长山热电厂环保工程师、东北师范大学教授。2000 年，他辞去公职，带着自己半辈子积攒下的 30 多万元，在通榆县同发牧场西南承包了一块 1 500 亩的荒地，立志将“火沙坨子”变绿。当时，所有的亲戚、朋友、同事，都被万晓白父亲的选择“吓坏了”。

“两人一组，一人扛铁锹，一人抱树苗，栽上苗后再蹦蹦、踩实。每天在漫天黄沙里种树，收工时脚底像踩棉花，特别狼狈。”当时正读大学的万晓白

2017 年 8 月 27 日，万晓白与环保志愿者在一起。
（前一排右起第六位为万晓白，后排右一为父亲万平）

理解和支持父亲，每到假期都过来帮忙。那时候，这里刮起风来看不到人，万晓白的脸被吹黑，开始“起斑”。

树种上，需要大量浇水。“两万棵杨树浇透一遍水，大概需要两个月，每年要浇 4 次。那时，我感觉每天就是浇水浇水。”万晓白说，“浇一棵树是 1 分 40 秒左右，这时水就不怎么往下渗，这是实践所得的经验哦！”

那几年，万晓白把大学的假期全部贡献给了沙地，但执着和热情常常遭遇一盆接一盆的冷水：种下去的杨树因缺水旱死、新长的小草因盗牧被啃光、一场风沙把即将收获的糜子全部扫落。此外，为了治沙，父亲不但花光了家里所有的积蓄，还欠了很多外债，可以说“父债累累”……当时，亲戚、朋友、乡里乡亲都认为，整那有啥用？还搭钱，吃这辛苦，傻！那时孩子们见到万家人，就会喊：“老万老万，干赔不赚”。

2002 年，大学毕业后，晓白没有立即找工作，而是和父亲在沙地里继续劳作着。2003 年，沙地初绿后，晓白去了浙江宁波，在那里当一名教师并组建了自己家庭。

但每每想到父亲和他奋斗的事业，每每想起父亲苍老的脸和瘦弱的身子，晓白心里总是有太多的牵挂、思念和惦记。父亲的辛苦，女儿看在眼里；父亲的难，女儿疼在心里。每每听到歌曲《父亲》，晓白心里有说不出的牵挂；每每听到歌曲《梦回家乡》，晓白心里有道不出的乡愁。

万晓白环保治沙的第一篇日记有一段是这样写的："2000 年，我的父亲辞去公职，决定终身治沙，成为了科尔沁东部沙地第一位治沙志愿者。这一天，我的内心受到了人生中最大一次震动！两米多高的沙柱呼啸而来，昏天暗地，我只能佝偻着身子，呆立在沙地上，任凭沙土没过双脚，又埋过小腿……我在心里默默地问自己，我到底应该怎样处理人与自然的关系？在这种恶劣环境下，我们还能做点啥？我这一生怎样度过才有意义、有价值？在一遍遍扪心自问后，我深深地理解父亲的良苦用心、深深懂得父亲的无悔选择。太阳透过云层，把一个巨大的光环罩在他的身上。我压抑在心底的热流，化作滚烫的泪水，夺眶而出。那个干瘦、平凡的父亲，在风沙里，是那么伟大、是那么光辉！"

2005 年底，在父亲治沙缺人又缺钱的艰难时刻，万晓白辞去了教师、老公辞掉高薪工作，举家奔回通榆，回到父亲身边，继续进行科尔沁沙地的生态修复。

部分高校环保志愿者开展生态恢复与环境保护服务合影。

“晓白刚来时是城里小姑娘，衣服洋气，皮肤也好，和当地姑娘不一样。现在融入我们当中了。人模样也变了，衣服也旧了、脏了，皮肤也黑了。”哪个姑娘不爱美？说起这事儿，万晓白的言语间有一丝惆怅，随即爽朗地笑了：“现在我推开窗，看到绿树，听到鸟鸣，闻着青草芳香，什么都值了！”

在万晓白看来，治沙很苦，但苦中有乐。

“这些年，遇到一件事解决一件事，最后也没有什么困难了。有时候还有乐儿。”万晓白说。

“大自然倔强地要穿上自己的‘旧衣服’”

治沙，不能只凭一腔热情，要讲究科学。这些年，万晓白一直在学习、总结、反思。

“2001 年 4 月，顶着小雪开工，全乡的壮劳力来了一大半，有偿种树，当天结算，皆大欢喜。5 月，沙子埋了一半。7 月，旱死了另一半。”万晓白记录下了当时的情景：树根扎不到深处，杨树大片大片死去。可在无暇开发的沙地里，却长出了小草。

“这是自然选择的结果，尊重自然规律，恢复草原上的原有物种，才是真正的生态修复。”万晓白这样总结，“大自然倔强地要穿上自己的‘旧衣服’。”

经过反复的实验，父女俩发现沙地根本不适合种树，只适合种草。只有科学地恢复植被，才能固沙养地。于是，父女俩改变了治沙策略，开始在沙地种植植被。以前乱垦的耕地开始有意撂荒，任由草生草长，同时，不让牛羊放肆啃食。这一手，叫作围封养育。草原从原生植物萌芽，到生态系统稳定，在不被干扰的情况下需要 3 ~ 5 年，这期间是需要人工控制的，主要是防止盗牧盗采等。等到生态系统稳定后，需要牛羊来活动，牛羊啃食可以促进植被循环，踩踏可以加速种子传播，排的粪便可以增强土壤肥力。

同时，万晓白意识到：生态恢复、荒漠治理，这些是世界级难题，靠一个人、一个家庭的力量怎么能行？ 2006 年，万晓白注册成立了吉林省西部第一家民间治沙社会团体——通榆县环保志愿者协会，协会的成立，标志着当年的家庭式治沙模式变为了集合全国志愿者的共同治沙模式。

“现在这 1 500 亩沙地生态示范区，1/10 是人工栽的树，9/10 是大自然自我修复、自己选择的适合它的物种。现在已经形成了乔灌草、高中低结合的立体的生态景观。”万晓白说，经过多年养护，现在，贫瘠的沙土上有了厚度

每当春季来临，万晓白拿着纸和笔，随时记录草原植被恢复情况。

10 厘米左右的腐殖质。以前是根本没有的。

随着绿色的恢复，沙地的原生动物越来越多，包括田鼠、蛇、苍鹰、獾子、野鸡、野兔等。沙地草原的原生植被覆盖度达到了 95%，野生动植物达到 300 多种。“火沙坨子”终于变成一片青青草原。草原不但阻止了流沙向东移动，而且为这里带来了充沛的降水。

“治沙，得让当地农民过上富裕的日子”

35 岁的王明会是土生土长的屯里人，他说，从前大风一刮，都不敢开门。“我 10 多岁那年，万大爷和晓白姐他们来到村里，放羊时常看到他们在种树。以前大家认为，整那有啥用，还搭钱。放着好好的城里日子不过，上这大沙漠里来，吃这辛苦，傻！”王明会说，慢慢大家理解、支持了。

万晓白说，村民们逐渐不再把他们当作“外来户”，来帮忙的人越来越多，很多青年人来了解生态修复，参与生态修复。

“晓白姐他们现在修复成绿地的地方，以前就是大沙包子。如果都那样，我们这儿就不会有这么大的风和沙了，家乡会更美好。”王明会说，“前年我们把自家的 150 多亩坨子地拿出来，跟晓白姐他们合作，也进行生态养护。”

“治理草原沙漠化，单靠环保示范和教育是行不通的，得让当地农民过上富裕的日子，他们才会有精力和想法来积极参与治沙。”万晓白说。

近几年，万晓白在探索可持续农业发展。用恢复的草原邀请沙区居民养草原鸡、放牛，置换他们的坨子地，撂荒养护。引导当地农民种植有机农作物，获得收益，增加收入，促使农民“退耕还草”。她带领环保志愿者，在科尔沁沙地及向海湿地推动有机谷物种植项目，采用“1/10”种植模式，选取 1 公顷优质耕地种植原生态传统谷物，并进行保护性耕作，提高土地附加值，取代 10 公顷滥垦耕地的广种薄收。她还引入社会企业运作方式，根据沙地（草原）水土资源状况，实现示范区内部粮食作物→饲料→禽业→肥料→经济作物的良性循环，为更好地治理科尔沁沙地奠定基础。

现在，这里村民的年均收入高出其他地区 30%。

“要做的事情还有很多。”万晓白希望，一个个绿色的点能连成线、形成面，让科尔沁草原变得水草丰美。

（本文撰稿：王国庆　参考文章：《万晓白 沙坨子里的治沙姑娘》
《人民日报》记者　孟海鹰）

人物名片

姓　　名：廖理纯
民　　族：汉　族
籍　　贯：北京市
所在单位：北京绿化基金会

07

人物事迹

他曾经是商业奇才，当看到内蒙古草原上的漫漫黄沙，便毅然决定投入到绿化建设之中。2011 年廖理纯在浑善达克沙地南沿建立了绿化基地，经过多年努力，已经在 8 000 亩土地上种下了 130 万株树木。9 年来，廖理纯组织 341 批次志愿者超过 12 000 人次参与绿化植树活动，投入 2 000 多万元资金用于绿化，累计行程过 24 万千米，被志愿者亲切地称为“锹王”。

植树之余，廖理纯完成了《对抗荒漠化》等 12 本著作。2018 年，廖理纯又将 20 万棵价值近千万的树木无偿捐赠给了当地。

荣誉榜单

荣获北京市委、市政府颁发的“首都精神文明建设奖”，2015 年成为《中华儿女》特别推荐人物，2018 年获得光彩事业国土绿化贡献奖，获得“北京榜样”“首都道德模范”“全国最美志愿者”“身边雷锋，最美北京人”“中国生态英雄”“时代楷模”等称号。2019 年被生态环境部和中央文明办联合授予“最美生态环保志愿者”称号。

当一件事情变成你的渴望、你的信仰时，你不会为周遭的声音而改变。

——廖理纯

廖理纯：一个人，一棵树，一片林

芨芨丛生尘沙扬，
百年枯榆诉沧桑，
塘浅难留鸿雁影，
水不涵木成荒凉。

谁能想到这首诗描写的是内蒙古草原？

谁能想到“风吹草低见牛羊”的草只有几厘米？

谁能想到漫漫黄沙还能回到绿树参天、绿草成茵？

这些都是廖理纯直达内心的感受。那是 2004 年 7 月，廖理纯参加北京市人大组织的对内蒙古生态考察活动，第一次来到内蒙古锡林郭勒大草原，这个草原很大一部分变成了浑善达克沙地。

后来他又去到恩格贝。恩格贝为蒙古语，意为平安、吉祥，地处内蒙古自治区鄂尔多斯市库布齐沙漠腹地达拉特旗乌兰乡镇内，历史上曾经是一块水草丰美、风景秀丽的地方。但由于战乱、洪水、乱伐滥垦和过度放牧，黄沙抹平了这里的美丽。

“荒漠化”三个字，狠狠地撞击着廖理纯的内心。当看到很多国际志愿者在中国荒漠化地区植树的时候，他被深深地触动并立下志愿：作为中国人，在中国的土地上，我们一定可以用自己的双手让沙化严重的土地重新焕发青春。

种树之难，总有意想不到的困难和麻烦

说起廖理纯的经历，可谓是众人眼中的“商业奇才”，他曾是柳传志“门下三杰”之一，24 岁掌管联想广州分公司，28 岁创办北京晨拓集团，39 岁企业已年销售额数亿。

从草原回来后，廖理纯放弃了蒸蒸日上的公司和衣食无忧的优越生活，将运营良好的科技公司交给其他人打理，毅然决然地全身心投入到绿化植树的事业中。

为了选择合适的沙地，廖理纯花了 3 年时间到全国各地进行考察，去过漠河，也进过西藏。最终，他选择了离北京最近的浑善达克沙地，建立了第一个绿化基地。浑善达克沙地距离北京直线距离仅仅 200 千米，是近年来困扰北京的沙尘的主要源头之一，北京 85% 的沙尘来自这个方向。他租下当地牧民的 1 000 亩沙地作为苗圃，在这片沙地上挖池塘、建水塔，前期筹备花费了近 1 年的时间。

终于，2011 年 5 月 11 日，廖理纯带领 19 名志愿者来到浑善达克绿化基地，种下了第一批树苗。迈出第一步以后，之后每年的 4 ～ 11 月的每个周末，廖理纯都会从北京带领志愿者前往绿化基地植树。

廖理纯要求志愿者不仅要会挖坑、放树苗，还要会护理树木。虽然志愿者每周都会前往沙地，但干的活儿可能完全不同，除了植树之外，有时候是去浇水、除草、剪枝，有时候是去换苗杯、施肥。

随着志愿者人数越来越多，廖理纯也将绿色基地不断扩大。目前，他已组织 1.2 万人次、共 353 个团队植下树苗 130 多万棵。廖理纯的个人出资越来越多，绿化基地也越建越多，2013 年初，建立了张北环保绿化基地；2017 年，在内蒙古正蓝旗建立了第三个植树基地；现在第四个绿化基地的选址工作也已经完成了。

每一棵沙地上种植的树苗，都由廖理纯自己掏腰包购买。在他的绿色基地里，种有杨树、樟子松、赤峰杨、文冠果等多种树木。“我们会进行前期调研，选择能活的、适宜生长的。”廖理纯说。

植树并不像初来乍到的志愿者们想像得那么简单。比如第 60 批志愿者前往的时候，当大巴驶入被铁栅栏围起来的浑善达克绿化基地的大门，队员们放眼望去，眼前仍然是被严重沙化蹂躏的土地，前 50 多批志愿者栽下的小树苗在低矮的地表植被映衬下显得有些弱不禁风。

“十年树木，百年树人。我们种下的樟子松有个特点，三年不见树，再过五年不见人。现在这些苗在扎根，未来五年蹿苗，它们的树冠有多高，根就会有多深。”廖理纯一边小心翼翼地掀开去年冬天志愿者种下的几垄小树苗，信心满满地说，“将来这就是成片的林地。”

这么大的几个基地，廖理纯建设起来也不是一帆风顺，总会有一些意想不到的困难和麻烦，比如牧民的不良放牧习惯、居民的固化观念等问题，都需要花很多时间去同当地人科普、沟通。

比如正蓝旗绿化基地，开始时当地牧民对志愿者的义务活动不是很理解，也产生了一些抵触情绪，正是由于当地领导的支持，志愿者同牧民的关系才得以越来越融洽，相互配合也越来越好。廖理纯说，他很感谢正蓝旗的旗里领导，专门来到基地视察，种下樟子松树苗；同时各方的林业专家听说是志愿行为时，也纷纷无私地对绿化工作给予技术指导。

比如颇为头疼的由多只傻狍子引发的“惨案”。傻狍子总喜欢在种植树苗的围栏外打转，出于对狍子的关心，廖理纯打开了围栏的大门，结果那些狍子拖家带口地住了下来，并且在短短的时间内迅速繁殖，几千株长了六七年的树苗被它们啃得干干净净。由于草原没有狍子的天敌，且不能随意捕杀，现在狍子已经变成了几十只，廖理纯还在同专家寻找最好的解决办法。

廖理纯在查看基地苗圃树苗的长势。

廖理纯植纪念树。

廖理纯说，像这样的问题还有很多，还需要较长的实践和坚持去解决。针对草原上的过度放牧，他谈到，建立围栏，起初就是为了防范非法放牧的羊群。羊没有错，动物们没有错，错的是人。“很多人没有意识到环境的重要性，只看到眼前的一丁点儿利益。只有大家共同努力，才能带来环境的改变。”

种树之思，必须传播正确的生态观与绿色观

种树，是一种精神。种树，是一种坚持。

廖理纯认为，做公益不仅要身体力行、要坚持，还要向全中国传播正确的生态观与绿色发展理念。

他告诉笔者，有次参加聚会，一位小伙子与他争辩，认为砍树并不是一个恶劣的行为，因为他觉得砍完树，风就来了；不砍树，大片防护林就会将本该刮向北京的风挡得严严实实，这样北京的雾霾就不容易被大风吹走了。廖理纯忍不住笑着告诉小伙子：“实际上树木并不会带来风速的降低。高处的风连大山都挡不住，何况树木，所以砍树不能带来风速的加强。”

还有人会不解地问他：不要再去沙漠种树了，沙漠那么美，为何要去破坏？他在自己所写的《对抗荒漠化——反省我们的生态观》一书中反问：“还能把沙漠破坏成什么样子？还有比沙漠更坏的自然状态吗？我们要知道沙漠是自然界被破坏到极致的产物。”

每次遇到这种啼笑皆非的问题，廖理纯都会反思：我们正确的生态观去哪儿了？

在 2014 年的全国“两会”上，作为政协委员的廖理纯提出建议，用树木来吸收北京雾霾，由于树木具有吸附固体颗粒、吸收二氧化硫的功能，因此北京地区需要进一步加强植树造林的工作，并全力支持北京周边地区的绿化。

据测算，每一亩树林每天可吸收二氧化碳 67 千克，释放氧气 49 千克；吸收二氧化硫 50 千克，吸收尘埃 20 ~ 60 吨，多蓄水 20 吨。他说，大量植树不仅能够吸附雾霾，还可以有效增强水分蒸发量，进而增强该地区降水量，起到净化空气的作用。当然降水的好处特别多，不光是净化空气。

为了将科学知识“植”入人心，在每一次志愿者们坐上大巴返程的间隙，廖理纯总会拿起麦克风，站在大巴车头，不厌其烦地给大家普及与树木相关的科学知识与正确的自然生态观念。

廖理纯告诉笔者，在浑善达克沙地一期绿化基地成立之初，沙漠取水困

荣获“2014 北京榜样”荣誉称号。

难一度成为他的一块儿心病。有人建议用机井，廖理纯发现机井的发明是用于采矿降低水位用的，深水机井的挖掘会带来地下水位降低与地表下沉等多种危害。经过一段时间的琢磨，他用开口井取代机井，成功解决了取水难的问题。据他介绍，其实开口井的成本在地下水位很高的地方是很低的，只要挖个坑就可以了，开口水的水取之不竭。从可持续发展的角度来看，开口井不会破坏地表水，对环境大有裨益。“我不太赞成竭泽而渔的方式。”廖理纯说。

他的坚定，让他像迁徙的鸿雁，重复着冬去春回的绿色长征。他的坚定，让他被评为“北京榜样”“中国生态英雄”……

先贤有云，“墨子兼爱，庄子在宥，许行并耕，三者诚为人类最高理想，为吾国之精神。”廖理纯尤其尊崇墨子之道，因为墨学的精髓就是团结和奉献，志愿精神就是墨子提倡的“大义”之体现。他立志要做一名墨者，和众多志愿者们一起呼唤志愿精神，唤醒国人心中的无私和善良，为国家搭建一座大义、相爱、和合的桥梁。

采访快结束的时候，笔者问了这样一个问题：“你个人出资做这件事，已经九年了，家人理解支持你吗？”

停顿了一会儿，廖理纯说：“我前妻不理解。”那一瞬，他的眼中闪过一丝稍纵即逝的晶莹。

……

“种树，对抗荒漠化，可以让生命变得充实。这件事直到二十年、三十年后都会非常有意义，能够造福后代。”他说，“当一件事情变成你的渴望，你的信仰时，你不会为周遭的声音而改变。”

（本文撰稿：杨奕萍）

人物名片

姓　　名：丁耀先
民　　族：汉　族
籍　　贯：内蒙古自治区包头市
所在单位：包头市环保联合会

08

人物事迹

从 2001 年开始，丁耀先在没有工资、没有援助的情况下，自掏腰包 100 余万元投身民间环保事业，并且一做就是 18 年。18 年来，他带领民众植树百万株，捡拾白色垃圾 2.5 万余千克，清理“城市牛皮癣”200 多次，回收 300 余万节电池，个人捐资助学 12 人共计 9 万余元；自费制作、免费发放了 50 多万个环保布袋、80 多万个环保痰袋、10 万多块环保手绢、80 多万份环保宣传资料。截至目前，建成分会 128 个、团体会员单位 68 个、环境法律事务中心 1 个，会员人数从 2006 年的 5 000 多人发展到现在的 140 多万人。他身残志坚、热心公益，用残缺的肢体为蓝天碧水、青山绿地画出最美的轨迹。

荣誉榜单

2012 年，荣获包头市首届飞鹿杯慈善最佳行为奖；2013 年 4 月 19 日在人民大会堂获得第八届中华慈善奖，并受到了国务院领导的接见，成为包头市获得这一国家至高荣誉的第一人；2014 年获得“感动内蒙古”人物提名奖；2016—2017 年获得内蒙古包头市学雷锋先进志愿者和优秀个人；2018 年获得内蒙古自治区精神文明建设委员会办公室和内蒙古志愿者联合会授予的“优秀志愿者”；2019 年被生态环境部和中央文明办联合授予“最美生态环保志愿者”称号。

做公益，只要坚持，什么坎儿都能过去。

——丁耀先

丁耀先：登山有峰　环保无涯

朋友说，“跟着老丁当官还得贴钱了。”

老伴说，“你现在比以前上班时还忙，家里的事永远不如会员的事急。”

熟人说，“丁叔，你这戒烟令差点引发我们的家庭战争。”

小学生打电话给他，“丁爷爷，我妈妈给我做了好多痰袋，我再也不随地吐痰了。”

不管别人如何称呼，也不管别人如何评价，只要对方心里真正有了环保观念，丁耀先就特别欣慰。

年过花甲的丁耀先是一位精神矍铄的残疾老人，但在他脸上看不到太多岁月的痕迹，坚毅的眼神、乐观的言语，时常给周围的人们带来精神的鼓舞。他毕生致力于环保公益活动，被身边的人称为“环保斗士”。投身环保事业的18 年来，他带领包头的环保志愿者走遍城市及周边的每个角落，将保护环境、关爱自然的种子播撒在无数人的心田。

人生第一桶金投入环保

在全身心投入环保事业前，丁耀先曾任包头市创研室主任、文联主席、文学社社长，他还是世界华人文艺协会终身主席，先后发表地方戏曲、诗歌、散文、广播剧 150 多篇，2009 年他创作的环保题材地方词曲《劝君争做环保人》

在杂草丛林、污水石块中捡垃圾容易伤手，丁耀先自费购置手套发放给志愿者们。

给学生上环保课。

获一等奖，联合国环境规划署官员为他颁奖，2010 年入编《世界华人辞海》。

20 世纪 90 年代，丁耀先“下海”经营三产承包饭店，1998 年成立了包头市首家社区服务中心，随后涉足家政服务行业，一系列出色的经营让他掘到了人生的第一桶金。他用这桶金干了两件事：一件是送孩子出国，另一件就是投入环保。

2001 年 5 月，包头市评选出 10 位“环保人物”，并以这 10 位人物为核心成立了“包头市环保志愿者协会”。热心环保的丁耀先在一次偶然机会中参与了志愿者活动，便毫不犹豫地加入了协会，成为环保志愿者协会的成员，正式开始了没有工资、没有援助、自掏腰包的环保之旅。这趟没有终点的旅途现在已经走了 18 年，他前后陆续投进去 100 多万元。

“我从小就爱植树，加入协会后，我感觉我的后半生有了为之奉献的事业。”丁耀先从小生长在巴彦淖尔市的一个林场。西部沙化恶劣，为防止春天的沙尘暴，父亲跟几个朋友年年种树，种了一辈子。丁耀先从 1967 年上小学起就跟着父亲种树，一早一晚带上切好的树栽子，早上去上学前，用引锥扎一个眼、放一棵树，晚上放学后再用引锥扎一个眼、放一棵树。每天不惜来回往返几千米。这在他好像成了不挣工分的任务。就这样一直到他上班离开林场，不知道种下了多少棵树，只看到他家周边的空地上都长出了成片不规范的杨柳树。

环保志愿者协会成立后，一直是大伙掏钱做环保。2005 年，由于资金缺乏，协会难以为继，面临解散，时任副会长的丁耀先在大伙的推荐下主动担起了这份责任，做了会长。他从自己家拿出活动经费，并将环保志愿者协会变更为包头市环保联合会。此后，丁耀先利用自己的社会关系广泛发展会员，一些机关、企事业单位也都陆续成为会员。

由于是义务宣传环保，一些关系好的退休老领导跟着丁耀先参加几次活动后，都打趣道："跟着老丁当官得贴钱，跟着老丁干活还得赔钱。"丁耀先对自己更是"抠门"，常常是临近中午才做完宣传活动，他会回办公室做饭吃。大家劝他，做环保这么多钱都舍得花，对自己好点，去外面饭店吃点好的。可他觉得自己做饭省钱，省下的钱又可以多做些宣传。

丁耀先担任会长后，大胆地进行了改革，吸引了更多的市民进入这个环保组织。2006 年，这个不断壮大的组织吸引了市政府的注意，政府为他们设置了专门的办公室，环保联合会的发展从此步入正轨。

扛起环保公益的大旗

捡拾白色垃圾、回收废旧衣物、回收废旧电池、清理城市小广告、制止随地吐痰、义务植树……只要有益环保的事，丁耀先都会去做，并且一做就是十几年。

他每年自费制作一批环保布袋、环保手绢、纸质痰袋，环保活动办到哪里，就免费发到哪里。

几年前，丁耀先在外地考察时了解到废电池的危害性，回来后调查发现包头市并没有专门回收电池的机构，电池被市民们随意丢弃，形成了潜在的污染

连续 6 年组织志愿者在沙河景观湖开展保护母亲河活动。

源。于是，他制作了校徽、团徽，购买了学生用品，组织联合会会员承担起了以奖品换废旧电池的责任，同时提议城建、环卫部门在道路两旁、公园、校园设立废旧电池回收箱。几年下来，他回收了 100 多万节废旧电池，前期处理了一部分，还有一部分存放在他的车库里。许多人慕名前来收购，每只从 5 角到 1 元不等。了解到这些人收购只是为了其中的碳棒，其他的部件会被再次丢弃后，丁耀先全部回绝，他一定要以更环保的方式进行处理。

看到树叶落下后被环卫工人焚烧处理，造成了一定的大气污染，丁耀先从 2010 年开始开展了“叶落归根，扫树叶送牧户”活动，带领志愿者把落叶扫起来送给牧民做冬储饲料，解决了牧户的经济负担，喂牲畜后产生粪便还可以当作肥料，实现了废资源再利用的良好循环。参加这项活动的人数从开始的 20 多人一路增长到 2018 年的 60 000 多人，取得了非常好的社会效益，受到了当地政府的表彰，还成为中华环保联合会向全国推荐的先进事例。

“我就爱那一份绿，我要让包头的山上充满绿色。”投身环保事业 18 年来，丁耀先带领包头民众植树百万株。从 2010 年开始，他在大青山南麓和麻池林场开展了多次的环保植树扫落叶活动，为了消除年年植树年年死的隐患，他采取了自种、自育认领活动，会员们主动利用休息时间去管理，使树木的成活率提高，达到了非常好的效果。2015 年，为了解决每年全国植树节无活动场地问题，他带领会员们在包头市城中草原的赛汗塔拉湿地的一个垃圾污水沟壕上，经过一个多月的填埋、换土和转移工业垃圾，建成了第一个市内环保植树基地，栽种了 2 000 多棵（近 20 亩）山桃树，把昔日的垃圾沟变成了美丽的桃花园。如今，这片林地已成了当地人休闲娱乐、年轻人拍婚纱照的好去处。每当赛汗塔拉蒙古大营游人就餐之时，嘹亮的歌声、醇香的美酒和内蒙古特产手扒肉的香味缭绕在树林中，令人陶醉。

为了环保，丁耀先达到了舍我、忘我、无我的境界。2015 年在环保林基地盛夏浇水时，他被毒虫咬伤小腿，中毒性血结使整个右小腿肿得比大腿还粗，就这样，他竟然在住院治疗期间还偷偷出去浇水。结果造成伤口感染住院 28 天才勉强出院。2019 年 4 月，树地里生起了虫子，他想了好多办法都无法去除，最后无奈请了专业喷水车，兑上大剂量农药和树木杀虫药在夜间喷雾。由于天黑无照明，他拿着手电筒在树地里指挥，忘了戴帽子和口罩……2 小时后打药结束，结果当天半夜他开始发病，到医院诊断，病毒性感冒，原因是农药浸入了体内。经转院治疗 20 天才脱离危险，但他体内的余毒却无法彻底清除……

“慈善和环保不分家”，丁耀先常常这样说。作为一名双腿肢残的残疾人，他深知残疾人之苦，因此不论自己有多难，他都坚持扶助残疾人，多年来一直为家庭贫困的残疾人捐衣捐物。他对于生活在底层的人群总是充满同情。收到的衣物，他会清洗消毒后送给那些外来务工人员、农民工学校的学生。一些市民扔掉的盆盆罐罐也成了丁耀先的“宝贝”，他清洗后再把这些东西送给需要它们的农民工。“农民工来包头支援建设，就背了一卷行李，把这些东西给他们，他们可以盛东西、淹菜。”他经常奔波在各个学校之间，在包头市近百所学校中开展捐赠活动，让孩子们捐出自己的一件衣服（清洗干净消毒）或捐一本书，再把这些物资送到贫困小学，为贫困小学建起小小的图书室。令人暖心的是，捐书的孩子们常常会写一张小小的字条夹在书里，把温暖和关爱传达给贫困学生。

2013 年 4 月 19 日，丁耀先在人民大会堂获得第八届中华慈善奖，并受到了国务院领导的接见，成为包头市获得这一国家至高荣誉的第一人。

环保重在生活点滴

“改变观念很重要，但需要时间和耐心。”丁耀先越来越觉得，单靠志愿者，力量太微薄，引导更多的人提高环保意识、养成环保习惯，才是环保联合会更应该做的。

2009 年开始，他发起了“环保进社区”“环保进家庭”等活动，引导居民从日常生活、点滴小事做起，推动全民参与到环境保护中，在包头市掀起了

常年坚持和志愿者们一起参加各项活动，图为沙地种树。

2013 年 4 月 19 日在人民大会堂获第八届中华慈善（环保）奖。

争创“环保社区”“环保家庭”“环保市民”的热潮。“没想到活动一推开，特别受欢迎，社区居民的参与度非常高，环保联合会会员数倍增。”丁耀先感慨，这次活动对他的触动相当大，市民保护环境的潜力一下子被激发出来。

接着，环保联合会于2011年又发起了“环保进校园”活动，在全市100多所中小学开展环保教育和实践活动；2012年“环保进医院”，100多所医院发出禁烟令，维护公共场所空气环境；2013年，“环保进中小企业”……

“环保其实不用刻意去做，在生活中，注意点点滴滴的细节，同样可以环保。”他经常对身边的人这样说。因为看到包头的很多旧楼房楼道里无人清洁，2011年底，他发起“三清洁、一拖拉”行动，“三清洁”就是室内清洁、室外清洁、楼道清洁；“一拖拉”就是要在楼梯扶手上拴上抹布，下楼时一拖，上楼时一拉。这样简单的动一动手就清洁了环境。

“做环保这个事就得执着，今年讲了没效果明年继续讲，明年讲了还没有效果后年再去讲，不管多久，直到人们接受了为止。”他用实际行动诠释着什么叫执着：从2001年至2019年连续9年，他组织实施了民间环保走进百所院校活动；连续12年开展“远离塑料袋，自制环保布袋”活动，引导市民改变生活陋习；连续10年“扫树叶送牧户”；连续18年春季植树造林；连续12年开展限塑宣传……

为了能将环保理念灌输给更多的人们，他每天选择早7:30—8:00的时间进社区、广场，给锻炼身体的居民们讲；课间操的时间去学校，给中小学生门讲；中午1:00—2:00给院校大学生们讲；大型活动则放在双休日做，这样既不耽误居民的家务事，也不影响学生的课程和机关干部们的工作，只是完全打乱了他自己的生活规律。很少人知道他腿里至今还留存着当年车祸手术后的钢板和钢钉，活动中，他有时腿站肿了就坐着讲，腿疼的厉害就吃两片去痛药，如遇天气变化或者节令一天得吃5～6片止痛。他常和会员们讲，人好活也是一天，难活也是一天，只要充满信念坚持去做，什么坎儿都能过得去。18年来，他为环保事业义务工作了36 000多小时，行程达6 000多千米……

简单的理念、执着的热情让丁耀先的环保事业越做越大。目前包头市环保联合会建立分会128个、团体会员单位68个、环境法律事务中心1个，会员人数已从2006年的5 000多人发展到现在的140多万人，会员不仅遍布包头市，还吸引了周边一些城市的环保志愿者加入。

“登山有峰，环保无涯”，在丁耀先的办公室里，这幅由他亲笔书写的书法作品被挂在醒目位置。他几十年如一日，以一颗“环保初心”，始终践行着这个誓言。

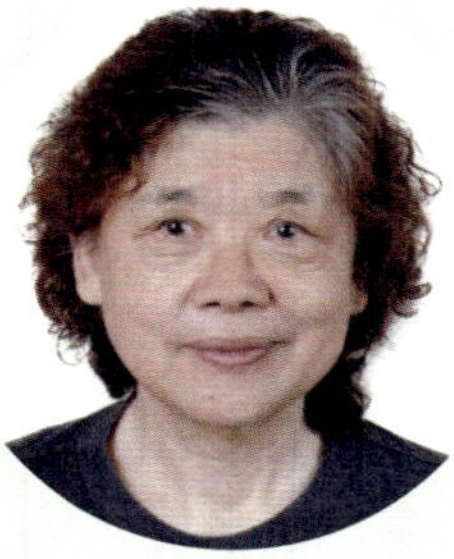

人物名片

姓　　名：运建立
民　　族：汉　族
籍　　贯：湖北省襄阳市枣阳县
所在单位：襄阳市环保协会（绿色汉江）

09

人物事迹

2002 年，运建立发起并成立了湖北省首家环保组织——襄阳市环保协会（“绿色汉江”）。她带领环保志愿者深入到汉江及其支流沿岸的污染源调查 1 054 次，行程 111 780 多千米。先后组织协调成功举办了 40 期免费环境教育培训班，计 1 161 所学校（单位）2 036 名教师和环保志愿者参加了培训。从 2004 年开始努力推动解决的唐白河污染案例成为公众参与跨界污染治理的极佳案例。

荣誉榜单

2006 年获得襄阳市首届十大慈善公益之星称号；2010 年获得“第六届湖北省十大女杰”和“湖北省三八红旗手”称号；2011 年获得 “三八红旗手”荣誉称号；2011 年当选为全国 100 名优秀志愿者之一；2013 年获得湖北省环境保护政府奖；2015 年入选全国十佳最美家乡人；2016 年获得湖北省“岗位学雷锋标兵”称号；2016 年被襄阳市树立为“风范长者”；2017 年被聘为襄阳市民间河长；2017 年荣获“2016—2017 绿色中国年度人物”入围奖；2019 年被生态环境部和中央文明办联合授予“最美生态环保志愿者”称号。

我最大的心愿是，当我临去世的那一天，我觉得我上对得住天，下对得住地，更对得住这条母亲河。

——运建立

运建立：清清汉江水，悠悠女儿心

一

接到采访任务，我立即联系了运阿姨，我从来没有和她见过面，不熟悉她的情况。电话那端她声音嘶哑，每说一句话像从嗓子哈出来，还伴有微微地喘息，我有些吃惊，她这是怎么了？

“我两个月前突发喉头水肿……医生说再晚两个小时去医院，我就不在人世了，医生让我禁声休养。”听到这，我实在不忍心再询问什么，我说：“运阿姨，您不要讲话了，您听我说……”我把采访的目的告诉了她。“我今年七十五岁……我不怕死……我的这条命早就交给了这条汉江。”她的声音很弱，我把话筒紧紧地贴近耳朵，“我 6 月 4 日要到杭州参加……世界环境日的一个会议，等回来了再联系。你把邮箱发我手机上……我先发些资料给你。”

打完电话我愣了半天，从电话里我能感受她是颤巍巍的，她这种状态应该躺在医院里治疗，或者在家静养，没想到她竟然在办公室上班。这不是在玩命吗？

2019 年 6 月 20 日，我试着再次打电话联系，她说她在医院治疗眼睛。约我下午三点在环保协会办公室见面。

环保协会在长征路一个大院里面，不太好找。运阿姨拄着一根黑拐杖在门口等我。她说起话来比第一次通话好了些，但仍然有着大病初愈的虚弱。我一眼就看出她的膝盖有问题，两个膝盖大小不一，从裤子外面就能看出膝盖是肿胀的，她小心翼翼地小步走，有点跛，看起来有随时摔倒的危险。我欲上前搀扶。她果断地说没事。

通过简单聊天，知道她身体状况比我看到的更差，她的腿是因为走路太多，造成膝盖半月板的破裂，隔几年打一次玻璃酸钠。糖尿病、冠心病、一只耳朵失聪、眼疾等多种疾病缠身。我无法相信眼前步履不稳、歪歪倒倒的运阿姨，先后深入汉江及其支流沿岸的污染源头调查1 000多次，行程绕地球两圈还不止。她身上的任何一种病，都可能把一个人击垮。支撑她的唯有一个信念：保护汉江这条母亲河，让襄阳的山更清，水更绿。

我坐在沙发上，她在档案柜前熟练地挂起一张手绘地图，拿起一把木尺给我讲起来。

"汉江全长1 577千米，中游丹江到钟祥270千米……这是滚河，是我第一次发现污染源的地方。这是唐白河，唐白河的水是从南阳流入襄阳……"

她讲的时候没有拄拐杖，身体倾斜时不自觉地扶着办公桌或者档案柜。那肿胀的膝盖像一个碗扣在上面，从裤子里凸显出来。我说运阿姨，您坐着讲。

她不让我插话。

地图讲完了，她又打开了自编的《护水谣》横幅。"各位朋友听我言，汉江是咱饮水源。无论干流和支流，不准洗车洗衣衫。襄城一桥二桥间，米公水厂上下边……"我的眼前浮现出延绵不绝的江水、渔船和两岸散步的人们。2017年，她发动中小学生小手牵大手，编发了《保护汉江母亲河倡议书》4万多份，先后向29所中小学42 000多位中小学生及9家企业员工发放，发动他们宣传，先后有21.9万多名襄阳人在倡议书上承诺：要保护汉江母亲河，争做文明襄阳人。有的大人还把倡议书用微信发到朋友圈……

坐的太久，我换了一个姿势。想起她的喉咙才好，提醒她喝水。她用木尺拍着档案柜说："听我讲完。"我闭嘴不言。她又讲了半个小时，我把杯子递给她，她抿了一口继续讲。

运阿姨太想把环保知识塞进我的脑子里，从她的言行举止中，我清楚地感受到她的内心，她希望有更多的人能成为保护汉江的志愿者，只要有一丝希望，她就会做到百分百热情推介。她年龄大了，膝关节磨损，走不动了，她迫切地希望有更多人冲到保护汉江的第一线。

整个下午，我像一个学生，听一名严厉而博学的老师讲课。她指哪，我看哪。她讲哪，我听哪。她的专注，像面对千百人在讲，我也突然觉得我的背后竖起了无数只耳朵在倾听。时间久了，我也有分神的时候，透过她举起的木尺我盯住档案柜里厚厚的一摞荣誉证书和许多个奖杯在看。

保护母亲河日宣传。

污水处理厂调研。

“你要写给别人看，要让更多的人加入到保护汉江的行列。”她敲着档案柜提醒，“所以你得认真听。”她的身体一颤，扶着办公桌重新站直。我伸出的双手又收了回去。“别盯着荣誉证书，社会各界给我的荣誉太多了，我今年75岁了，你说说我要荣誉证书干什么？”

我不敢再分神，她的故事慢慢变得清晰。

二

汉江是襄阳的母亲河，在襄阳境内全长195千米，流域面积1.73万平方千米，是襄阳市生产生活用水的主要水源。

运建立认为，汉江，这条长江的最大支流，襄阳人理应人人爱护，她所有的支流也理应清澈纯净，一路欢歌地奔涌到汉江。

2000年春，运建立听人说枣阳滚河的水质很差，正悄悄地污染着汉江水。运建立不信，那人却言之凿凿。

为了核实群众反映的准确性，运建立组织了一次调研。当看到滚河的水散发着臭味，色如酱油，翻滚的不是浪花而是泡沫时，她惊呆了。这污秽的黑水混入汉江，直接破坏水质，长此以往岂不损害襄阳人的身体？如果不制止，我们如何对得起子孙后代？

运建立在滚河边认真观察，滚河流经的田间，土地是黑色的，那不是肥沃，

第 1000 场宣讲。

在汉江边一级饮水源宣传、劝阻。

而是污染。近处不长庄稼，远处庄稼死了一大片，水的臭味顺流而下，畅通无阻。方圆几里的庄稼即使成活，也是被化工污染了的粮食。吃了污染的粮食，喝了污染的水，怎能有一个健康的体魄？

正是这次调研让运建立曾经的猜想破灭。她思绪万千，滚河的水污染汉江不知道有多久，像滚河这样的污染源不知道有多少。汉江，曾经是国内最为清澈的江，如果任由污水横流，终有一天，她的天生丽质会被侵蚀得面目全非。

面对着汉江，运建立心情沉重。碧波荡漾的汉江，您浩瀚的胸怀一直是我们幸福的源泉。当黑色的支流，散发着腐臭，日复一日地混入您的怀抱，您的痛心和无奈有多少人知晓，又有多少人视而不见？我，运建立，今天见到了这恶魔般的支流，令我触目惊心，令我痛心疾首。今天我面对着汉江母亲起誓，我将用毕生的精力呵护您的美丽，捍卫您的尊严。见一条污流清理一条，见一处污垢治理一处。作为汉江的女儿，我将建立一支汉江护卫队来保护您。

江风拂面而来，凌凌波光，似在欣喜地回应。

2002 年 4 月，运建立联络老政协委员李志和、叶福宜四处奔走，8 月就正式成立襄阳市环境保护协会——“绿色汉江”。

像唐僧西天取经一样每遇到一个污染源就像遇到一次劫难，是企业界的劫难，也是志愿者的困难。治理一处污染常常波折重重，那是一场背后实力的较量，也是正义与利益的冲突，更是公心与私心的抗衡。运建立不止一次地接到过恫吓电话，要绑架、要卸腿、要她小心点……也有人用“拿钱消灾”的方法变通。运建立对这些人义正辞严地说，我保护的是汉江，我对你们无冤无仇，你们污染了汉江，你们就是汉江的罪人，你们放马过来，我不怕你们！

三

在襄阳区域里的污染源通过向政府有关部门反映，不论解决时间长短，费多少周折总是能够解决的。如果跨省的话，那就难上加难了。

唐白河是汉江最大的支流，流域行政区划分属于河南、湖北两省。系发源于河南的唐河和白河在湖北襄阳交汇形成。白河上游的新野县有多家小型造纸厂，造纸的污水没有经过处理直接排进白河。白河进入湖北省境内的第一个村子叫翟湾村，村民用压水井取水生活。水井浅，水质差，因此很多人患病。运建立通过视察发现这里迫切需要打一口深井，解决吃水问题。

“绿色汉江”的志愿者先后40多次去翟湾村，运建立跟其他志愿者一样，逢人都讲水质的重要性。村干部和村民一开始不理解，对志愿者很冷淡。

有一次志愿者进村，村子附近正在修路，大雨后道路泥泞，车轱辘陷入烂泥中，志愿者全部下车推行，每走一步都很艰难。运建立的鞋子和裤脚都是泥巴，和志愿者一起从早上一直到下午1点40分才把车推进村。饿了，他们就掏出自带的干粮在泥巴浆里掰开了相互分着吃，这一幕恰好被村长看到，村长感动得落下泪水，自此对志愿者们的态度大为转变。

因为操劳过度，运建立住进了医院，她干脆把工作搬进病房，常常是一边打吊瓶，一边问志愿者工作进展情况。在运建立及志愿者们的不懈努力下，终于弄来了打井资金。打井的日子里，运建立病还没痊愈，就提前出院，进村查看情况。当打井的沉闷声音在翟湾村响起，她的左耳朵一阵轰鸣，随后再也听不到声音。她捂着右耳，拍打着左耳，细细地聆听，打井正在进行，她却什么也听不到。从此她的左耳失聪了……

深井里的水打了上来，人们一阵欢呼。看着洁净的水，运建立有喜有忧。污染源没有解决，这里的井水能干净多久呢？深井只是解决污染的权宜之计，要想真正解决用水的根本问题，必须解决唐白河的源头污染，那就要跨省去据理力争。

关于唐白河的水污染问题，之前湖北省和河南省经过多次协商，并没有得到实质性的进展。唐白河特产名贵白鱼基本绝迹，生物多样性遭到破坏。加上南水北调中线工程从汉江调水，唐白河水质污染的影响会变得更大，汉江的水流量减少，自净能力下降，水污染防治难度也随之加大。

运建立深刻意识到唐白河遭受污染的严重性，为了彻底查清污染源，运建立带领志愿者徒步唐白河，记录造纸废水排放的情景，拍下发黑的河水，用瓶子灌水测试水质。

运建立将收集到的资料、观察到的问题以及自己的思考，形成调研报告，向中央及有关省、市反映，呼吁加大跨省界水污染的治理力度。为了更直观地反映问题，她把污染情况制作成展板，给各级领导看，给市民们看。那些污染的水、黑土地、庄稼和病人无望的眼神刺痛参观者的心，引起了人们的重视。

果然，为了保护长江，南阳市政府加大对环保部门的支持力度，为环保系统增加了 800 多个带财政编制的工作人员，关停并转产了一批排污企业，扩建了污水处理厂……白河水十多年来第一次变清了，为此南阳环保局十分感谢“绿色汉江”帮的大忙。

四

运建立把所有的精力都用在环保上，为大家舍小家。运建立外出考察，经常住在河边的小旅馆里，一晚上的住宿费只需五元钱。下农村考察，她住在老乡家，并且自备干粮。为了节约经费，她把每一分钱都用在活动开展上。在北京开会后，又需要停留 3 天联络工作，这期间，她一人住在小地下室里。

作为一位 75 岁的老太太，她的坚守、执着令人动容。她患有高血压、冠心病、糖尿病、颈椎病、双腿半月板破损等疾病，她长期忍着病痛带队考察调研、到村镇宣传讲课。2014 年 7 月，她做了一个大手术，从腹部取出拳头大的纤维瘤，子宫和附件都取出，医生再三嘱咐她一定要好好休养 3 个月，可她只在家休养了半个月，就到协会上班了。2015 年 11 月 13 日，她带队到谷城、保康县考察，乘车刚刚出城就碰上车祸，她坐在前面，头把前面的车玻璃都撞裂了，大家都劝她先到医院检查看病，改天再去，交通警察说：什么有命还要紧？！可她仍然忍着疼痛急忙打电话找来一辆越野车，坚持赶到两个山区县考察两天。襄阳人都说，运建立为了环保事业，这不只是钉子精神，而是蚂蟥精神！对任何污染问题，她都紧盯不放，直到问题解决为止。大家都说：她不仅是用心在做，而是用命在拼……

协会成立之初，什么也没有，是运建立宣传、发动，有了最初的一部分志愿者。一穷二白，她四处化缘筹资，办公室的桌、椅、凳全是市区机关支援的，许多办公用品也是她和其他志愿者从家里拿来的。她主持协会工作，常常每天

在襄州区翟湾村农村和幼儿园宣传。

工作 8 ～ 10 小时，经常晚上还在协会加班，很多双休日都没好好休息。她一心扑在环保事业上，孙子上了十多年学，当奶奶的她至今不知孙子的教室在哪。在她女儿结婚的当天，上午她在办公室布置徒步汉江考察活动有关事宜，下午又召开徒步考察汉江的志愿者战前动员准备会；女儿剖腹产生小孩期间，她也没能照顾一天。2009 年，她的工作日为 321 个，2010 年，她因糖尿病、高血压住院 5 周，仍工作了 302 天。根据 20 本协会工作日志的记载，她每年的平均工作日在 290 天左右。

她说我把我的命已经交给了环保事业，其他的实在顾不过来。

运建立和她带领的“绿色汉江”，先后为 18 个村庄、学校的 30 000 多人解决了安全用水。她参加过 7 次听证会，阻止 3 个重金属加工厂和 2 个大养猪场通过环评；推动 11 个政府职能部门环境信息公开；督促 31 家大型国有企业在工厂大门口设立了环境信息公开栏；免费举办了 40 多期环境教育培训班；环境教育进校园、下农村、到社区 1 000 多场次。

现在，“关爱水资源，保护母亲河”已逐渐变成广大民众的自觉行动，主动当志愿者的人越来越多。

运建立相信：当所有的人都重视生态环境保护，像对待生命一样对待汉江，像保护眼睛一样保护汉江，汉江的未来一定会一江清水东流、一库清水北上。

（本文撰稿：襄阳市文学院　蔡咏梅）

人物名片

姓　　名：任建国
民　　族：汉　族
籍　　贯：吉林省吉林市
所在单位：吉林省上营森林经营局

10

人物事迹

1996 年，任建国来到长白岛时，就爱上了护鸟这一平凡的公益工作。他二十多年如一日，以长白岛为家，以野生水鸟为伴，长年住在江边的小铁棚子里，坚守在护鸟的公益岗位上。他累计救助和治疗受伤的水鸟 2 000 余只，喂养了数万只来此过冬的野鸭。在他的无私付出与带动下，长白岛附近江段的野生水鸟已从三两只增加到 20 多种 8 000 多只，长白岛变成了水禽栖息的家园，成为吉林展示人与鸟和谐共处的亮丽风景。

荣誉榜单

先后被评为吉林市护鸟模范、吉林省生态建设先进个人、吉林省十大江河卫士、国际爱护动物行动特别奖、吉林省环保达人。2019 年被生态环境部和中央文明办联合授予“最美生态环保志愿者”称号。

有水鸟鸣叫飞舞的大江才是真正的大江。

——任建国

20年无悔护鸟路

在松花江吉林市江段，有一座长白岛，成千上万只水鸟栖息于此，吸引着八方游客，甚至远在香港的游客也慕名而来。2006年5月14日，吉林市被授予“全国爱鸟护鸟文明城市”，这是中国野生动植物保护协会命名的全国第一个，也是唯一一个爱鸟之都。吉林市能获得如此殊荣，主要归功于一个叫任建国的义务护鸟人。正是他不分寒暑，连续20年坚守在江边义务护鸟，才有了今天草长莺飞、天人合一的壮美景观。

护鸟救鸟 20年如一日坚守在江边

1995年，任建国从吉林市钢厂下岗后，买了条小船在江上出租。常会看到偷猎者毒杀野鸭子，眼看着本就不多的野鸭子要被抓没了，心疼不已的任建国下定决心：“不开船了，我要保护小鸟去！”

1997年，任建国开始了护鸟生涯。当时他家距离长白岛至少15千米，骑自行车往返要3个小时，他干脆住在了江边的铁皮棚里。

每天早晨，他都会划船上岛查看一番。到了寒冬季节，船被冻在江边，鸟儿又要补充口粮，他只能用爬犁将鸟粮先运到江岔子边上，再穿上水裤在江水中往返数次，每天都要投放鸟粮500余千克。

冬季水鸟体力下降，经常被冻在冰面上导致死亡。任建国不停巡视，发现

孵化繁殖野鸭子。

有野鸭被冻在冰上，他就冒着严寒游过去，将野鸭子解救出来。

2013 年 5 月 25 日，在永吉县岔路河镇内，有关部门查获到 77 只被盗猎苍鹭雏鸟，存活的 70 只幼鸟被送到了长白岛。由于不能自主觅食，都得靠人工喂养，每天大约 25 千克鱼，都是任建国一个个掰开嘴巴一点点喂进去的。为了尽可能模拟苍鹭的自然生长条件，他制作了 7 个能在水上漂浮又能随风移动的鸟巢。小苍鹭最后成活了 40 多只，全部回归自然。

不惧流言 护鸟成了名人更成了穷人

因为全力护鸟，任建国再也没了收入，妻子王淑云打零工每月收入不足 800 元，还要供女儿读书，日子过得捉襟见肘，妻子有时候气得边哭边喊："你简直是个疯子！"

更多的时候，任建国面对的是外界的不解，记者前去的时候，他正在换窗户玻璃，他说，因为护鸟容易得罪人，玻璃总是被砸，这已经是第三块了。

任建国的母亲已经 80 高龄，为了保护野鸟，每年除夕，他总是回家陪陪母亲，就赶紧回到江边。最近几年除夕夜，他的"家"里经常会有"不速之客"。有市民送来饺子，还有人送来对联。这让老任心里暖暖的，也更坚定了护鸟的决心。

2005年6月，吉林市一家美容院的老板梁惟玲女士聘请老任为“荣誉员工”，每月工资 300 元，希望他将护鸟进行到底。

2010 年，吉林市一场洪灾将护鸟室冲毁，也冲走了任建国的全部家当，更让他心疼的是多年收集的资料毁于一旦。就在他心灰意冷想要放弃的时候，8 月 8 日，东北证券吉林遵义路营业部捐赠了帐篷、睡袋等必需品，吉林供电公司免费为他安装了电线。

有了大家的帮助，任建国又有了干劲儿。而他的执着与坚守也带动了更多的市民参与到爱鸟护鸟的活动中来。一些学校把这里当成共建基地，一些机关企事业单位纷纷捐献鸟粮，一些志愿者也自发前来帮忙。

候鸟变成了留鸟　观鸟游成了新景点

随着人们护鸟意识的逐步提高，长白岛成为吉林市松花江段水鸟最多、种群最稳定的栖息地。

吉林市鸟类环志保护站提供的资料显示，在松花江不封冻江段共有越冬水禽 12 种，总数 8 000 多只。长年跟踪拍摄鸟类的志愿者丁春江介绍，长白岛

给小学生讲解爱鸟护鸟知识。

给中共吉林省委党校老师介绍长白岛鸟类保护情况。

仅野鸭就达到了 26 种，还有难得一见的国家级保护动物中华秋沙鸭、白尾海雕等。绿头鸭从 1994 年见到的 3 只发展到 3 000 多只，已成为吉林市独有的留鸟。

如今，“到长白岛观水鸟，跟义务护鸟人任建国合影”成为江城雾凇冰雪游的新景点。2009 年新线推出不到两个月，就有 50 多批香港游客前来观鸟。

任建国也获得了数不清的荣誉：“江城护鸟第一人”“吉林市护鸟模范”“吉林省生态建设先进个人”“感动江城十大人物”“真情·和谐 2006 年度人物”，这是对任建国的高度赞誉，更是对他的尊重和认可。

此时，任建国依旧为鸟儿操着心、想着事，下一步，他准备向有关部门建议，将目前的长白岛区域打造成为湿地公园，建立观鸟台、鸟文化展览室等设施，未来的长白岛将是一个爱鸟基地，更是一个旅游景点。

（本文撰稿：苏志坚）

人物名片

姓　　名：黄枢余
民　　族：汉　族
籍　　贯：广西壮族自治区防城港市
所在单位：防城港市港口区光坡镇红沙村渔鹭园

11

人物事迹

已经104岁的他，每当刮风下雨，无论白天黑夜，都到山里寻找被风雨刮伤的小白鹭，将它们抱回家中，敷药、包扎伤口，并捕捉或购买鱼虾来喂养。

栖息白鹭的山原是老人的自留山，自从白鹭进驻后，老人不仅没砍过一棵树，每年还要补种树木，搭建鹭食投放点和鹭巢。

老人的言传身教使保护白鹭成为世代相传的家风。民间也自觉成立红沙村鹭鸟栖息地。作为首个海上青少年科普教育基地，开展了走进红树林、清扫鹭园等活动，培养了青少年保护环境的乐趣和意识。当地还成立了护鹭人家、白鹭志愿者协会等民间组织。

荣誉榜单

先后获得首届感动防城港市十大人物；2008年中央电视台奥运火炬手选拔赛（绿色环保系统）华南赛区广西代表；2009年斯巴鲁生态保护奖；2013年防城港市绿色环保奖；2016年广西壮族自治区最美家庭奖；多次获五好家庭、文明家庭、优秀党员等荣誉称号；2019年，被生态环境部和中央文明办联合授予“最美生态环保志愿者”称号。

它们是通人性的，你爱它们，它们也爱你；你要是伤害它们，它们会记仇，以后就不来了。

——黄枢余

黄枢余：白鹭山上护鹭人

“霜衣雪花青玉嘴，群捕鱼儿溪水中。惊飞远映碧山去，一树梨花落晚风。”千百年来，不少文人骚客对白鹭进行过细腻描写。作为一种群居栖息的鸟类，白鹭高贵优雅，它们翩飞之地，必有着良好的生态环境。

2019 年 6 月 2 日，生态环境部、中央文明办联合举办的“美丽中国，我是行动者 2019 年百名最美生态环保志愿者”名单揭晓，防城港市港口区光坡镇红沙村 104 岁护鹭老人黄枢余赫然在列。黄枢余及其家人与白鹭有着怎样的情缘？近日，记者来到红沙村，探寻这位百岁老人与“阿白”（白鹭）的传奇故事。

他弯下腰把受伤的小白鹭抱回了家

“阿白”是黄枢余对白鹭的昵称。说起老人与白鹭的情缘，可追溯到 20 世纪 80 年代初。

1982 年春节过后的一天，当时已年近古稀的黄枢余在村里做完农活回家经过一片竹林时，发现有几只受伤的小白鹭在竹下呻吟，似乎在向他呼救，善良的老人心疼不已，弯下腰把几只小白鹭抱回了家，找来些鱼虾喂养它们，给它们涂药治伤。在黄家老少的悉心呵护下，小白鹭们捡回了性命并健康长大，与黄家人和睦快乐地相处。

那个时候，打鸟、掏鸟蛋之风在当地盛行。可就在黄枢余救养小白鹭后不久，第一群白鹭飞降到黄家房屋后山那片林子中，并筑巢安居下来。白鹭群从天而降，让黄枢余惊喜不已。因为，自小就喜欢白鹭的他知道，白鹭是一种吉祥鸟，能带来吉祥和安宁。

从那时起，黄枢余一家人对白鹭们百般呵护。每次打鱼回来，黄枢余第一个动作就是挑出些小鱼，撒在树根，然后轻声呼唤："阿白，阿白，鱼啊鱼啊……"起初，白鹭小心翼翼，不敢下地吃鱼，反复试探，才放松警惕，胆子慢慢大起来。后来，每当黄枢余挑着鱼篓回家时，山上大大小小的白鹭便会欢呼雀跃，有的甚至降落在老人的肩上高叫。

"白鹭是国家二级保护动物，它们是通人性的，你爱它们，它们也爱你，如果你伤害它们，它们会'记仇'，以后就不来了。它们很认生，以前都是'高高在上'，和我们混熟后，经常下来和鸡鸭抢食，有的小尾巴似的跟着我，不给食物，赶都赶不走。"黄枢余说。

每年三月白鹭来之前，黄枢余便早早地带着家人上山清理杂物，处理干枝，尽量为"阿白"们营造舒适的环境，让它们在此安营扎寨、生儿育女。而出于对这里环境的信任，后来来到黄家的白鹭越来越多，最多的一年曾一度达到近万只。从此，黄家屋后那座不知名的小山，也被人冠名"白鹭山"。

他给家人立下规矩：三个儿子，轮流照顾白鹭

多年前，黄枢余的儿子带一朋友到家里来玩，那人拿了几颗鹭鸟蛋来清蒸做菜。黄枢余回来发现后脸色大变，喊道："你们以后不许再动一个鹭鸟蛋，谁动，我就跟谁拼命！"那人羞愧难当，当即狼狈而逃。

黄枢余对白鹭的慈爱，和对伤害白鹭行为展现出来的"爆脾气"，深深影响着家人。"白鹭最多那几年，我们家房前屋后竹枝被鹭窝压弯了腰，屋顶院坝鹭粪成堆，尽管每天冲洗，仍难掩刺鼻的腥臭味，但我们早就习惯了，因为'阿白'就像我们家的孩子，它们都是我们大家庭的成员。"黄枢余的三儿子黄积林对记者说。他们一家四代，都把保护"阿白"当成一种责任、一份事业。

黄枢余老了，走路不太灵便了，他给家人立下规矩：三个儿子，每家一年，轮流照顾"阿白"。各家都是儿子"主外"，每天去海边撒网抓鱼；儿媳"主内"，把鱼切细喂"阿白"。而每年白鹭到来的季节里，每日轮流巡山便成了这些晚辈们不可缺少的工作。

黄枢余的孙媳妇小苏是"80后"，城里人，白鹭是她和黄枢余的大孙子的"媒人"。2011 年，小苏来看白鹭，认识了黄枢余大孙子，她感觉黄家人那么善

待白鹭，小伙子一定也善良可靠，就下决心嫁过来，并主动担起保护白鹭的责任。现在，曾孙子也一天天长大，小苏从小教育他与白鹭为伴，要将爱鸟护鹭的家风一代一代传下去。

尽管遭受一些偷鹭（鹭蛋）者的非议和报复，但黄枢余一家人并未因此断绝与白鹭的情缘，他们祖辈生活的这片家园，反而发展成了远近知名的“红沙渔鹭园”，有关部门支持修建了一条光坡至渔鹭园的水泥硬化道路，以便对白鹭进行保护和管理。而一些村民和小学生发现了受伤的小白鹭，也会送到黄家来救护。这些改变，让黄家人感到很欣慰。

他成就了一座山 美丽了一座城

如今，白鹭受到大量观鸟者和摄影爱好者的“追捧”。“有白鹭栖息的地方，那一定是一个好地方！”人们常常发出这样的感叹。

事实上这是人们对美好自然的向往。

国际著名鸟类专家曾将防城港市定义为“世界上白鹭离人最近的地方”。

黄枢余和孩子们一起喂白鹭。

黄枢余为白鹭做护栏。

黄枢余救助一只受伤的白鹭。

2012 年，防城港被中国野生动物保护协会授予第一个“中国白鹭之乡”称号。

改善白鹭的生存环境，单靠黄枢余一家人的自发护鹭行为远远不够。为培养广大青少年儿童感恩自然、感恩生命的意识，近年来，当地政府部门在红沙村渔鹭园建立了“红领巾护鹭站”“未成年人思想道德建设示范基地”等宣传及活动阵地。黄枢余老人向少先队员授“红领巾护鹭队队旗”。在渔鹭园里，孩子们深深地爱上了白鹭，还从黄枢余老人那里学到了爱鹭护鹭知识。“孩子们来帮护鹭，我很开心，感到后继有人了。”黄枢余兴奋地说。

2017 年，来到渔鹭园栖息的白鹭数量与往年同期相比少了很多。广西防城港核电有限公司是渔鹭园的近邻，从 2019 年开始，防城港市生态环境局与广西防城港核电有限公司合作开展“护园引鹭”活动，希望扩大白鹭保护活动影响，通过广泛宣传，营造全市保护白鹭氛围。

“去时不过九月九，来时不过三月三”，这是每年白鹭迁徙的规律。在沿海滩涂边、树林竹林中，成群结队的白鹭及其他候鸟在此觅食、安窝。人走近时，白鹭等鸟儿们自顾自悠闲，没有那种易受惊吓、振翅逃飞的现象。可见，黄枢余一家人几十载与鸟儿和谐相处的故事，已经感染和带动了更多的村民，大家和社会各界齐心协力，让这里成为白鹭等候鸟不愿离去的天堂。

（本文撰稿：广西日报记者余锋 通讯员昌苗苗）

人物名片

姓　　名：白　金

民　　族：蒙古族

籍　　贯：内蒙古兴安盟科尔沁右前旗

所在单位：锡林郭勒盟锕锷铱公益环保志愿者协会

12

人物事迹

在白金及朋友的号召下，有 2 156 名注册志愿者的团队——锕锷铱（AEI）公益环保志愿者协会于 2014 年正式成立。他带领 AEI 公益环保志愿者团队清理草原垃圾，五年内组织上千次环保公益活动，带动近 10 万名参与者，捡拾草原垃圾 3 000 余吨，并在各地组建了 18 个分会；2016 年，联合 7 家环保组织发起了“草原垃圾减量”项目；自 2017 年起，白金组织开展少年儿童自然课堂活动，截至目前，共有 5 000 余名小学生参与到环保宣传活动中。

荣誉榜单

先后荣获“锡林郭勒好人”“创建全国卫生城市先进个人”、第八届“母亲河奖”等荣誉称号。2019 年被生态环境部、中央文明办联合授予“最美生态环保志愿者”称号。

没有草原，何以为家？

——白　金

白　金：5 年行程 10 万里为草原“保洁”

“没有草原，何以为家？”

人到中年，白金不停地回头寻找锡林郭勒盟那片原汁原味的草原，这片草原被他称为童年的故乡，构成了他漫长人生岁月中对家的最初认知和美好记忆：

小时候的草原，草长得茂盛，小孩在草原上奔跑像掉进了高大浓密的树林见不到人影。锡林河蜿蜿蜒蜒犹如一条蓝色的彩绸在绿茵中顺势穿行，到了季节，还会有几千只飞鸟低空盘旋，成片成片地在家门口飞过……

2019 年 6 月 5 日世界环境日，锕锷铱（AEI）公益环保志愿者协会创始人白金获得了生态环境部、中央文明办颁发的 2019“最美生态环保志愿者”荣誉称号。领奖之前，他在电话中同记者讲述起从前的故乡，写实的话语就像是在勾勒一幅具象的草原风景画。突然，他话锋一转，惋惜地叹了口气，“现在很难看到那种景象了！”

故乡在慢慢“消失”，白金在采访中多次表露出这样的担忧。他告诉记者，自己真正意识到“草原生态保护”问题的窘迫是在 2014 年。

那年夏天，日益热闹起来的锡林河自然风景区因为人流量激增，垃圾问题逐渐凸显。白金和朋友来到锡林河边游玩，见此景，心里很不是滋味，于是临时起意，他招呼同行的伙伴沿着河道清理垃圾。

这之后，他便对“生态环境保护”投入了更多的关注和思考。他决定发起一个以“生态环境保护”为目标的公益环保志愿者协会，最初和 3 位朋友组成了捡垃圾小队，开始了身体力行的公益活动。

他们像一支行走的“垃圾箱”，为草原定期“保洁”，每到一处还以身作则宣传环保。在他们的号召下，垃圾小队的志愿者人数从最初的 4 人扩展到 10 人、100 人。

2016 年 5 月，白金在腾讯公益上联合 7 家环保组织发起了“草原垃圾减量”项目，项目的长期目标是应对草原垃圾问题。

在白金的带动下，志愿者在各地那达慕、敖包祭祀等大型集会上进行垃圾减量宣传，发放印有爱护环境的环保袋，并邀请当地的牧民用家里多余的旧衣服、旧床单制作布袋，逐步培养牧民出门带上布袋、捡拾各种垃圾的习惯。还开发了环保水杯，循环使用的筷子、碗、手工皂等环保产品，不但践行环保还为牧民增加了经济收入。

白金将简单的举手之劳拓展成为近10万名环保志愿者守护草原的大实践。他组织了上千次活动，共捡拾草原垃圾 3 000 余吨，并在各地组建了 18 个分会。

与此同时，在垃圾减量项目的基础上，白金带领协会开展了保护母亲河、自然与环境教育等多类公益项目，尤其致力于候鸟与湿地的保护。

锕锷铱（AEI）公益环保志愿者进行清理垃圾活动。

内蒙古多伦县和正蓝旗位于闪电河流域，县内周边有淡水湖泊、盐湖、水库、草地、沙地和芦苇沼泽等多种生态环境，是丹顶鹤、金雕、草原雕、白枕鹤、蓑羽鹤、灰鹤等珍稀濒危野生动物赖以生存的栖息地。

春秋时节，锕锷铱公益环保志愿者协会联合自治区环境保护教育中心组成的“护鸟队”上路了，他们分散在多条候鸟迁徙的大通道上，开展护鸟行动。

日常的巡视不是走马观花那样简单。志愿者们日夜轮值，像隐秘的侦查手般在离鸟群很远的地方通过望远镜实时看护。他们走街串巷为牧民普及护鸟知识，提高护鸟安全意识，动员牧民自觉组织起来形成保护候鸟和湿地环境的第一道屏障。

每年候鸟迁徙的壮观景象会吸引大批摄影爱好者前来采风。“有些人选择的取景地离鸟群很近，这样拍出的照片好看，但是会惊扰到鸟群，应该在安全距离观鸟。”白金说，候鸟和湿地保护同其他公益项目相比专业性较强，需要志愿者充分了解当地候鸟种类、习性等相关知识，因此协会特别邀请了国际鹤类基金会苏立英博士和北京林业大学贾亦飞博士在内的复合型专家人才定期对志愿者进行培训。

这样的培训课不只局限在协会内部，更走入了当地中小学生的自然课堂。

白金所具有的草原生态知识，多半来源于小时候长辈们的口口相授，他坐在家门口观鸟就能脱口而出十几种鸟的学名。在白金看来，了解并认知草原，是草原人与生俱来的生活本能，或者说是一种基本生活常识。但由于种种原因，他发现如今的草原离孩子们越来越远，草原生态环境的普及宣教在青少年的成长过程中严重缺失。

为此，白金发挥协会的专业优势，联合教育部门共同编写出版了关于草原生态环境保护的蒙语、汉语结合的教本读物，让中小学生在课堂中回归自然。

白金介绍，候鸟保护是教本的重要内容，“里面详细讲了一只鸟的迁徙有多远，多么艰辛，会遭遇哪些潜在的危险。”截至2019年4月，协会在查干淖尔湖流域记录到各类鸟类76种，总数超过20 000余只，白金说，当地政府、NGO组织和人民群众为保护候鸟做了大量工作，但这项工作仍然任重而道远。

锕锷铱公益环保志愿者协会成立5年来，组织开展了1 000余次环保公益活动，累计公众参与人员近10万人，拥有注册登记志愿者2 156名，志愿服务时长14 000多小时，公益历程10万余千米，他们每到一处都是一道绿色风景，被草原上的人们亲切地称为“大自然守护者”。

但事实上，协会的运营是近两年才开始走上正轨。前几年白金几乎是自掏腰包，把创业赚来的所有家底儿全部投入于协会的日常活动中，“大钱我来掏，

2015年，锕锷铱(AEI)公益环保志愿者在洪格尔草原清理垃圾。

小钱有时是志愿者们AA制，你掏50，他掏30。”随着活动需求量的不断激增，白金意识到公益组织保持稳定自转，不但要“自我出血”更需“自我造血”。近两年来，他开始探索政府购买、公益众筹、社会捐助等多条发展路径。

他希望保护好北方的生态屏障，他心心念念的那片草原一定能够归来。

（本文撰稿：中国青年网记者 刘尚君）

人物名片

姓　　名：高孝河
民　　族：汉　族
籍　　贯：山东省禹城市
所在单位：禹城市环保志愿者协会

13

人物事迹

高孝河 2015 年发起并成立禹城市环保志愿者协会，该协会现已有环保志愿者 400 多名。在其倡导下，协会志愿者每年定期开展绿色低碳倡导活动。

组织实施“布谷鸟 1015”公益项目，荣获山东省青年志愿服务大赛三等奖，荣获共青团德州市委青年服务大赛铜奖；开展“和谐号清洁动车组”宣传项目，志愿者乘坐该动车组，沿途捡拾垃圾，由原来的一个站点发展为四个站点，平均每天参与的志愿者达到 40 多人，截至目前连续运行 400 多天不间断；2018 年起开展“美丽中国，我是行动者”公益项目，走进学校、社区、工厂、乡村，宣传《公民十条》。

荣誉榜单

连续两年被禹城市委宣传部、统战部、文明办评为“文明倡导先进个人”，2018 年度入选德州好人之星。2019 年被生态环境部和中央文明办联合授予“最美生态环保志愿者”称号。

奉献的人生才更有意义！

——高孝河

高孝河：弯腰做公益，挺身树文明

在山东禹城，有这样一个人。他身材魁梧，脸膛黝黑，虽年逾五旬，但说话浑厚有力，做事干脆利落，典型的山东大汉形象。他虽然看上去有点“粗线条”，心却软的很。无论谁家遇到困难，他都有求必应，有时候忙起来都顾不上吃饭。他每天早上起来做的第一件事，就是带着一群人走街串巷到处捡垃圾，逢人三句话离不开生态环保、垃圾分类、绿色出行……

他就是禹城市环保志愿者协会会长高孝河。

初心：回报社会，人生才更有意义

“同志们早上好，今天是2019年6月3日，欢迎乘坐‘和谐号清洁动车组’，本次列车将由糖城广场出发，沿糖城新湖、浒清河岸、三中体育场、金汇购物返回。请大家做好准备，即将发车……”

这段话高孝河已经说了299遍。之所以记得这么清楚，是因为由他发起的“和谐号清洁动车组”环保公益行动，已连续运行了299天。“乘客”也由最开始的十几个人，越聚越多，到现在已有400多人轮番参与。每天清晨，他都“搭载”这些“乘客”，披上绿马甲，兵分四路穿梭于禹城的大街小巷，清理沿途的生活垃圾，并向附近居民宣传环保知识，成为禹城市一道亮丽的风景线。高孝河细细算了一笔账：每天大约有60多人参与，按每人步行5.5千米算，不但可以捡拾 70 多千克垃圾，平均每人还消耗了 400 左右卡路里的热量，既营造了整洁的城市环境，还锻炼了身体，绝对是一举两得的好事！

问起做公益的初衷，高孝河嘿嘿一笑，跟我们讲起了以前的苦日子。

高孝河出生于 20 世纪 60 年代，那时的鲁西北农村物质条件很差，特别是高孝河家里兄妹多，生活更是拮据。但困境并没有掩盖人们淳朴善良的天性，邻里乡亲们相濡以沫、互帮互助，携手度过那段艰难的岁月。高孝河的父母亲一辈子都和土地打交道，虽没有什么文化，但时常教导高孝河兄妹："以后生活好了，别忘了乡亲们。有能力了，要懂得回报社会。"父母的话朴实无华，对少年高孝河的影响却很大，他幼小的心灵中早已悄悄埋下了一颗爱的种子。

"做一个对社会有用的人，奉献的人生才更有意义！"1988 年，高孝河进入禹城市一家建材公司上班，生活逐渐好转。他没有忘记父母的叮嘱，踏上了扶危济困的爱心之路，想方设法为需要帮助的人提供力所能及的帮助。

就像他名字里有个"孝"字一样，他是中华传统孝文化的坚定倡导者和践行者。高孝河不但孝敬自己的老人，还经常看望、慰问敬老院的老人。他还组织爱心车队，义务接送参加高考的特困生。在他主导发起的一次为白血病患儿

带领学生参加亲近大自然活动。

实地为青少年讲解如何更好了解和保护大自然。

的救助募捐活动中，仅仅一天的时间，募捐金额就达到 78 116 元，为白血病患儿送去了生的希望……

执着：环保公益路上留下坚定背影

高孝河是个好人，越来越多的人记住了这个仗义担当的汉子。很多人慕名而来，寻求他的帮助。

此时的高孝河渐渐感到力不从心。他陷入了痛苦的思索。他在想，为什么在现代社会癌症等重大疾病发病率居高不下？小时候清水绿岸的自然美景也难以寻觅？虽然物质条件越来越好，老百姓的幸福感却没有随之提升。他意识到，现代社会的很多矛盾、问题都是因为生态环境恶化造成的。人们吃的、穿的、喝的、用的，哪一样不来自于自然环境？自然环境遭到污染破坏，人类也会跟着遭殃。若想根治社会顽疾，就得从源头抓起，保护好养育我们的这片绿水青山！

他想起了鲁迅先生弃医从文的故事。在内忧外患的近代中国，鲁迅先生认识到，从医只能医治国人的身体，并不能改变国人麻木的灵魂，于是毅然弃医

对中小学生进行开学前环境教育第一课。

从文，用笔写文唤醒中国这头东亚睡狮。摆在高孝河面前的路渐渐清晰，他下定决心，效法鲁迅先生，献身环保公益事业，为美丽中国贡献自己的一份力量。

说干就干，先从简单的做起。他开始每天早上利用跑步健身的时间沿途捡拾垃圾，并对捡来的垃圾进行分类，还劝导身边人也这么做。

有人对他不理解，冷言冷语接踵而来。有的说他是个疯子！“你每天去捡拾垃圾，环卫所给你多少钱啊？”还有的说他哗众取宠、另有所图。“不笑不足以为道”。高孝河认准的事十头牛都拉不回，他还是坚持做着自己认为对的事。但压力还是有的，毕竟被当成怪人看待的滋味并不好受，但他始终坚持，从未想过放弃。而这一坚持，就是四年。

高孝河很平凡，普普通通一个人，衣着朴素，为人低调，做的也是垃圾分类回收这些很多人不愿意干、不屑于干的小事。高孝河其实也很伟大，因为数年如一日、不畏严寒酷暑的坚定执着。他不但身体力行，用行动带动他人，还深入校园、社区、企业开展环保宣传，用信念感召他人。几年来，他走进禹城市多所中小学及幼儿园，向孩子们讲解环保知识，激励孩子们养成绿色环保的生活习惯；走进禹城市的大街小巷、田间地头，宣传垃圾分类、秸秆禁烧的重要性；他还被禹城市水务局、野生动物保护站聘为环保义务宣传员、监督员，宣传节约用水、生物多样性的重要性，策划组织了泺清河换新装等多个环保主题实践活动，引导居民树立生态环保意识，参与绿色生活实践。

高孝河还积极参与城市环境治理，几年来，他铲除的“城市牛皮癣”难以计数，仅买涂料就花费了 2 000 多元。非法张贴小广告的公司曾多次扬言打击报复他，但这并没有阻挡他的决心，他继续为美丽家园尽自己的一份微薄之力。

同行：他赢得了大家的理解和支持

高孝河常说的一句话就是：弯腰做公益、挺身树文明。他知道，个人是渺小的，但每个人的力量汇聚起来却是一股异常磅礴的力量。他有一个小小的愿望，就是希望更多的人加入到环保公益事业中来。大家携手同行，引领公众践行生态环境责任，共建天蓝、地绿、水清的美丽中国！

俗话说，“德不孤，必有邻”。高孝河逐渐得到了社会各界的理解和支持。2015 年 10 月，德州市第一家县级专业化环保志愿公益组织——禹城市环保志愿者协会成立了！他也“名正言顺”地成为该协会的第一任会长。

不同年龄、不同职业、不同学历，越来越多的人加入他的队伍。截至目前，禹城市环保志愿者协会正式注册会员已达 400 多人，每年举办大型公益活动 20 多次。协会鼓励会员深度参与城市管理，对城市黑臭水体、卫生死角等环境问题进行举报。不定期联系民间演艺社团，以寓教于乐的形式宣传环保理念。协会还积极履行社会责任，会同禹城司法行政部门组织社区服刑人员参加环保公益活动……

因在环境公益领域做出了卓越贡献，禹城市环保志愿者协会于 2017 年度被禹城市委宣传部评为优秀社会团体，2018 年被山东电视台“公益山东”栏目组确定为战略合作伙伴，2019 年被山东省生态环境厅推荐为中华环保联合会会员单位。高孝河本人也分别于 2017 年、2018 年连续两年被禹城市委宣传部、统战部评选为先进个人，2019 年入选全国百名“最美生态环保志愿者”。

“环保公益已成为我生命、生活中必不可少的一部分，我会一直坚持干下去。”高孝河说。

在曲折漫长的环保公益路上，高孝河，坚定地跋涉前行。

（本文撰稿：赵修海　李永秀）

人物名片

姓　　名：朱理华

民　　族：苗　族

籍　　贯：贵州省威宁市

所在单位：贵州省贵阳市生态文明基金会

14

人物事迹

朱理华，农民朋友的贴心人，农村环境综合整治的践行者。致力于贵阳市饮用水水源地周边村寨的农村环境综合整治，带动村民自己动手改善居住环境，探索“参与式治理农村环境模式”。

他在贵阳市红枫湖镇上寨组、百花湖镇坳上组探索式地实施了“心系水源，减污行动——参与式环境污染治理示范项目”，建设单户式人工湿地等环境污染治理设施，发动村民志愿者开展自愿参与互助施工。两个村的 104 户村民中有 86 户参与环境污染治理建设，农户投工投劳 1 670 个，接受资助 468 422 元。很多国内外大学生环保志愿者以项目为平台开展实践活动；项目地 22 名儿童成立志愿环保小组，参与生态环境宣传活动。

荣誉榜单

2019 年被生态环境部和中央文明办联合授予“最美生态环保志愿者”称号。

我的理想就是让我们的农村像城市一样美丽干净。

——朱理华

朱理华：农民朋友的贴心人　农村整治的践行者

“吃饱了，穿暖了，咱们就要动手把生活环境搞好，过好日子。”这是朱理华经常给农民朋友说的一句话。

朱理华出生在贵州省威宁彝族回族苗族自治县一个边远贫困山村——石门乡新合村，自幼在农村长大。在家乡，他已是一名热衷环保的志愿者：捡垃圾、建环保沼气池、劝阻农民砍伐薪柴破坏生态林……入职贵州省贵阳市生态文明基金会以来，一直致力于贵阳市饮用水水源地周边村寨的农村环境综合整治，尝试带动老百姓自己动手改善居住环境，探索“参与式治理农村环境模式”。

多年来每次下乡调研，每每看到污水横流、乱扔垃圾，朱理华就闷闷不乐，他和同事说，“农村环境要得到有效的改善，就应该让老百姓自己动手，谁污染谁治理，这才会让大家主动保护环境”。是啊，保护环境更重要的是意识，尤其是农村环境的改善，更需要农民朋友的主动参与。如果大家都自觉维护村寨环境，从源头上防治，就能切实减少垃圾量，保护咱们的生态家园。

在基金会开展的贵阳市红枫湖、百花湖、阿哈水库饮用水水源保护行动中，朱理华经常背着小黄单肩帆布包行走在乡间田园，河湖岸边，每当看到污染环境的行为，他就心里着急，就会劝导村民：“咱们不要乱倒污水、乱丢垃圾，自己生活的环境要自己保护”。　“一个外地人，关你啥事”。回应他的常常是冷眼冷语。

怎样才能让农民朋友们参与到环保建设中来？作为一名多年的环保志愿者，面对人生地不熟的状况，朱理华只能下“笨功夫”——走村入户，入乡随俗，拉家常，增进了解、增加信任。

设想与行动总是有距离的，人与人之间的信任是需要印证的。开始村民并不信任、不接纳他。看他走过来，不远处会传来“那个骗子又来了，看他就不是好人，你们不要理”的告诫。此时朱理华扪心自问，为啥会有这样的质疑呢？经过左思右想，他还是不顾颜面，随机入户，哪怕不给水喝也要坐着闲聊。“我们这里进来的骗子很多，有的做工后老板跑了得不到钱。你一个外地人，我们怕被骗。”村民陈进明说。“你来过我们寨子几次了，要做啥就直接拿钱来，没钱免谈，环保不是你一个人能做好的。”村民黄招斌说。

面对质疑和闲言碎语，他下决心用时间和行动来突破。

他积极汇报，申请多方支持，通过基金会多次组织相关专家实地调研，综合规划确定了环境污染治理示范性项目。由农户自愿参与互助组施工，基金会资助物资款，修改建厕所、浴室、厨房灶台、污水收集池，单户式人工湿地等环境污染治理设施。同时，以项目为载体，在项目实施的过程中培养懂技术、能动手的村民志愿者，提升农户参与积极性，接受生态环境保护理念，掌握环境污染治理技术。

他通过村民组长召集村民开宣传动员会，公开项目信息，村民们七嘴八舌，有的说要整体包工，有的观望，不见自愿主动组建互助组的农户。他正忧心不知从何做起时，不料峰回路转，以陈光平为项目互助组组长的 5 户联保小组签订了项目施工合同协议。

“等我们小组先做，看看能否得钱。”陈光平说。一周后，示范小组成员

召开村民动员会。

引导村民分组讨论“三改”的作用。

动员村民参与“一池三改”环保设施建设。

在项目村寨支付项目物资款。

按照项目进度各自领取到第一笔 50% 的物资款 700 元，陈光平手捏物资款高呼：“你们不相信改建厕所、厨房、圈舍会补钱，看到没？我们小组得第一笔了，你们放心做。”在示范互助小组的宣传带动下，村民相互邀约组建互助组，连下肢瘫痪的残疾人何其元也主动参与环境污染治理活动，朱理华心里好激动。

该村民组共有 63 户，最终有 58 户自愿参与村寨环境污染治理建设，创新自主参与自我管理的环境污染治理模式。该模式被复制推广到观山湖区百花湖镇坳上组、息烽县青山乡后寨组，得到贵州日报、贵阳电视台、贵阳日报的专

了解学校垃圾处理及设施建设情况。

现场办公、进村动员。

题报道和基金会理事会的高度评价。基金会副理事长赵宗哲说："基金会需要这样扎根基层的人员，这个项目具有创新性，很实惠，值得复制推广。"

犹如雨过天晴，家家建有污染治理设施，污染源控制了，村寨环境质量改善了，百姓笑了，连儿童也乐哈哈参与了，以前的质疑和冷言相待也随之烟消云散。

朱理华说："确实，空口说话难以说服人，人与人之间有心理防备也很正常，需要时间磨合，需要行动来印证。"现在，很多项目伙伴已认可了参与式环境污染治理模式，农民朋友的生活环境质量得到了改善，这使朱理华忘记了先前的操劳和艰辛。更让他感动的是，更多的人知道了基金会有个做环保的"朱哥"，"他做事认真，敷衍不了他，能按要求及时支付基金会物资款。"正可谓：认识你很容易，忘记你不容易。

人物名片

姓　　名：忻　皓
民　　族：汉　族
籍　　贯：浙江省宁波市
所在单位：浙江省绿色科技文化促进会

15

人物事迹

忻皓，坚持近二十年的环保追梦人。他的父亲想让他做公务员，可他却选择做一名 NGO 成员。他说“中国需要更多、更强的声音活跃在国际舞台”。于是他为浙江的母亲河钱塘江积极奔走，让她能够加入全球护水者联盟，争取更多的国际项目资金和治理理念支持。他呼吁国际社会组织与脏煤抗争，停止脏煤的生产、出口，甚至与国外学者发表合署文章，反对新建煤运铁路破坏他国生态。他的呼吁、激情、感染力以及富有洞见的想法也获得了国际社会的认可，在非洲政府组织的强力呐喊下，美国华盛顿州当地法院以绝对优势通过了不予新建煤运铁路建设的判决。他成立了浙江首家民间环保组织“绿色浙江”，助力推动了浙江省“五水共治”、垃圾分类等重大行动，开展数百项公众宣教和环境参与活动。他以一颗公益之心，书写“以天下为己任”的党员担当。

荣誉榜单

先后荣获 2005 年中国“母亲河”奖；2005 年中国青年志愿服务金奖；2012 年联合国环境规划署亚太生态和平领导中心“最佳城市生态奖”；2013 年中国水环保年度公益人物称号；2016 年首届中国生态文明奖；2017 年“最美浙江人——青春领袖”；2019 年，被生态环境部和中央文明办联合授予“最美生态环保志愿者”称号。

因为我想，所以我行动。

——忻　皓

忻　皓：以公益之心书写“以天下为己任”的担当

2018 年 9 月，浙江省政府申报的“千村示范、万村整治”工程获得联合国地球卫士奖，联合国副秘书长索尔海姆亲自为浙江省政府颁奖，习近平总书记还为“千万工程”获奖作出重要批示。省政府邀请作为大奖申报的推荐人共有两位，一位是被誉为中国“气候部长”的、常年活跃在国际舞台上的原国家发改委副主任、气候峰会中国代表团团长解振华，另一位则是一名浙江大学的在读博士研究生。

过去 19 年，他把一个仅有几名大学生的草根组织发展成全国最具影响力的 5A 级民间环保组织。他不仅助力推动了浙江省“五水共治”、垃圾分类等重大行动，并且在多个国际环境机构任职，推动了国家间环境与可持续发展的合作与发展。

一路走来，他的头顶上拥有一连串耀眼的绿色“标签”：中国生态环保最高奖——中国生态文明奖，他是获奖的唯一一位“80 后”；中国青年最高荣誉——中国青年“五四”奖章；此外，他还获得过全国“母亲河”奖、中国青年志愿服务金奖、中国水环保年度公益人物、浙江青年“五四”奖章、“最美浙江人——青春领袖”、杭州市十大杰出青年、浙江大学十佳大学生……他叫忻皓，浙江大学管理学院 2017 级创业管理博士研究生。

学以致用开启绿色梦想

竺可桢老校长明确提出大学要培养以天下为己任的领袖人才，而这颗种子，在忻皓二十年前在浙江大学读本科时已经种下。江南水乡长大的忻皓，在学习中了解到，浙江虽有八大水系，但浙江人均水资源拥有量远低于全国人均水平，甚至不足世界的四分之一。而改革开发 30 多年来，浙江经济迅猛发展背后加剧了“水透支、水污染”，保护水资源迫在眉睫。

2000 年，忻皓还是大学一年级的学生，担任着班长。那年初，曾在高中骑自行车环家乡的忻皓在一次偶然的聊天中，知道隔壁班的班长黄金海也曾骑自行车环家乡，于是两人一拍即合决定结合自己的专业，发起“千年环保世纪行”活动，用了 36 天骑自行车环行浙江整整 2000 多千米。那一年，时任浙江省环保局局长的张鸿铭听说这个事，很少题词的他，特地为忻皓他们题词“行千里绿色之路，做世纪环保新人”。在这一行程中，忻皓痛心地发现不少河流遭受到严重污染，水面不仅有很多垃圾漂浮物，甚至还发黑发臭，沿线一些曾经田园牧歌诗情画意般的清新村庄在污染荼毒下枯萎黯淡了。灵魂受到震撼的忻皓决定利用所学特长，成立一个环保组织，开展长期调查获得第一手翔实证据，帮助村民环境维权，保护浙江的山山水水！没有人能知道，在强烈社会责任感驱使下，一颗回报社会的年轻心灵会产生多么强大的力量！就在那年冬天，忻皓在老师的支持下，发起成立了浙江首家民间环保组织“绿色浙江”。在他

民间河长忻皓分享自己的巡河感悟。

忻皓在给同学们上环境课程。

的感召下，许多学子纷纷加入公益阵营。从此，在繁华都市郊外的江河滩涂堤坝下，志愿者们披星戴月披荆斩棘抄小路翻山包，顺着气味在杂草丛中寻觅废水排放口取样，经现场简易测试，一旦水样中化学需氧量、氨氮、总磷等指标存在超标嫌疑，立即联系当地环保部门前来查处……也就是在这个期间，他结识了公众环境研究中心主任马军，并成为马军推出的中国水污染地图的技术开发方。中国水污染地图推出后，引起了社会的极大反响，忻皓进一步有了一个开发完全互动的、可以让公众实时举报污染的信息平台的想法。

国际视野让天下成为己任

2008 年，勤勉好学的忻皓成为福特国际奖学金资助的最年轻的学者，前往美国克拉克大学攻读环境科学与政策硕士研究生。

三年留学期间，忻皓常陷入深深思考：钱塘江流域水体污染日益严重，政府部门监管力量难以在偏远地区全覆盖，民间护河者因缺乏车辆、快艇等机动设备，对于每日每时出现的水体污染事件因不能提供实时证据而无法将肇事者绳之以法，同时许多充满社会责任感的企业因找不到相应护河平台而只好作罢。因此，亟待出现一种全民能即时参与与政府良性互动的载体，才能让各界发力使污染源无处可藏。

2010 年 1 月 12 日，加勒比岛国海地发生里氏 7.0 级大地震，造成 20 余万人死亡。地震发生后，国际社会纷纷伸出援手，其中一款由肯尼亚律师发明的 Ushahidi 系统平台发挥巨大功效，在震中为救援者指明道路、受灾地点、受灾人数等信息，使很多岌岌可危的生命及时获救。忻皓看到这个消息时眼睛一亮，对啊，Ushahidi 系统平台有强大兼容交互性，成本低廉操作简便，若开发出所属地域的电子地图，用于河流保护不是最恰当的选择吗？说干就干，在同学们支持下，忻皓在深入研究 Ushahidi 系统平台后编写源代码开发，经过充分实验和运作后，于 2011 年 6 月正式推出“钱塘江水地图”公众互动信息平台。网民和手机用户只要打开钱塘江水环境互助信息平台，便能全面直观地呈现钱塘江流域二维和三维地理全貌，以及与水环境相关的政府机构、民间组织、工矿企业、畜禽农场、水生生物种群、饮用水源保护区等各类地理信息和监测点水质情况。钱塘江水地图，成为他的毕业论文，这一地图接连获得浙江省钱塘江管理局组织的“同一条钱塘江”公益创新大赛最佳创意奖、“芯世界”社会创新技术应用奖，并一举成为联合国环境规划署生态和平领导项目最佳案例奖。

小胜不收兵。敏锐的忻皓意识到，钱塘江是中国的，也是世界的，只有让钱塘江流域护水行动进入国际视野，才能争取到更多的国际项目资金和治理理念支持。在美国留学期间，忻皓多次与世界上最大的河流环保组织全球护水者联盟联系，申请钱塘江能够加入联盟。2010 年底，该组织正式批准接纳钱塘江为继长江最大支流汉江、北京生命线北运河和黄河中游段之后，中国第四条加入该联盟的河流。

2011 年秋季，忻皓学成回国，他广为宣传水地图，号召人们“发现污染随手拍”。从此，绿色浙江的志愿者们和更多的钱塘江流域附近居民走在江河边，一旦发现污染水源，就可以通过手机定位功能锁定污染源，随时用手机拍摄照片并附上污染点具体信息，上传到“绿色浙江”的公众互动信息平台。后台管理者核实举报信息后及时植入发布污染点标示，刷新界面就可以弹出污染点相应照片及预警信息。随后，绿色浙江整理材料，第一时间把投诉反映给浙江省环保厅环境稽查执法总队核查，同时邀请举报人加入团队，指导其更好地开展环境监督。

水地图在浙江声名远扬，在国外也受到广泛关注。全球护水者联盟要求将水地图在中国成员中推广。2011 年以来，忻皓分别在美国芝加哥、波特兰、亚特兰大举办的全球护水者联盟年会中，为来自全世界的水保护者作水地图使用的专题培训，水地图被越来越多的国际机构认同。

鉴于对水资源改善所作的贡献，尤其是水地图带来的创新思维，在2012年，忻皓经过补选成为全球最年轻的水资源管理国际标准制订委员会委员，既是中国和大北亚地区的唯一代表，又是 15 人委员会中 5 个非政府机构的代表之一。在其后工作中，忻皓积极呼吁在水资源管理基本标准以上的黄金标准和白金标准中，必须要跳出“流域”概念，应考虑对供应链上游供应商的环境表现进行监督，从而通过标准向国际大品牌和零售商施压，要求其关注原料供应商环境问题，真正兑现环境责任，为中国等发展中国家争取更多的公平和权益。

环保无国界，理念达四海。2013 年 11 月 18 日，联合国气候变化大会在波兰首都华沙国家体育场盛大开幕。应国家发改委应对气候变化司之邀，“中国角”等来了第一位代表中国 NGO 的报告人——忻皓，他以《科技让中国社区更低碳》为题，向来自五大洲的海内外友人介绍绿色浙江在低碳社区建设中的科技应用。此时，报告台下坐着一位特殊听众——国际气候行动网络总监威尔·汉密尔顿。汉密尔顿饶有兴趣地把玩着绿色浙江为大会代表带来的小礼物竹制名片盒，不时为浙江小伙子的演讲所吸引，不时拿笔记下。中央电视台也现场记录了这位浙江小伙的精彩表现，这一刻他叫“中国忻皓”！其实，这已是“绿色浙江”在联合国气候变化大会上的第 3 次亮相，从 2010 年忻皓就先后参加墨西哥坎昆、卡塔尔多哈联合国气候峰会，两次代表中国 NGO 在大会上推广自己的绿色实践。

忻皓在国际环保界的出色表现为绿色浙江的发展赢得巨大品牌影响力。18 年来，忻皓为组织总筹款约 2 000 多万元，推动开展数百项形式多样的公众宣教和环境参与活动。

年轻的忻皓自诩是个行者，非常享受在路上的感觉。2012 年，忻皓作为校友代表受邀主持浙江大学校庆 115 周年晚会；2015 年，忻皓再次作为杰出校友代表在校友总会大会上发言。他每次都很自豪地告诉现场的浙大人，自己选择的是环保社会创业，并作为终生事业。有学弟问他，为什么一个前途无量的高才生要做一份看起来并不是一份工作的工作？忻皓回应他，其实，这样的问题存在于许多人心中，且在国人的文化中浸淫了太长时间，我们在物质世界中残酷地竞争，只为了追求自己的名利——这就是我们通常衡量成功的方式。若我们只是一个平凡人，不妨就做一个平凡的好人，一起推动历史的改变，因为只要双肩担重责，蚍蜉也可撼大树。

2017 年，忻皓入选中美杰出青年论坛，2018 年忻皓当选联合国可持续发展教育区域专业中心（杭州）副主任，同年，他牵头组织了 H20 全球拥江发展城市论坛，邀请小肯尼迪以及布达佩斯、卢加诺等全球 20 位市长来杭州共商拥江发展；同年，他被杭州市政府聘为杭州市会议大使。2019 年，他当选联合国可持续发展教育亚太协调委员，并帮助杭州成功申请第 12 届联合国可持续发展教育亚太会议主办城市。

推动多利益相关方共同参与环境治理

2012 年，忻皓被浙江省委宣传部、浙江省水利厅等 8 部门聘请为浙江省节水大使。2013 年 2 月，悬赏环保局长下河游泳引发社会关注，绿色浙江第一时间发表声明，忻皓呼吁公众行动起来。在他的推动下，2013 年 4 月起，绿色浙江联合浙江卫视共同策划推出大型新闻行动“寻找可游泳的河”，总共推出了 136 期系列报道。期间，省委书记、省人大常委会主任夏宝龙亲自给各市县委书记写信，要求各地高度重视曝光的和群众反映强烈的环境保护问题，并在赴浦江调研时又强调，要“以治水为突破口坚定不移推进转型升级，加快走出‘绿水青山就是金山银山’发展新路”，直接推动省委、省政府头号工程“五水共治”出台。而作为此次新闻行动的高潮，8 月 3 日，绿色浙江还联合浙江卫视共同组织“横渡钱塘江，畅游母亲河”活动，以此呼吁水环境保护，我们需要时时可以游泳的河。12 月，绿色浙江联合浙江省人大、浙江卫视共同推出电视问政“治水面对面”，向浙江五地领导面对面进行治水问政。

2014 年，他进一步推出“吾水共治”行动，包括：在全省各地邀请利益相关方，召开“吾水共治”圆桌会，解决治水矛盾冲突、提出解决方案；在杭州正式推出“民间河长”，并由忻皓担任杭州市民间总河长；面向全社会开展治水方案征集创意大赛，这给了社会各界参与河道治理的很好机会，推动了环境的共治共享。他推动公众参与钱塘江保护，联合浙江省钱塘江管理局发起以“同一条钱塘江”为品牌的公众参与保护母亲河系列活动。组织绘制 10.7 千米的以“保护钱塘江”为主题的钱塘江海塘彩绘，是世界上最长的绘画作品。他联合文化部门共同发起钱塘江之歌征集活动，助力钱塘江国际文化节。2018

给同学们培训如何检测水质。

年 10 月，由忻皓牵头推动的绿色浙江多利益相关方参与环境治理案例，获评长三角城市治理十大优秀案例。

回到学校点燃学弟学妹的社创梦想

2017 年，忻皓重新考入浙江大学，来到管理学院就读创业管理，专注于社会创业的研究。一年之后，他在迎接 2018 级研究生的新生典礼中回忆当时的选择说："这是我走到人生十字路口时作出的最重要的选择。我选择培养我的团队接班人，我选择重回浙大建构知识体系，我选择用读书磨砺自己准备未来的挑战。我相信这里有我这个时候想要的生活、想要的追求以及我想寻找的方向，这是我为人生添彩的选择。"

在忻皓看来，回到浙大读博，一方面是因为机构发展的阶段需要，而另一方面，他则希望能够影响到更多浙江大学的学弟学妹，能够像他一样进行社会创业。2018 年 11 月，他带队的"未来使者"可持续发展地球公民计划获得"创青春"全国大学生创业大赛金奖。

他有着坚定的共产主义信念，长期担任基层党支部书记并成为浙江省"千名好支书"。他还结合自己的社会创业经历向社会各界进行宣讲 300 余场次，曾获第六届浙江省微党课大赛一等奖，2016 年成为全省优秀共产党员巡讲团 15 位成员之一，并作为其中 5 位成员之一在省政府为省直机关干部授党课。2018 年 10 月，他被授予首届浙江省基层宣讲名师。

作为一名坚持了 19 年的民间环保组织从业者，身为全国青联委员的忻皓早已是浙江平民英雄的典型代表。在他的身上，集中体现着甘于寂寞、甘于奉献、乐于助人、不断进取的精神追求。19 年，忻皓用他的梦想和坚持，向社会持续传递着正能量和"美丽浙江"的坚定信念！

人物名片

姓　　名：张　昕
民　　族：汉　族
籍　　贯：陕西省榆林市
所在单位：西安市青益志愿服务发展中心

16

人物事迹

张昕立足本土，结合本地工作，开创青年环保公益志愿服务品牌行动；团结陕西省青年环保力量，履行共同的社会环境责任。通过开展“环保创意大赛”“节能 20 行动”“减碳壹加壹行动”“西安绿地图项目”“换树 1+1”“家庭低碳行动”等，推动城市公众参保行动。

参与开展西安山河调查、“同呼吸共命运西安治污减霾行动”等本土生态保护项目；累计开展 50 余次渭河行、浐灞湿地、秦岭保护等生态调研活动，记录环境现状，储存陕西生态变化的影像资料。

荣誉榜单

先后荣获陕西省首届保护“母亲河”奖、西安市十大杰出好青年、西安市“五四”青年奖章提名奖。2019 年，被生态环境部和中央文明办联合授予“最美生态环保志愿者”称号。

青年人的力量是推动生态环境变好的一大动力。

——张　昕

张　昕：环保，需要你我行动

家在陕北的张昕，大学毕业了，邻居问他的父亲："你儿子去哪儿工作了？"父亲回答："搞环保去了。"邻居说："去打扫卫生了呀。"

"我是2012年毕业的，6年前，很多人对环境保护的认识还是很简单、单一的。但现在越来越多的人开始将环保意识渗透到衣食住行中。比如，用什么保鲜膜是环保的，穿哪种衣服是无毒环保的，绿色发展越来越深入人心，这是很棒的事情。"张昕说。

毕业时放弃不错的工作机会，专职从事环保公益事业，因环保事业的成就被评为西安市"首届十大杰出好青年"，张昕走的是一条不同于大多数同龄人的路。

环保需要有无限热情的青年人

大二的时候，"地球一小时"还是很新潮的活动，张昕为了参加这个活动在陕西的推广，就接触到了陕西青年与环境互助网络，这是由陕西各大高校大学生组成的跨学校社团组织，主要工作就是号召大学生投入到环保行动中。

社团组织有做暑期调研的惯例。2010年暑假，张昕在网上发了一个帖子，征集一起做暑期调研的小伙伴，主题是浐灞生态区环境改造居民满意度调查。2011年西安要举办世博会，政府对此地做了大量环境改造工作。

开展青年能力建设培训。

很快，16 位来自五湖四海的大学生组队成功：重庆大学文学社社长、华中科技大学社会工作者专业“学霸”、西北农林大学园林设计专业“小霸王”等，个个“身怀绝技”。

炎炎夏日，16 个人冒着 35℃的高温来到浐灞。因为资金有限，他们租了两间将要拆迁的民房，大家挤在两个房间的大通铺上。根据计划，他们在西安世博园周边考察 10 天，最后需要完成一份调查报告，一个小型纪录片，一张绿地图，以及一张植物普查图。

“太阳暴晒，我胳膊脱了三层皮。晚上 12 点以前大家没有睡过，晚上 9 点才从外面赶回来，吃完饭就赶紧整理白天的调查数据。”张昕说，“辛苦是真辛苦，但也真正锻炼了自己，收获很多。”

张昕从办公桌上找出来当年绘制的绿地图。整张地图手绘完成，灞河横穿其间，石榴、棣棠、合欢等不同植物都有形象的图标，镶嵌在河流两边。“10 天的时间里，我们也凝聚了很多感情，大家成了要好的朋友。”张昕说。

但这次调研让张昕感受最深的还是青年人参与到环境保护中的热情。“我们是无偿的，但是我们愿意付出比有偿更多的热情、精力和智慧。”张昕说，“我们这批人现在还是忠实的环保志愿者，我们相信青年人的力量是推动生态环境变好的一大动力。”

观念转变为行动，改变才真正开始

2012年毕业的时候，学人力资源管理专业的张昕面临选择，一边是待遇不错的工作机会，一边是自己投入了感情的环保事业。他最终听从了内心，到了陕西青年与环境互助网络环保组织，继续从事环保工作，成了这个社团联盟的第一个全职工作者。

刚刚走上新岗位的张昕对工作充满了期待，他希望通过自己的努力组织更多青年人加入到环保的队伍中。大学生节能宣传、节水宣传、低碳生活方式普及……活动组织了一场又一场，可是他在现实生活中观察到，青年人依然频繁使用一次性用品，出行不考虑低碳方式，缺乏绿色消费选择。甚至相比老一辈，年轻一代由于物质生活的丰裕更缺乏节约资源的意识。

刚做志愿者的时候，张昕会跟同伴一起在校园铲除小广告，去秦岭山里捡旅游垃圾。可是几年下来，张昕困惑了：秦岭这么大，垃圾能捡完吗？自己所做的真的有意义吗？问题到底出在哪里？

这样的挫败感也深深困扰着团队的其他志愿者。他们看到，在实际生活中，人们的支持大多停留在表态阶段，他们愿意在环保横幅上签字，却不愿意少用一个塑料袋。这些现状让张昕渐渐明白从观念到行动的转变中间还横亘着一个鸿沟。“我们希望搭建更多的桥梁，提供更多的创新模式，让青年人感受到环境与自身的利害关系，可以把环境保护这件事融入生活中。”张昕说。

张昕和志愿者团队带领青年大学生来到陕西的山河第一现场，与他们一起认识本土环境，目睹日益恶化的生态。他们还与西安当地电视台合作，制作“西安山河调查”节目。通过电视台的摄录培训，将大学生分散到西安各个角落，拍环境纪录片，然后在电视台播放。节目播出后，社会反响强烈，有人专门打电话到电视台表示关切：护城河在南边进进出出还都是清水，原来它在东北段有那么脏的一段。

“这两年，经过环保部门的努力，这段水质已经有了很大改观。学生们拍的一系列的视频，一方面可以推动环境改善，另一方面也给古城留下了一份环境影像档案，让大家知道这里曾经发生过什么。这些活动让青年人看到了真实的环境面貌，他们才有动力采取行动。”张昕说。

为社会组织分享项目传播。

采集水样观察河流。

用正能量吸引更多人承担社会责任

从 2009 年接触环保，到现在已经近 10 年了。随着时间的推移和经验的积累，张昕看到“环境保卫战是一场持久战，人是社会行为的主体，只有当我们的行为发生改变才能影响环境的改变，才能赢得最后的胜利。”

张昕回想起了自己刚上大学时候的情景。“我当时是偶然间接触到陕西青年与环境互助网络的‘环保卫士’的。我身边的大多数同学，除了上课，就是打游戏、逛街、睡觉。可他们不同，他们愿意花更多的时间、精力让这个世界变得好一点，这种积极的能量对我吸引力很大。”于是，他才成了这个社团的长期志愿者。

张昕体会过“正能量”的引力，他也看到更多优秀的人被他们吸引，加入到志愿者的队伍中。他希望他和他的小伙伴可以把力量传递，让更多人成为优秀的社会责任承担者。在一次图书馆举办的活动中，张昕作为嘉宾之一被邀请分享个人经历和对环保的思考。一位互联网传播领域的青年专家听了他的演讲，在活动结束之后，找到了张昕。

“他当时对我讲，没想到有一批这么有魅力的青年人在保卫着自己的家乡，他也愿意贡献一份力量。后来，他还给我们提了很多好的建议。”张昕说。近两年西安每到冬天雾霾都很严重，网络上有不少责备的声音，其实这些责备的人正是有环境意识和环境诉求的人，社会机构的责任就是引导他们成为环境的守护者和环保行动者。

那么怎么引导呢？团队经过商议，在“陕西青年与环境互助网络”微博账号上发起了一个“我能为环境做什么”的有奖活动。微博互动很活跃，有的人连续几天定点拍摄终南山的情况检测空气可视度，有的人每天拍城墙看是否有垃圾。还有一个同学留言“今天我在食堂吃的饭，没有带回宿舍，省了一个塑料袋”。“看到这些留言，我看到了更多的希望。如果行走在一条正确的路上，就会寻到很多有共同想法的人跟你汇流，然后共同开拓道路，延伸道路。”张昕说。

行动的人越多，力量就会越大。处在环保一线，张昕感受到了方方面面的改变。政府部门里变化最明显的就是省环保厅，在张昕看来，环保厅最初组织的宣传活动就是发宣传单、喊口号，收效甚微；现在，环保厅开始支持志愿者盯防污染源，曝光违法行为，还制作了许多环保科普的动漫、书籍等，宣传更具针对性。“期望更多的人将环保意识转化为环保行动。”张昕说。

（本文撰稿：《人民日报》记者　张丹华）

人物名片

姓　　名：李　波
民　　族：汉　族
籍　　贯：黑龙江省哈尔滨市
所在单位：海南师范大学

17

人物事迹

为保护野生动物，李波创办“动物 110 网”；自费 20 多万元，救助野生动物数千只，组织百余场环境（动物）报告、讲座，接受全国各地野生动物救护求助。多次参加国内外相关保护论坛及研讨会，参与《野生动物保护法》修订。

央视六个频道多家栏目对他的事迹进行专题报道并在欧洲、美洲、亚洲国家播出，东方、湖南等地方卫视进行专访，《法制日报》等媒体进行数百次报道，被誉为“中国动物救助第一人”。

荣誉榜单

2006 年“感动海南”十大新闻人物提名奖；2007 年海南省“节能先锋”；2008 年“全国环保人物”；2009 年入驻“世界保护”故事巡展、“绿色中国年度人物”候选人；2010 年“中国边境野生动物保护卫士奖”提名奖、“福特汽车环保奖”；2011 年森林与野生动物资源全国先进个人；2012 年海口市野生动物保护形象大使；2014 年第十届中国青年志愿者优秀个人奖、海南省杰出志愿者；2015 年全国首批秀五星级志愿者。2019 年，被生态环境部和中央文明办联合授予“最美生态环保志愿者”称号。

救助这些小家伙，要花上很长的时间，而那些捕猎者，一网可以网到多少只？

——李　波

李　波：乐与野生动物做朋友

2019 年 6 月 17 日，正在山东参加海龟保护的李波，接到市民反映，在海口市演丰镇发现一条 20 多千克重的蟒蛇，其颈胸部严重受伤，组织腐败并释放臭味，他迅速拿起电话与海南乐宠动物医院童院长沟通，对这条国家二级保护动物进行了免费公益救治。

李波，海南师范大学教师，20 年来，他自费 30 余万元，救助近 3 000 只（头）野生动物，包括鸟类、豹猫、眼镜蛇、野猪等。这位“野生动物之友”还有另一个“头衔”：海口市野生动物保护协会秘书长。

与野生动物结缘

李波与保护野生动物结缘，有些“意外”。2003 年，李波加入海南小动物保护协会，在救助流浪猫狗的过程中，他发现野生动物的处境更加危险。

“人们都想生活在鸟语花香的环境中，可人类环境对野生动物并不友好。”李波说，有一次，一只猫头鹰被粘在路边的粘鼠板上，翅膀折断。他和同伴用了 1 个多小时，才把粘鼠板与猫头鹰完全分离。获救后猫头鹰眼睛睁得圆溜溜，发出咕咕的轻柔叫声，仿佛在说“谢谢”，他的内心融化了。

越来越多的救助经历，让李波下定决心去保护受到人类伤害的野生动物。他从小贩手中买下动物放生；在媒体上公布 24 小时救助热线电话；自费奔波前去救助动物……

一次，老鹰抓住李波的手之后，超大的爪子紧紧扣住他的手不放，看着血在往外流，越动抓得越紧。这是在一次救助野生动物时的经历，虽然被老鹰抓伤，但他也未曾有放弃救助这个生命的想法。

为了了解野生动物的生活习性、诊断伤病、鉴定外来物种，李波在业余时间阅读大量的书籍，上网收集大量资料，对伤病野生动物进行治疗、帮助其康复，为确保放生的成功率进行了无数次的野外训练。

李波还救助过多只水鸟，其中就包括白鹭。为了让白鹭进食，他尝试将鲢鱼切成长条后放入盆中，但白鹭不食死鱼，他又在盆中加进烂草，并用竹签搅动鱼身做成游动假象。“喂的时候简直跟偷东西一样，每次都是悄悄将鱼放进去让白鹭自己找，后来它开始看盆里的‘鱼’，我就知道成功了。”白鹭康复后被放生，看着飞上天空的白鹭，他感叹道：“救助这些小家伙，要花上很长的时间，而那些捕杀白鹭的人，一网可以网到多少只？！”

即使对普通的野生鸟类，李波为还原它们的生活环境也是煞费苦心，亲手做了许多小架子供其栖息。

他甚至“铤而走险”尝试救助一只穿山甲——当时由于穿山甲体型太大，他不得不将楼下的一只大垃圾桶给“偷”了回来，将之洗净后供穿山甲容身，岂料穿山甲“入住”后并不安分，屡次逃出，他只好整夜为穿山甲做“警卫”，彻夜未眠。

自家阳台成了“鸟类医院”

李波说他和动物特别有缘分。周围住户的小猫小狗，只要看见他，就会兴奋地冲他撒欢，甚至流眼泪。平时他经常在校园的各个角落里投放猫食，供那些流浪猫享用。走在校园里，那些流浪猫一听到李波的说话声，就会探出脑袋来看望朋友。

如今，李波家阳台成了一所“鸟类医院”，常年有野生鸟类在这里养伤。至今他已救助了 800 余只（头）野生动物，其中包括大量国家一级、二级野生动物，如巨蜥、蟒蛇、穿山甲、海龟、蛇雕等，近 80% 的被救助动物得到了健康放归。为了照顾各种鸟类，李波煞费苦心。老鹰爱吃活老鼠，李波就在大学里贴出启事，收购活老鼠，学生们知道李老师是为了救助野生动物，逮来老鼠送给他。李波也由此被誉为“海南省野生动物救助第一人”。

这些年，李波摸索出了以下经验：鸟类相对容易接受救助，野生哺乳动物难以救助，易发生拒食、逃脱现象，有的还主动攻击救助者；救助野生动物要坚持“尽快康复、安全放生”这一基本原则。

2016 年 11 月 29 日中午，有媒体记者在海南昌江境内采访时意外发现了一只患病的豹猫，随即联系了林业部门救治。昌江县林业局工作人员与李波商量，考虑路途遥远，先在当地进行救治。30 日上午，由于这只豹猫状态仍不见好，在昌江县林业局工作人员随同保护下，患病的豹猫被运往海口抢救。与此同时，李波协调了海口一家宠物医院做好抢救准备。在 30 日下午，患病豹猫经抢救无效死亡。但猫体被保留制成标本，希望可以用于教育更多的人。

李波痛心地说，从事野生动物保护工作 20 年来，仅仅参与救助过 3 次豹猫。如果不对它加以保护，豹猫可能就要永远离我们远去、濒临灭绝。

给动物吃肉自己喝汤

李波喜欢野生动物，自己家没有像样的家具，生活十分简朴，但对于救助的动物，他却大方的很，经常买最新鲜的肉给动物吃，自己只是喝肉汤。

李波希望更多的人加入救助动物和保护环境的行动中。他的环保理念非常强烈，已经到了对自己的生活很苛刻的地步。他不用一次性餐具、塑料袋，坚持每天挎个菜篮子去菜市场买菜。在炎热的夏季不使用空调。五分钟冲凉、随手关灯等早已成为日常习惯。

为使更多的人拥护环保和保护野生动物，李波先是创建了“动物 110 网”，以此作为传递动物保护信息和交流经验的平台，后又建立了全国野生动物救护公益免费咨询微信平台。现在浙江、辽宁等全国各省份的环保爱好者，经常给他打电话咨询如何救护野生动物，甚至海口市“12345”也会打电话给李波。

救护在危难中的大麻鳽。

CCTV7《相约》栏目为李波老师做专题报道，得到海南各大院校社团的支持。

李波说，现在社会上很多人都愿意参与保护野生动物这件事，但一些不正确的观念与做法却需要矫正。他呼吁社会爱心人士，如果遇到有野生动物被人为圈养、跑到自己家中或是在市区等地发现野生动物，建议及时向林业部门举报，以便日渐减少的野生动物能够得到更好的保护。市民在对野生动物进行放生时，要特别注意外来物种，盲目地将其放生，有可能会对当地物种造成巨大的伤害。李波建议，如果有市民想放生野生动物或圈养野生动物，可以提前和林业部门、野生动物保护部门或他本人联系，经过专家专业分析判断后的放生，可以帮助动物更好地繁殖。

“救助的力量太薄弱，我们花几天的时间去救助几只野鸟、几条蛇，可盗猎者一网不知网掉多少，野味餐馆不知一天吃掉多少。”李波说，人类和野生动植物息息相关，不断捕杀野生动物，最终人类也会面临灾难。

他现在开始在重点市县发展救助志愿者，提供免费药品。他还担任了海南高校环保社团指导老师，组织救助宣教活动。“希望越来越多的人成为野生动物的朋友。”

人物名片

姓　　名：提　布

民　　族：藏　族

籍　　贯：云南省德钦县

所在单位：云南白马雪山国家级自然保护区管护局

18

人物事迹

藏族汉子提布是云南白马雪山国家级自然保护区一名忠诚的守护人，他用 25 年的坚守书写了捍卫国家生态安全的赤胆忠魂。

提布自从事保护区管理保护工作以来，兢兢业业，一心一意，几十年来长期在高海拔艰苦基层一线开展生物多样性保护工作，为白马雪山资源管理保护特别是野生动植物保护方面付出了心血，做出了贡献。在建设“世界的白马雪山”工作中，他用实际行动阐释了白马人不怕苦不怕累、团结同志、艰苦奋斗的“白马精神”。

荣誉榜单

先后 18 次被云南省林业厅、云南省森林防火指挥部、迪庆州政府等部门评为全省森林消防先进工作者、迪庆州森林防火先进工作者、“五好”职工、优秀工作者、优秀共产党员、先进工作者、优秀专业技术人员、先进科技工作者。2019 年被生态环境部和中央文明办联合授予“最美生态环保志愿者”称号。

我喜欢这片大山，今后我希望能有更多的智能设备帮助我们，更好地保护白马雪山脚下这片珍稀的动植物家园。

——提布

提　布：守护白马雪山的“森林之子”

在滇西北高原上，有一个珍稀动植物的避难所，2 800 多平方千米的土地上生活着滇金丝猴、雪豹、云豹、黑鹳、金雕等 15 种国家 I 级和 36 种国家 II 级保护野生动物，这里就是滇金丝猴种群分布最集中、世界上最大的滇金丝猴保护和研究基地——云南白马雪山国家级自然保护区。保护区成立后的 36 年里，一代代管护工作者在这片空气稀薄但美到极致的土地上挥洒青春与汗水，用自己的真心真情守护着白马雪山脚下珍稀动植物的家园。藏族汉子提布就是他们中的一个代表，他用 25 年的坚守书写了自然保护区管护人员爱岗敬业、捍卫生态安全的赤胆忠魂。

他是和谐保护区建设的践行者

1989 年，从小生活在云南省德钦县的提布因为深深爱上白马雪山的山山水水而立志当一名动物守护者。初中毕业后他以优异的成绩考入迪庆州农业学校畜牧兽医专业，潜心学习动物疾病的防治知识。1994 年中专毕业后，他被白马雪山保护区招聘为兽医，成为保护区的一名管护人员。

工作后的当年，提布主动请缨到保护区最边远的社区茨卡桶保护所工作。当时，茨卡桶不通公路、不通电、不通电话，是整个保护区工作环境最艰苦的基层站点。

布控红外线相机。

在海拔4800米的山脊布控红外线相机。

茨卡桶片区居住着藏族和傈僳族群众，在保护区成立之前，村民世世代代以放牧、打猎为生，每家每户在最显眼的位置都摆放着锦鸡毛、斑羚角、狐狸皮甚至是猴子的头骨，这些是他们的荣耀。保护区成立后的最初几年，实行了最严格的管护政策，抓人、关人、罚款、判刑等一系列的管护手段使保护区管护人员和群众之间形成了对立关系，偷猎、不和工作人员说话、见工作人员上门走访就关门顶门，甚至殴打管护人员的现象也时有发生，管护工作陷入僵局。

在提布被派遣到茨卡桶时，当地群众依然对工作人员持对抗态度。为打开工作新局面，提布和其他两名工作人员用当时保护区从国际引入的社区共管理念开展工作。他们利用业余时间帮助村民做农活，哪家遇到困难就第一时间提供帮助。

因交通等原因限制，村民在家禽和家畜养殖中缺医少药情况比较严重。为帮助村民发展养殖业，提布用自己的工资购买医疗器械和兽药，利用业余时间为村民提供免费服务。茨卡桶是个高半山区，村民零零散散居住在各个山头，来回需要很长时间，但他从来不怕苦，也从来不拒绝村民的请求。疾病诊断、疫情控制、猪羊阉割、科学养殖等服务让他总是来来回回奔波在山间小路上。5年里，他为村民提供了5 000多次上门服务。

提布就像春雨，用润物细无声的行动感化了群众，大家都与他建立了亲人般的关系。

一天，过去经常偷猎的村民登巴手痒又想上山偷猎一点野味，他准备好弩弓、铁丝扣等工具偷偷上山，走到半路，他就想起提布曾经和他说的话：“保护区是野生动植物和大家的共同家园，保护好野生动植物对国家好、对我们的子孙后代好。”登巴果断走回头路下山来，到村里遇到村民问他到哪里去了，他说：“本来是去打猎的，路上想到提布就回来了。他对我们那么好，我如果还打猎就对不起他了。”就这样，在一点一滴的改变中，茨卡桶片区偷猎、偷伐等现象减少了，大部分村民都把保护区当作自己的家园，积极投身到社区共管促进村民生活条件改善和生物资源保护中。

1999年6月，因工作需要提布被调整到德钦分局叶日保护所工作。他走之前，茨卡桶群众派代表到德钦分局找领导请求不要调走提布，想把他长久挽留在村里。他走那天，村民都来送他，有的村民哭了，他们喜欢他这样的基层工作人员。

到叶日保护所工作的5年里，提布积极参与到叶日社区共管的工作中。叶日村属于白马雪山保护区实验区，村庄上方有莽莽苍苍的森林资源，林下产品松茸产出量很高。过去，村民为追求利益，用耙子刨土破坏松茸生长环境、大量采摘童茸造成松茸产量逐年下降。为促进叶日村永续发展、和谐发展，在WWF（世界自然基金会）项目支持下，提布和所里的工作人员与村民一起建立松茸交易市场、健全规章制度，并通过村规民约的形式固定下来，对采摘童茸、故意破坏林下植被、不按要求间歇采摘（采摘5天休息1天，或采摘4天休息1天）的行为作出严厉处罚。通过有效管护，叶日的松茸产量一直保持相对稳定，村民在间歇采摘中得到休养，也照顾到了田地里的庄稼，做到采集林下产品和土地增收两不误，同时村民保护森林资源的意识得到增强，偷伐、偷猎现象减少，良好的生态环境吸引了5只滇金丝猴在这一区域繁衍生息。

2004年，提布到叶日保护所工作一年后，单位委以重任，又派他到民族宗教矛盾交织的奔子栏保护所担任所长。奔子栏的东竹林寺是藏区十三大寺之一，信教群众多。保护所一方面加强对群众的宣传教育，一方面加大与寺院的合作力度，利用活佛在群众中的威望开展环境教育，把动物活动频繁、植物资源丰富、偷猎偷伐活动较多的山林化为神山加以保护，借助宗教文化的影响，助力保护管理。

2006年起，提布组织人员在东竹林寺开展环境教育，在日尼神山巡护、自然保护与佛教因果轮回理念的宣讲中，请活佛担任宣讲员，从藏传佛教与民族文化的角度，向来朝拜的游客和当地群众宣讲保护生态的重要意义，教育大家不要使用虎、豹、水獭等野生动物的皮毛，要善待森林，善待自然。每个月都组织僧人到神山顶烧香煨桑，乘此机会排查铁丝扣，检查火险隐患，制止乱砍滥伐、偷猎等违法活动。在后来曲宗贡白马鸡种群恢复成功放归大自然时，为确保白马鸡不被捕杀，提布邀请 4 位东竹林寺的格西参加放生。在高僧大德的引导下，周边信教群众开始自觉保护野生动物，下扣等捕猎现象明显减少，并自觉抵制使用虎、豹、水獭等皮毛制品，促进了保护区和谐发展。

他是滇金丝猴科学研究的探索者

作为一名挚爱环境保护事业的人，提布把一颗心交付给了白马雪山保护区的山水、草木和生灵。工作中，他甘于做保护区发展路上的一颗铺路石；科研路上，他孜孜以求安心做科研项目的探索者。

在原国家林业局、省林业厅的关心支持下，2003 年，迪庆州政府组建了云南滇金丝猴研究中心，建成塔城滇金丝猴科普教育展示区，让深藏白马雪山无人区的滇金丝猴走到众人面前，让热爱动物的人能近距离观赏到滇金丝猴这一珍稀物种。对于保护区来说，这是一件前无古人的重大创举，但面临的压力也随之而来。

展示区滇金丝猴人工投食食物种类有哪些、如何投食、如何管理游客、滇金丝猴伤病如何救治、护猴队员如何培养等问题无法回避地摆在管护局领导面前。在选择“啃硬骨头”的人选时，局领导首先想到提布。经过十多年的磨砺和实践检验，提布这个带着思想、带着真心工作的人具备了一定的工作经验、工作韧劲和工作思路，他毅然担起重任。2009 ~ 2010 年，提布潜心在响鼓箐的山林里工作两年，开展滇金丝猴人工辅助食物实验、人工投食食物种类分析、展示区面积与滇金丝猴活动的研究、滇金丝猴习性研究、滇金丝猴伤病救治和疾病防治要点、护林员培训、游客管理规范、滇金丝猴的家化和野化等研究，为塔城滇金丝猴科普教育展示区的健康有序运营提供了科学支撑。

响古箐是保护区实验区，这里居住的主要是傈僳族和藏族村民。保护区成立前，村里的男人大多是猎手，保护区成立后也时有偷猎现象发生。滇金丝猴科普教育展示区建立后，在提布等保护区工作人员的带动下，响古箐昔日的猎人变成了护猴队员，他们与展示区的猴群朝夕相处，建立了亲人般的关系，这里的猴子甚至能听懂护猴队员对他们讲的傈僳话。

2010 年，白马雪山曲宗贡生态定位监测站筹备组建，提布被抽到筹备组开展工作。

曲宗贡位于白马雪山主峰扎拉雀尼脚下，背靠白马雪山的双 U 形谷中间的山梁，海拔近 4 000 米。这里是一个无人区，只有夏天保护区周边社区的牧民才到这里放牧。一年四季，除了山里的野兽和小鸟的叫声外，便只有雪水的欢歌。冰雪融化的雪水从两个 U 形谷向下流淌，汇聚成鸠妮、鸠妞两条小溪，欢唱着在曲宗贡下方融为珠巴洛河，翻越崇山一路向着山脚下的金沙江奔流而去。

曲宗贡水流丰富、野生动植物种类分布集中，珠巴洛河沿线便成为动物活动频繁、偷猎现象时常发生的区域。在曲宗贡建立生态定位监测站意义重大。由于远离公路、没有通电、通讯信号时有时无、空气稀薄、生活物资缺乏等条件限制，在这里生活和工作成为一个巨大挑战。

2012 年，监测站建成后，提布又成为担此重任的不二人选，他毫无怨言地接受了工作安排，与另一名同事进驻曲宗贡开展工作，并用无悔的付出收获了一系列科研成果，为保护区科学发展发挥了重要作用。

白马鸡原本是保护区内数量较多的野禽，但在一段时间内数量急剧减少，面临物种灭绝的危险。为恢复这一濒危物种，保护区在 2010 年至 2011 年两年时间里开展白马鸡人工孵化实验，一直没有成功。提布到监测站工作后，又接着开始实验。在几经努力成功获得蛋源后，采取电孵化和母鸡孵化相结合的方式开始孵化。在 20 多天的孵化时间里，提布几乎没有睡觉，他总担心孵化实验又会面临失败，白天黑夜守在孵化箱和鸡窝旁边。

在没有选定白马鸡的“代母亲”土母鸡抱窝时，他们通过电孵化箱孵化，

开展松茸监测工作。

因为乡下电压不稳定，提布担心电压变化影响到鸡蛋孵化，每天无数次跑到孵化箱旁边观察鸡蛋的变化。为了提高小鸡的成活率，鸡蛋孵化后期就选定母鸡孵化，使母鸡相信小白马鸡是它的孩子。母鸡孵化期间，他又担心母鸡孵蛋不认真，天天守在鸡窝旁边。孵化 21 天后，90 只小鸡陆续破壳而出，提布欣喜若狂。但之后的一个月他的工作并不轻松，小鸡随时会因为被母鸡踩踏、小鸡打架、蚊虫叮咬而丧命，他比照顾自己的孩子还认真，每天密切关注小鸡的成长，最终子一代白马鸡健康成长了 30 只。2013 年，他们在曲宗贡为白马鸡搭建网栏让白马鸡逐步适应野外环境，待白马鸡健康成长后邀请东竹林寺的格西参加，将白马鸡放归野外生存。

2013 年 4 月 12 日夜里，一场突如其来的大雪降临白马雪山。第二天中午，正在县城办事的提布接到曲宗贡护林员打来电话说，大雪将鸡舍压倒了，放归的白马鸡被压在积雪下面。提布的一颗心提到了嗓子眼上，担心、懊丧折磨着他，他立马坐车赶回曲宗贡。从国道 214 线到曲宗贡要沿着一条山路穿越两个峡谷和一片遮天蔽日的原始森林，路程 3 千米多。齐腰深的积雪完全盖住了山路，穿越峡谷时，积雪松软，双脚完全不听使唤，一步一滑，稍不慎就会顺坡滚到谷底；上坡时，白使力气，爬上去又滑下来。他凭着对小路两旁树木的记忆辨认路面，连滚带爬 3 个多小时后才回到曲宗贡。

此时，天已经完全黑下来，提布顾不上寒风刺穿被雪水湿透的衣服和鞋子带给他的刺骨寒冷，来不及放下身上的背包就跑到鸡舍。借着手电筒，他看见被困在积雪里尚存活的几只白马鸡正从积雪的缝隙里伸出头来等待他救援，但天太黑了，他们无法实施救援，只能一边燃放鞭炮驱赶前来觅食的黄喉貂、黄鼠狼等食肉动物，一边在鸡舍旁搓手苦等天亮。

第二天他们搭建急救鸡笼成功救出 10 多只白马鸡，德钦分局的男同志也赶到曲宗贡帮助他们。30 多只白马鸡只存活 17 只，这对于提布是一个不小的打击，他欲哭无泪。之后他们用子一代所产的鸡蛋于 2014 年、2015 年成功孵化子二代、子三代放归自然，先后放归的 60 多只白马鸡自然孵化成活率也较高，数量不断增加，活动范围也扩大到珠巴洛河下游的林区。

在奔子栏保护所和曲宗贡生态定位监测站工作期间，提布还负责松茸资源管理和松茸监测研究，在他的组织下建立了 12 块样地。每年，他都认真收集、科学分析监测数据，撰写监测报告提供局领导决策，并撰写了《白马雪山自然保护区松茸生长利用研究》《白马雪山自然保护区叶日片区松茸的开发利用和保护现状浅议》等学术论文，发表在核心刊物上。在参加白马雪山保护区巡护监测科研中，提布组织编制了《白马雪山自然保护区巡护监测手册》，这一项

记录巡护笔记。

工作走在了全省保护区前列。2010 年起，按照分局的部署，提布负责开展人工投盐招引岩羊实验。岩羊是保护区的一个重要物种，它们生活在深山里，警觉性很高，为拉近岩羊与人的距离，有效补充岩羊健康所需要的盐矿，提布组织工作人员在白马雪山主峰脚下投放无化学成分的藏盐吸引岩羊舔食。经过长期投放，岩羊已经养成到投盐点舔食的习惯，让人可以近距离观赏这一远离人类的野生动物，也促进了对岩羊种群数量的动态监测。

在林业国家级自然保护区补助资金项目和州科技项目的立项资助下，2018 年，保护区开始实施白马雪山野生菌类资源调查，提布负责这项课题调查。从 4 月开始，他和课题组成员用 6 个月时间开展野外实地调查，收集到 250 多种野生菌的资料和图片，并出版了《白马雪山曲宗贡野生蘑菇图册》一书，为进一步掌握白马雪山国家级自然保护区野生菌资源、了解野生菌的濒危程度和制定保护管理措施提供了科学依据。

25 年来，提布主持多项研究项目，成为白马雪山科研工作的中坚力量。

他是野生动植物安全的捍卫者

作为一名保护区工作人员，提布把保护野生动植物安全作为自己的职责，25 年来，无论在哪里工作他都一身正气，对普通老百姓他做好细致的教育引导，对偷猎、偷伐的不法分子，他态度坚决强硬，严格执行管护的法律法规，破获了多起林政案件。

在工作中，提布善于探索高效的工作措施。白马雪山范围广，周边群众多，通往保护区的路四通八达，管护工作难度很大。就曲宗贡而言，管护人最初只有 2 人，目前加上护林员有 8 人，靠着人走路巡查，一天下来只能走完一个角落。2011 年开始，保护区开始尝试使用红外线相机监测，在野生动植物分布密集、人群活动较多的路口布控红外线相机。提布是红外线相机布控和监测的主要执行者。7 年多来，监测到了多种野生动物种类和活动情况，首次收集到水鹿、金钱豹等珍稀动物的照片和录像资料，各级媒体报道后引发社会的强烈关注。红外线相机的监控记录充实了保护区的材料，提升了保护区的社会影响力和各界对保护区保护成果的关注度。

2014 年的一天，提布的手机上接收到红外线相机报警，监控显示，珠巴洛河河边一个红外线相机监控点有一个背着包的人在活动，提布立即组织人赶往监测点成功抓获了偷猎者，从他的包里查出一只被捕杀的赤狐。经过严肃教育后，他们把偷猎者交给森林公安处理。2015 年春节期间，提布在奔子栏代表单位慰问退休人员，当晚 10 点，他的手机又接到报警，发现两个可疑人员出现在一个红外线布控点，他立即组织奔子栏保护所工作人员和森林公安值守干警冒着鹅毛大雪赶往现场，当场抓获了偷猎者，查出他们捕杀三只林麝，两名偷猎者都被依法判刑。通过严格依法保护，震慑了偷猎者，使辖区内偷猎现象明显减少。

每年，提布都组织和参加保护区巡山巡护工作，25 年来，他用双脚走遍了保护区的山山水水。每一次巡山，他和同事们都细心留意每个角落里偷猎者布下的铁丝扣，尽心尽力为野生动物繁衍生息提供一个安全的家园。提布于 2018 年被中国野生动物保护协会授予斯巴鲁生态保护奖。

他是专业知识的不懈求索者

1992 年学校毕业时，提布只是一名普通的中专生，25 年之后，他取得了云南省委党校的行政管理专科学历、西南林学院林学专业本科学历。20 多年来，他抓紧各种机会学习专业知识。在参加国内和日本、泰国等国际业务培训期间，他珍惜学习考察机会，积极与专家交流学习，用先进的工作理念指导工作实践。在白马鸡人工孵化实验中，他不断向北京动物研究所专家请教，确保了实验的成功。

到曲宗贡工作后，他的学习劲头更足了。他经常到野外拍摄收集野生动植物和景观植物照片，认真查阅资料掌握野生动植物的基本知识，努力让自己成为动植物专家。

在国道 214 线到曲宗贡的山路上，每一种植物都戴上“身份证”，路人一看就知道每一种植物的名称、产地、习性、花期。在曲宗贡，简易的宣传栏上，他用丰富的图片信息介绍了保护区的生物多样性。前往曲宗贡，一种白马雪山的文化气息让人耳目一新，感受良多，使曲宗贡成为世人向往的一方净土。

25 年的历练，使提布成长为一名做事沉稳老练的康巴汉子，在他身上让人看到的是坚韧和忠诚；25 年的不懈追求，使提布成为白马雪山保护区一名动植物专家；25 年的努力，让提布成为单位同事肯定、社会认可的成功人士。2019 年，提布跻身“百名最美生态环保志愿者”之列，这是对他多年工作的肯定，也是对“白马人”为生态环境保护做出努力的认可。

人物名片

姓　　名：雷月琴
民　　族：汉　族
籍　　贯：贵州省贵阳市
所在单位：退休

19

人物事迹

82 岁的雷月琴老人是贵州省贵阳市生态文明基金会的第一位志愿者，也是基金会年纪最大的环保志愿者。在退休的 34 年里一直坚持志愿守护河流，谱写着一位老人几十年如一日的生态保护历程。

雷月琴的三个孙子在她的带动下也加入到“两湖一库”环保志愿者中，并且全家每年都会向基金会捐赠一笔款项，为“两湖一库”的保护尽微薄之力。

荣誉榜单

2018 年贵州省“十大生态环保志愿者”、2019 长江经济带最美护河（湖）员、2007 年贵阳电视台十大新闻人物、贵阳市五星级志愿者、老有所为奖。2019 年被生态环境部和中央文明办联合授予“最美生态环保志愿者”称号。

我一个月有 1000 多块钱的退休工资，奖励我的钱，捐给孩子们更有意义。

——雷月琴

雷月琴：那一波碧水的守护者

有这么一位 82 岁高龄的老人，30 多年来一直义务护河，她的事迹被《人民日报》、中央广播电视总台、央广新闻网及贵州省市多家媒体广为报道，引起社会各界的广泛关注。她就是被许多人称作“环保老人”的雷月琴，大家都亲热地叫她“雷阿姨”。

“多管闲事”的老太婆

6 点起床，7 点半准时出发，一条藜杖、一个挎包，这是雷月琴巡河的“标配”。这天一大早，趁着日头还没有出来，雷月琴出门了，她今天的目的地是百花湖——贵阳市的“三口水缸”之一。百花湖地处市郊，雷月琴临行前打通了住在附近的百花湖管理处工作人员的电话，希望能搭上一段顺风车。

“百花湖交通不便，过去一趟不容易，只能搭一下他们的车子，如果去阿哈水库就不好意思麻烦管理处的同志了，只转 3 趟公交车，一个多小时就能到达值卡点。” 雷月琴说。

管理处几名工作人员早已和雷月琴是熟人了，雷月琴穿上救生衣，这就出发了。行不多时，果然见两个年轻人在水库核心区的岸边架起了钓竿。

雷阿姨颤巍巍走上前去，劝他们将钓竿收起来：“年轻人，晓不晓得百花湖是我们的饮用水源地，鱼饵对水质的影响有多大？你们走了留下一地垃圾还要大家清理。”

两个人悻悻地收起鱼竿，边走边嘟囔着“多管闲事”，雷阿姨微微一笑，不以为意，俯身去将他们留下的塑料袋、塑料瓶捡拾起来。

不被理解、被抱怨多管闲事，在雷月琴的护水生涯中屡见不鲜。2011 年，雷月琴和另外一名志愿者在阿哈水库边巡查，发现有 3 个人在钓鱼，便上前劝阻，不想对方中的一人一把抓住她的右手，拧伤了她的手指。

然而，这些没有阻止雷月琴的护水决心。“我微信上有省生态环境厅、市生态环境局、区生态局、市城管局、区城管局、两湖一库等各部门领导，有省、市、区、社区、居委会五级河长，有 60 多名国家级、省级、市级媒体记者……有污染问题就找这段河流的负责人，解决不了就找上一级，直到省环保部门，我相信好的环境是靠大家的共同努力来实现的，各人自扫门前雪的心态要不得。”她说。

5.5 万元奖金捐给环保基金会

2015 年 12 月 4 日，由阿里公益“天天正能量”项目与新华网、央广网等 20 多家主流媒体发起的“寻找江河卫士”大型公益活动在贵阳举行颁奖仪式，77 岁的雷月琴成功入选全国十大“江河卫士”，累计获得 5.5 万元正能量奖金。雷月琴当即将全部奖金捐赠给贵阳市生态文明基金会，用于开展环境保护幼儿养成教育。

“我一个月有 1 千多元的退休工资，奖励我的钱，捐给孩子们更有意义。环保意识要从娃娃开始培养起，让他们懂得保护环境是每个人应尽的责任，懂得应该保护水资源，节约用水，不乱扔垃圾，爱护花草树木……”在雷月琴看来，环境好坏直接影响着每个人，环境保护应该是最基础的教育。最主要是在孩子们的教育上，要让他们从小懂得，大自然是很公平的，种瓜得瓜、种豆得豆，种下污染就得到的是污染。原贵阳市生态文明基金会秘书长叶晓云特别表达了对雷月琴的感谢，“几十年来，雷阿姨用她的实际行动感动了很多人。”

正如在 2013 年生态文明贵阳会议期间，中国科学院科技政策与管理科学研究所副所长王毅教授接受采访时所说，“建立健全公众环境诉求的反映和沟通渠道，鼓励各利益相关方特别是社会公众的参与。三十年如一日保护水源的雷月琴等‘环保英雄’的出现，表明经过多年的探索和实践，贵阳市在生态文明建设的制度设计、长效机制与实践路线图上率先取得突破，成为一个初具国

雷月琴和志愿者们在巡河。

际范的‘样本’。”

贵阳市第一个注册环保志愿者

原贵阳两湖一库环保基金会秘书长刘俐莎至今仍清楚地记得，2007 年 11 月，基金会成立不久，她就接到一通电话，是雷月琴打来的，她第一个报名做了基金会注册的志愿者。此后，雷阿姨奔走在贵阳市区的各商场、企业，给他们发送基金会的宣传册，宣传水资源保护的重要性，送募集资金的倡议书。

在雷月琴的带动下，中国建设银行富水支行职工捐资 5 000 多元，贵阳市物资公司的退休老职工也纷纷向基金会解囊。雷月琴和其他环保志愿者走进社区，奔赴湖区，向人们发宣传册、环保袋。

雷月琴说，“在两湖一库环境保护基金会的组织下，我认识了一大批志同道合的老朋友，从此我知道我也不是一个人在行动，在这个队伍中大家能更好地为环境保护服务。”原贵阳市生态文明基金会秘书长叶晓云介绍，贵阳在治理水污染方面，探索出诸多“贵阳经验”，不少还是全国第一：成立全国首家环保法庭；实现民间环保组织环境公益诉讼“零”的突破；以个人名义首次对排污企业提起公益诉讼。我们也越来越期待更多的雷阿姨出现，“其实，随手关灯、关水，不乱扔垃圾等这些生活中的细小行为，就是环保，只有大家共同维护，才会越来越好。”

如今，拄拐护河的耄耋老人雷月琴，每年平均志愿服务时间达 300 小时以上。巡河之余，雷月琴也常走进学校、社区、厂矿、农村，讲述亲历的环保故事。最开始 60 多位退休老人环保志愿者因为各种原因纷纷退出，只剩下雷阿姨一个人还在坚守。

六张手绘污染地图

在雷月琴的环保新闻剪贴本中，夹着几张手绘南明河污染地图，上面不仅按照南明河的走向标注出了严重影响河流水质的各出水口，还标注了各支流的河水颜色、气味等。

“这是我自己画的，一目了然，哪里有污水排进南明河，各支流的情况如何都清楚明了。”雷月琴说。1984 年退休至今的 30 多年里，雷月琴一年四季都会沿着贵阳市的南明河、小河、中曹河、花溪河走一走。她发现沿河的居民楼、商店、餐馆的生活污水大都直接排向河里，于是，雷阿姨把贵阳市大大小小近 10 条河流手绘成地图，标记出污染严重的地方，事后逐个蹲点劝诫护河。

2008 年的一天，大雨倾盆，雷月琴冒雨到花溪河沿线查看水质。走到龙王村时，她发现有一大股污水直排入中曹河。为了找到污水的来源，雷月琴连续 3 天去现场查看，最终弄明白了污水的来源并向有关部门反映了情况。

“从那时起，我就觉得自己应该画一张图，把自己所了解到的南明河受污染情况记录下来。这样向有关部门反映情况时也更简单明了。”雷月琴说。从 2008 年至今，伴着每周多次对河流的踏访，雷月琴不断更新着手绘地图。如今，这张地图已经更新到了第六份。这 6 张图放在一起比较，可以明显发现，沿岸的污染大户慢慢少了，污水处理厂、湿地公园逐渐建起来了。

希望每个人都能成为环保达人

踏进雷月琴的家门，屋里的整洁干净让人讶异。屋里有几个垃圾桶，“这个是装厨余垃圾的，这个是放可回收废物的，还有这个盒子是盛放废旧电池的。”雷阿姨介绍说，“平时的用水，一定要多次利用，洗衣服的可以用来冲厕所，

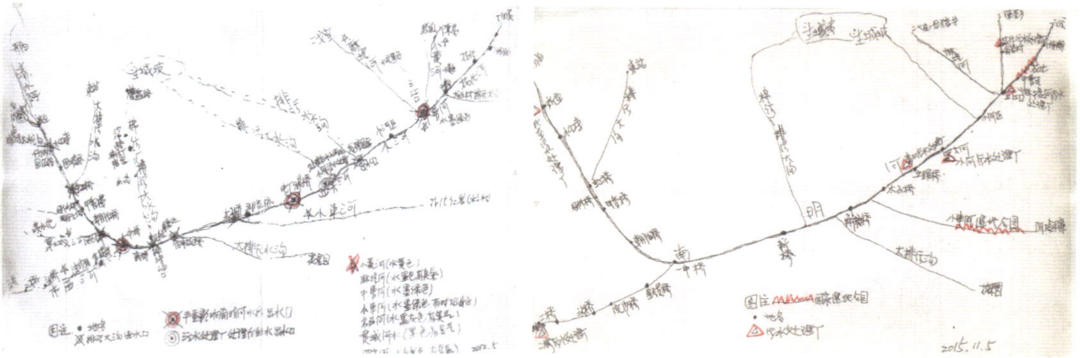

雷月琴手绘的南明河地图。

洗菜的可以浇花。希望每个人都能从身边的小事做起，每个人都能成为环保达人。”

自老伴去世，儿女们成家立业后，雷阿姨将大多数时间都投入到环保行动当中。“你看，今年 7 月 1 日开始，上海实行垃圾分类，大家不要觉得垃圾分类麻烦，平时只要多备几个垃圾桶甚至几个垃圾袋就能解决问题。”雷阿姨说。虽然雷阿姨年逾八旬，但 2016 年就学会用微信、手机拍照，每天翻翻手机看看环保资讯。在雷阿姨的微信朋友圈里，有分管环保的副市长，还有各级生态水务部门的负责人。从 2019 年初截至 6 月底，她已向这些微信好友们发出关于护水问题的文字消息近百条，图片上百张，还有若干短视频。

雷阿姨说，最近几年，南明河进行了几次大规模的清理，母亲河终于渐渐恢复了一些往日的神采，水变得清了，水鸟也陆续回归。“看到南明河从以前的又脏又黑又臭到现在渐渐有起色，是最大的收获，也对得起自己生活的这块土地。”

如今，作为贵州省贵阳市花溪区关心下一代基层优秀代表，雷阿姨受邀在全市范围内多所小学开展“环境保护幼儿养成教育”的演讲，越来越多的人特别是青少年也投身到保护水源的志愿者行列；2016 年，国家通过了《关于全面推行河长制的意见》，贵州也建立了省、市、县、乡、村五级河长体系，环保意识深入人心；特别是贵阳设立了全国第一家环保法庭，环境保护已走上法制化轨道……作为母亲河的南明河再次清澈为时不远，但即使到那一天，老人也不会停下脚步，仍会继续守望着那一波碧水。

（本文撰稿：王与剑）

人物名片

姓　　名：柯志强
民　　族：汉　族
籍　　贯：湖北省武汉市
所在单位：武汉绿色江城环保服务中心

20

人物事迹

柯志强是武汉民间环保组织“绿色江城”的创始人，从事环保公益事业 16 年。

2003 年，自费发起了“绿色环保万里行” 环保公益活动，历时 5 年，走遍全国，拍摄环保图片一万多张，沿途在 100 多所学校进行过展出，演讲超过百场，直接宣传人数达 10 万余人。

2009 年至今，组织“绿色江城”环保志愿者团队，开展了一系列水资源保护行动，组织社会公众对武汉市 166 个湖泊水资源进行调查、监督，促使部分江河湖泊问题得以解决。

2016 年，组织开展“湖泊每月清洁日”活动，并着力打造“江湖网，预警图——互联网 + 湖泊保护”网络平台，为江河湖泊的治理与保护提供更多的信息资料。

荣誉榜单

连续 7 届当选为“武汉环保大使”，2008 年被评为“北京奥运火炬手”，2011 年荣获“全国水环保公益人物奖”，2013 年荣获“湖北省环境保护政府奖”。2019 年，被生态环境部和中央文明办联合授予“最美生态环保志愿者”称号。

爱我江湖，将环保进行到底。

——柯志强

柯志强的江湖往事

约访柯志强时，他正在组织环保活动。几天后是世界环境日，又没有时间。网上查了“绿色江城”网站，一个民间环保组织，非常活跃，仅今年 5 月就开展了 5 次活动，内容涵盖清理垃圾、小学生环保科普课、湖泊每月清洁日、水质监测、水生植物种植等。柯志强是“绿色江城”的负责人，就是这些活动忙得他连接受采访的时间都腾不出来吗？

终于见到了柯志强，他办事途中拐到我约定的地方，于是，我沿着他的足迹看到了一条艰难的环保之路，一会儿翻越太行山，走过戈壁滩，远抵中巴交界处海拔 5 000 多米的红其拉甫；一会儿穿越死亡之海塔克拉玛干沙漠，横渡琼州海峡踏上海南岛。一会儿遇上泥石流，一会儿躲避沙尘暴。那是柯志强的第一次环保壮举：自费 20 多万元，2003—2008 年历经五年时间完成的“绿色环保万里行”活动，走过 22 个省、5 个自治区、4 个直辖市，行程 86 000 千米，拍摄环保图片 10 000 多张，随身携带的中国地图盖满了 150 多枚全国各地环保局的印章。

从此，柯志强的人生就锁定了环保事业。

湖泊每月清洁日

武汉是个“优于水而又忧于水”的城市。长江与汉江把武汉分为三镇，全市共有166个湖泊。在经济快速发展的这些年，江河湖泊成了牺牲品，不但污染严重，而且一步步被挤压、填埋。柯志强完成“绿色环保万里行”回到武汉后，很快建立了“绿色江城”环保志愿者网站，聚集社会力量，以江河湖泊水资源保护为重点开展环保活动。伴随着网站的建立，武汉的江河湖泊在柯志强脑子里也织成了一张网，他的全部精力都挥洒在这张网上。“绿色江城”联合新闻媒体招募了5 000多名环保志愿者，从2009年开始，团队先后开展了“行走江湖”“爱我百湖”“东湖排污口大调查”“保卫府河大调查”等一系列江河湖泊水资源保护行动。通过多方努力成功制止了对塔子湖、龙阳湖、东湖、沙湖、郭家湖等湖泊的破坏和污染行为。

2016年，“绿色江城”发起了“湖泊每月清洁日”活动，招募志愿者利用周末休息时间到全市各个湖泊清理垃圾、督查污染。活动中，柯志强组织专家对志愿者进行培训，现场讲解国家颁布的垃圾分类标准，发放钳子、垃圾袋等活动用品，并为志愿者发放干粮和水。为了保证活动落到实处，不流于形式，每次活动他们都会称量垃圾重量，倡议每人带走1千克垃圾。活动产生了很大影响，越来越多的志愿者加入到“湖泊每月清洁日”中，他们当中有“同学行”“亲子行”“情侣行”等。最近在天兴洲组织的一次活动，一个企业来了200多名

柯志强（右）与环保志愿者在巡护长江。

员工。有的学校、社区志愿者回去后“依葫芦画瓢”，也组织环保志愿者团队自发开展“湖泊每月清洁日”活动，这让柯志强感到非常安慰。

河流保卫战

2016 年，中共中央办公厅、国务院办公厅印发了《关于全面推行河长制的实施意见》，市主要领导都担任了巡司河、金水河、青菱河、马影河（蚂蚁河）等武汉市 15 条主要河流的“河长”。

为了配合政府和职能部门工作，“绿色江城”面向社会公开招募了有一定户外经验、能吃苦耐劳、具有良好品德和社会责任感、热心环保公益事业的 15 位志愿者担任“民间河长”，并为城市中心每个湖泊任命了“草根湖长”。这些“湖长”“河长”根据具体情况划分职责范围，分配人员力量，定期考察河流湖泊周边环境，督查污染情况。柯志强是马影河（蚂蚁河）的“河长”，15 条河流中，那是最远的一条，柯志强把困难留给自己。

2017 年，柯志强带领团队，针对黑臭水体、侵占河道湖泊、超标排污、非法采沙、破坏航道、电毒炸鱼等问题，对武汉市 15 条河流的生态情况进行调查、监督。以前的调查活动中，他们经常遇到暴力阻挠，为了避免麻烦和危险，他和志愿者们逐步“武装”自己，增添了专业照相机、对讲机、望远镜、无人机，还有冲锋舟等设备，行动时兵分两路，第一小组用望远镜观察周围环境，没有异常情况就用对讲机呼叫“01、01，我是 02、02，可以跟进！”第二小组跟进后再进行现场调查、拍照，需要时用 GPS 进行定位。

调查巡司河时，在巡司河与青菱河交界处，望远镜发现河道边上有一些星星点点的烟，还有若隐若现的垃圾，柯志强觉得有问题。他们从山坡一侧绕道过去，果然找到一家废旧塑料加工点，人没靠近，那气味儿就呛得人不敢呼吸。进了院墙，只见两匹大狼狗凶神恶煞，一台机器设备正在加工，几个工人忙碌着，没有任何安全防护措施，地上乱七八糟的垃圾、废弃的管子、饮料瓶、包装盒等，黑乎乎的污水直接排进了青菱河。柯志强与伙伴们小心留存证据，返回后立即向市环保局反映，洪山环保大队很快赶到现场，取缔了这家没有任何手续的废弃塑料黑加工点。

就这样，“绿色江城”团队历时一年半，完成了东荆河、黄孝河等 15 条主要河流的调查，他们为江河湖泊的治理与保护提供了很多信息资料，并将主要问题向有关部门举报，向媒体曝光，得到了相关部门的高度重视，促使巡司河、金水河、举水河、滠水河的污染问题得到及时有力的整改。

长江 我们在你身边

2016年1月，习近平总书记在重庆召开了推动长江经济带发展座谈会，发出了长江大保护的号召；2018年4月26日，习近平总书记在武汉召开了深入推动长江经济带发展座谈会，总书记在会上强调：必须从中华民族长远利益考虑，把修复长江生态环境摆在压倒性位置，共抓大保护、不搞大开发，努力把长江经济带建设成为生态更优美、交通更顺畅、经济更协调、市场更统一、机制更科学的黄金经济带，探索出一条生态优先、绿色发展新路子。

对于柯志强来说，这个声音仿佛天籁。十多年的环保活动经历，柯志强看见的环境污染可说是触目惊心。尽管各级党委、政府不断截污治污，可是顽疾难治。长江经济带发展要“共抓大保护、不搞大开发”！柯志强感到，江河湖泊的春天来了，长江的春天来了！他心潮澎湃，激情奔涌。他和伙伴们已经完成了“汉江（武汉段）排污口大调查”，现在应该着手“长江（武汉段）两岸环境大调查”，尝试追根溯源、诊断病因了！

有了汉江武汉段调查的经验，柯志强知道怎么做。他找到一位姓夏的船家，因为常年在长江打鱼，船家熟悉长江的水性，也熟悉两岸情况，除了划船，还能给他们做向导。柯志强说明情况，开始船家坚决不干，怕惹麻烦，经过柯志强和伙伴们一再恳请，老夏最终被他们对环保事业的热心打动了，让他们上了船。

小木船在离岸10米左右的水域航行，柯志强和伙伴们带好设施设备，趁着6月丰水期，开始对长江武汉段两岸的排污情况进行地毯式排查。他们早上不到八点钟上船，下午六点钟下船，每天在江面上漂十多个小时，午餐就用面包、饼干在船上解决。尽管保护长江的工作一直在进行，但长江的污染现状还是令柯志强他们痛心，那些或隐或现的排污口，那些公然倾倒的建筑垃圾和白色垃圾，仿佛扎进母亲河身体的尖刀。白天他们拍下照片、留取水样、做好详细记录，必要时采取无人机收集资料，晚上对收集到的资料及时进行整理。

长江武汉段丰水期实地调查历时一个多月，那是勇气的考验，是毅力的比拼！每天头上烈日炙烤，水面热气蒸腾，身上穿着救生衣，不身临其境不知道多么闷热，他们实在受不了，就想了一个办法：脱下救生衣，将空出来的大号矿泉水瓶绑在腰间，左右一边一个，权当救生衣使用。在洲湾，江水转向，暗流急涌，旋涡泛滥，小船如一片树叶在江面上起伏。为了不漏掉每一寸堤岸，柯志强和伙伴们坚持要巡查到底。多亏船家老夏有着丰富的经验，小船在激流旋涡中左冲右突，最后才化险为夷，平安抵岸。调查结束，柯志强他们一个个都成了黑脸包公，暴露的皮肤脱了一层又一层皮。

但是他们得到了大量数据，长江两岸的污染点位，各个点位的水样 pH、TDS（溶解性固体总量）、溶解氧、电导率等数据，污染现场图片，江上停泊的各类船只、这些船只的排污情况等。为了获得完整数据，2019 年 1 月至 3 月，长江枯水期，柯志强和伙伴们冒着严寒再次对长江（武汉段）两岸进行了一次调查，以发现丰水期隐藏在水中的排污口。两次调查后，“绿色江城”团队整理出了一份题为《长江大保护 任重而道远》的调查报告，这篇报告中反映的问题引起了政府和环保部门的高度重视，这些数据为政府和环保部门实施“长江大保护”行动提供了可靠的参考依据。

柯志强笑了。

在河流巡护中查看水样。

继续前行

环境保护是一条艰辛的道路。十多年的环保活动，柯志强面临的不只是自然条件的艰苦，更有说不完的苦楚。他和伙伴们不仅屡次遭遇光头大汉的围困，还得不到理解，一段时间内还被视作“麻烦”和难缠的“刺儿头”。他的妻子和孩子屡次受到恐吓和跟踪，儿子的小脸甚至被不法分子用刀划伤一条8公分长的口子。但是柯志强偏是个愈挫愈勇的男子汉，他的环保活动得到各级领导的支持，这极大地鼓舞了他，坚定了他在这条路上走下去的决心。

十多年来，“绿色江城”在柯志强的带领下，不仅成功制止了一些填湖、湖泊污染行为，而且协助政府职能部门组织开展了“一起来爱地球”“空调26℃”“少开一天车”“低碳生活，绿色消费”等一系列环保公益活动，倡导环境保护，培育环保新风。他们整理制作的《东湖大调查报告》《东湖排口地图》《武汉市湖泊调查蓝皮书》以及《民间河长 行走江湖》系列河流调查报告，为政府和环保部门精准施策提供了翔实的数据和可靠的资料。

曾经，活动拍照，有人说是作秀。检测水质，有人说是作秀。清理垃圾，有人说是作秀。即使不断被否定，柯志强和伙伴们依旧在坚持。在从事环保公益事业的16年中，柯志强连续8届当选为“武汉环保大使”，并荣获“2008年北京奥运火炬手”，他多次获得各种环保荣誉。2013年荣获“湖北省环境保护政府奖”，2017年受聘“湖北省环境保护政风督查员”，2018年受聘武汉东湖新技术开发区环保监督员，2019年荣获全国最美生态环保志愿者。

荣誉是对柯志强最好的肯定，也促使他不断思考，与时俱进。湖北省生态环境厅党组成员、副厅长万丽华说，生态环境保护工作是一项复杂的系统工程，不仅需要党委政府的重视和支持，需要各有关部门的通力合作、积极配合，更需要全社会的共同参与。柯志强明白，环境污染不是一时一地，修复长江生态环境，是新时代赋予我们这代人的艰巨任务。环保志愿者来自东南西北，来自各行各业，如果把环保事业比作机体，他们就是神经末梢，能敏锐而及时地感知和发现环保问题；他们就像政府和职能部门的延伸手臂，在需要时共同发力。为了清凌凌的水来蓝莹莹的天，柯志强将继续前行，不断拓宽活动路径，更好地发挥“绿色江城”的平台和通道作用，吸纳更多环保志愿人士，壮大环保力量，共同推进长江大保护事业。

（本文撰稿：刘桂英）

人物名片

姓　　名：董玉清

民　　族：汉　族

籍　　贯：湖北省荆门市

所在单位：荆门日报社（已退休）

21

人物事迹

董玉清自费奔赴祖国的万里山川，为珍稀野生动物摄影“立传”，把生态环境保护作为自己毕生追求的事业。

20 多年来，董玉清甘当守护绿水青山的环保卫士，在全国各级报刊上，发表了 2 000 余篇有关生态环境和野生动物保护的文章和新闻图片，取得了积极的社会效果。发动组织当地环保人士成立了“荆门市爱鸟文化研究会”，开展了形式多样的鸟类调查活动，调查记录在荆门境内栖息的鸟类近 300 种。他还积极在中小学、社区、公园等场所宣讲环保知识，开展宣传活动，努力提升全社会的环保意识。

荣誉榜单

先后荣获“五个一工程奖”“地球奖”“中华环境提名奖”、湖北省十佳爱鸟护鸟人等荣誉，2014 年被授予“全国自强模范”。2019 年，被生态环境部和中央文明办联合授予“最美生态环保志愿者”称号。

一个地方生态环境好不好，看天空有没有飞翔的鸟就知道了。

——董玉清

董玉清：用镜头捍卫绿水青山

董玉清是我国著名的生态摄影家、高级记者、享受国务院政府特殊津贴专家。20 世纪 90 年代初，身为新闻记者的董玉清毅然走上了环保之路。他自费奔赴祖国的万里山川，为珍稀野生动物摄影“立传”，以执着的人格力量呼唤人类对另一类生命资源的珍惜，把宣传“生态环境保护”作为自己毕生追求的事业。

1998 年，他主编出版的《中国珍稀野生动物摄影作品集》荣获中宣部 “五个一工程奖”；2011 年，又出版摄影新著《中国鸟类》科普画册，荣获湖北省第八届“屈原文艺奖”。他个人曾获得“地球奖”“中华环境提名奖”“湖北省十佳爱鸟护鸟人”等荣誉称号。2014 年 5 月 16 日，他被授予“全国自强模范”，到北京参加表彰会时，受到了中共中央总书记、国家主席习近平、国务院总理李克强等国家领导人的亲切接见。

2019 年 6 月，董玉清又获得“最美生态环保志愿者”荣誉称号和“第五届湖北省环境保护政府奖”，这是退休后的董玉清用镜头捍卫生态文明所取得的新成绩。

董玉清生长在荆楚大地，是湖北省荆门日报社的一名高级记者，几十年来他以一个新闻工作者的责任感和使命感，不仅用手中的镜头拍摄记录了大量的野生动物及其生存环境，而且对乱砍滥伐、破坏生态环境的行为更是深恶痛绝。1999 年冬天，他同中国林科院一位专家来到长江三峡北岸的兴山县调查三峡野生动物资源时，在海拔 2 000 多米的原始森林山岭，看到了神农架木鱼林场管辖的大片原始天然林被砍伐，百年老树满山堆放，几座冒烟的木炭窑边也堆满了大小不等的木材。他立刻意识到国家早已下发了长江流域天然林禁伐令，如果继续像这样乱砍滥伐天然林，就会造成长江三峡地区严重的水土流失和神农架野生动物栖息地的减少。于是，他用手中的镜头记录了被砍伐的原始森林。同时，还了解到砍伐森林的外地个体木材加工老板，只花了 48 万元就买断了神农架木鱼林场的几座大山上的原始天然林采伐经营权，已采伐 3 000 多立方米木材正在陆续运往山下。当晚，他连夜写出了《悲哉，神农架天然林遭蚕食》的报道，并配发现场抓拍的几幅现场照片寄往了几家报社。此事经《湖北日报》《人民日报》等多家媒体报道后，引起了国家和湖北省人民政府的高度重视。2000 年 3 月，国家及时对神农架林区下达了禁止采伐所有天然林的命令，由此提前启动了神农架林区的天然林保护工程。

今年 62 岁的董玉清，身残志坚，甘当守护绿水青山的环保卫士，他用手中的笔和相机传播环境保护的正能量，先后在全国各级报刊上，发表了 2 000 余篇有关生态环境和野生动物保护的文章和新闻图片，均取得了积极的社会效果。1999 年 4 月的一天，他深入到荆门市东宝区仙居乡采访时，发现路边一家山货收购店收购国家二级保护动物红腹锦鸡皮，便立即将这一情况报告给了

向小学生普及人与自然和谐共生的鸟类知识。

守护在野外鸟类栖息地，拍摄记录迁徙鸟类。

当地派出所。随后，他与民警一道迅速在该店查获了 18 张红腹锦鸡皮，抓获一名捕猎者，保护了红腹锦鸡在仙居山区的繁殖种群。同年 11 月中旬，他又来到沙洋县烟垢镇新湖村大雁越冬地采访，一进村得知湖中栖息的上千只大雁，在一些不法偷猎者东追西打之下，纷纷逃离了烟垢，他当即采写了《大雁在枪声中逃离烟垢》，发表在《荆门日报》上，当地派出所民警根据他提供的线索，昼夜出击，不到半个月时间，在湖区周边 10 个村收缴各种猎枪 38 支，保护了栖息湖泊湿地的大雁安全越冬。

为宣传生态文明，提高公众的环保意识，董玉清还将多年来在大自然里拍摄的野生动物图片制成宣传展板，长年在学校、农村、机关巡回宣传和演讲。2001 年 6 月，在湖北省环保宣传月活动中，他向神农架林区的 30 所中小学捐赠了价值近 2 万元的《中国珍稀野生动物摄影作品集》，帮助林区的青少年进一步认识和了解身边的珍稀动物，从小培养生态环保意识。2009 年 5 月，他随湖北省新闻工作者协会一行前往四川汉源地震灾区慰问，以个人的名誉向湖北对口援建的汉源县 76 所中小学捐赠了 80 余本《中国珍稀野生动物摄影作品集》大型画册，他还为荆门对口援建的汉源县市荣乡中心小学的 400 多名师生作了一场《感悟生命——环境保护与青少年成长》的报告会，受到了灾区师生们的好评。

有着强烈社会责任感的董玉清，始终把生态环境保护与宣传放在工作的首位。2006 年，他为了提高公众的生态环境保护意识，带头在荆门龙泉公园举办了“长江湿地珍稀野生麋鹿及鸟类摄影展”，发放宣传生态环境保护的资料一万多份，使广大市民受到深刻的环境保护教育。

漳河水库是全国八大水库之一，也是荆门人民的母亲河。漳河水库的生态环境也是董玉清关注的重点，他长年行走在漳河源头及沿岸考察，用手中的镜头记录了绿水青山的生态变化。2002 年，少数人为了谋取利益，纷纷在漳河水库周边河汊围网投肥养鱼，破坏了漳河水库生态环境，造成了水质下降。董玉清多次向政府和环保部门提出建议，强烈要求取缔漳河围库养殖，拆除围网养鱼，修复漳河水环境。经过他与环保人士多年奔走呼吁，2013 年漳河水库 432 处围网养鱼被全部拆除，终于使漳河水库水质环境得到了改善。

2015 年 5 月，董玉清前往漳河水库上游的南漳县东巩镇昌集村采访时，村支书曾祥波向他反映下游邻近的雨淋村引进了一家以回收废旧地膜加工生产塑料颗粒的企业，利用扶莲塔水电站供电进行塑料加工，简陋的加工作坊每天刷洗废旧塑料地膜的污水全部排放流进了漳河水源地，一年四季臭气熏天的污染河水让下游口泉村的村民深受其害，却毫无办法阻止这家打着环保回收利用的旗号而污染漳河水环境的企业。得知这一情况后，董玉清不顾个人安危，亲自深入实地拍摄记录了这家企业的生产车间，以及堆放在漳河岸边的垃圾污染物。他拿着手中的证据图片走进漳河水库环境监察支队进行了举报。不久，漳河水库环境监察支队约谈了向漳河超标排污的塑料加工厂企业老板。董玉清作为证人也列席了约谈会。在约谈会上，他还当场向污染漳河的企业老板严厉指出：“漳河是整个漳河流域人类世代生息的母亲河，谁破坏漳河水环境谁就是在犯罪。”终于，使躲藏在深山里的最后一家污染漳河水环境的企业被依法查处关停。从而，使漳河水质环境进一步得到改善，水质也逐渐上升至国家一类水质标准。

东宝钱河是漳河水库中游最大的一条支流河，董玉清为保护漳河母亲河，以及东宝钱河栖息的鸳鸯生存环境，2017 年 1 月，他自费编印了 5 000 份《美丽鸳鸯在钱河》公益年历画，分别赠送到钱河鸳鸯溪沿河周边的 10 多个山村、社区的 5 000 个农户家庭，通过这种形式使当地广大群众认识到保护钱河鸳鸯及生态环境的重要意义。

为了捍卫生态文明，保护鸟类资源，守护绿水青山，2017 年 7 月，董玉清发动和组织当地爱鸟爱自然的环保人士成立了“荆门市爱鸟文化研究会”，他当选为会长。一年多来，他带领爱鸟会成员在荆门境内展开了“东宝钱河鸳鸯溪生态环境及鸟类资源调查”“漳河生态环境及鸟类资源调查”“沙洋借粮湖湿地鸟类调查”“钟祥石牌湖泊湿地鸟类调查”“沙洋汉江流域鸟类调查”“沙洋长湖湿地鸟类调查”“沙洋黄荡湖湿地鸟类调查”“屈家岭生态环境鸟类调查”“京山三阳鸟类调查”等活动，参加鸟类调查的会员达 300 多人次，已调查记录在荆门境内栖息的鸟类近 300 种，为实现人与自然和谐共生作出了积极贡献。

为了落实党的十九大提出“进一步加强生态文明建设和生态环境保护，建设美丽中国”的指示精神，董玉清把视觉关注的重点放在荆门生态环境及鸟类资源的保护方面。他说：“一个地方生态环境好不好，看的就是天空有没有飞翔的鸟；一个地方生态文明不文明，看的就是耳边能否听到鸟鸣。”2017 年 12 月中旬，他应邀到河南三门峡参加了“中国自然生态摄影与自然生态保护”座谈会后，他进一步懂得了“绿水青山就是金山银山”的现实意义，更加激起了他对荆门山区溪流及湖泊湿地生态环境的关注。钱河是漳河水库中游的一条支流大河，其水质环境的好坏直接影响到漳河。2018 年正月初八，当人们还沉浸在春节团聚的欢乐之中，董玉清已开始深入到东宝区钱河鸳鸯溪流域调查生态环境，当发现钱河流域的栗溪镇桑垭村、马河镇钱河村有几段原生态的河流遭到人为挖河破坏时，他立刻意识到如果继续下去，就会造成更大范围的生态环境破坏，影响到漳河母亲河。于是，他将现场记录的图片资料及时传给了当地政府，反映了钱河流域生态环境出现的严重问题，引起了政府主要领导的高度重视。不久，他收到了东宝区政府办公室转来的《关于董玉清同志反映钱河流域生态环境问题的回复》公函，有效制止了钱河流域生态环境的破坏，保护了漳河母亲河。为了进一步保护荆门境内的生态环境，他带领荆门爱鸟会先后组织召开了“高阳湖泊湿地鸟类及生态保护座谈会”“全民通荆门鸟类及生态保护座谈会”“漳河鸟类栖息地保护座谈会”等，促进了荆门生态文明建设。特别是他采写的一篇报道《垦湖造田养龙虾，大雁归来没有家（眉题）沙洋吕集村千余亩生态湖变“虾田”（主题）村民怨声载道：耕种 4 000 亩良田失去天然湖水灌溉（副题）》，促进了沙洋县政府对生态环境保护采取了积极有效措施，及时恢复了吕集村千余亩生态湖。

2018 年元月中旬，荆门天降大雪，他冒着 −7℃的大雪天，踏着泥泞冰滑的乡村小道，七下黄荡湖，带领爱鸟人士为黄荡湖越冬的大雁送冬粮。他爱鸟护鸟的行动受到媒体的关注，《人民日报》（海外版）还报道了《为黄荡湖大雁送冬粮》的新闻，并传播到了海内外。2018 年以来，他先后 6 次救治了 8 只猫头鹰放归大自然。他还先后向当地林业部门举报查处销毁了一批捕鸟网，为鸟类栖息的生态环境起到了保驾护航的作用。

董玉清为寻觅和拍摄记录我国的珍稀鸟类，义无反顾，执着坚守，他的足迹踏遍了整个荆楚大地的绿水青山、湖泊湿地。他用相机记录了国家一级重点保护动物中华秋沙鸭，国家二级重点保护动物鸳鸯、天鹅、白琵鹭、大雁、红腹锦鸡、猫头鹰、普通鵟等珍稀鸟类。他撰写的《悠悠漳河探鸳鸯》《美丽鸳鸯在钱河》《大群“国宝”中华秋沙鸭迁徙荆门漳河越冬》《漳河是燕鸥育雏的天堂》《大雁爱上黄荡湖》《天鹅飞回借粮湖》《白琵鹭春恋小江湖》《仙女村是蓝喉蜂虎的故乡》等报道，先后在各级媒体发表，受到了社会的普遍关注和重视，为实现人与自然和谐共生做出了积极贡献。

2018 年 4 月，在全国爱鸟月和湖北省社科联科普周活动中，他亲自携带编印的 15 000 份《美丽中国、生态荆门——荆门鸟类科普知识宣传手册》，先后在京山、钟祥、漳河、沙洋、东宝、掇刀等地免费赠送给广大市民和中小学生，调动了大家参与荆门生态文明建设和生态环境保护的积极性。

2018 年 11 月，董玉清按照湖北省关于“践行生态文明，保护候鸟安全”的指示精神，身先士卒带领荆门爱鸟会鸟类观察员自费租船在漳河水库开展了越冬鸟类调查。他终于在漳河水库发现了近百只大群“国宝”中华秋沙鸭（国家一级重点保护鸟类）栖息漳河越冬，并用镜头进行了翔实纪录。中华秋沙鸭是第三纪冰川期后残存下来的物种，距今已有 1000 多万年，由于其数量极为稀少，被誉为“水上飞羽大熊猫”。他说：“中华秋沙鸭是生态环境的风向标，哪里的生态环境好，它就在哪里安家。今天随着漳河良好的生态及水质环境的改善，越来越多的珍稀鸟类已迁徙漳河栖息。漳河已成为全国中华秋沙鸭数量最多的栖息地。”于是，他采用图文并茂的报道形式对外进行了广泛宣传，扩大了漳河生态环境及珍稀鸟类保护在国内外的影响力。

董玉清发现并用镜头记录栖息在漳河的大群“国宝”中华秋沙鸭后，还积极向当地政府提出了进一步加强漳河生态环境保护的建议，请人大、政协代表写提案，呼吁尽快建立“漳河中华秋沙鸭保护基地”。他还对外宣传：“生态胜地漳河，珍稀鸟类家园”是荆门一张亮丽的生态名片。

如今，年已花甲的董玉清成了关注生态环境和保护珍稀鸟类最忙的人，不仅经常带领荆门爱鸟会成员深入湖泊湿地调查野生鸟类资源，而且为建立“漳河中华秋沙鸭保护基地”四处奔走呼吁。董玉清，他永远行走在生态环境保护的路上。

（本文撰稿：董小卯）

人物名片

姓　　名：陈晓丹
民　　族：汉　族
籍　　贯：河南省洛阳市偃师县
所在单位：深圳市环境科学研究院

22

人物事迹

陈晓丹毕业于北京大学环境学院，现为深圳市环境科学研究院高级工程师，主要从事环境规划政策、生态文明制度研究。主持开展全市生态文明建设规划、“十二五”“十三五”人居环境建设规划等三十余项课题。主编有《经济发达地区生态文明实践与探索》及“中国道路的深圳样本”丛书之《深圳生态文明建设之路》等专著。

她既是一名资深的生态环境专家，也是一位积极投身环境事业、能动员身边党员群众参与志愿活动的志愿者。2001 年作为北京林业大学科学探险与野外生存协会（简称“山诺会”）志愿者代表赴可可西里参加藏羚羊保护宣教活动，2006 年创建北京大学深圳研究生院红树林环保社团，一直从事生态环境教育、环境志愿活动策划组织活动，至今参与和组织环保志愿活动 17 年。

荣誉榜单

获第八届“青年科技奖”、优秀环保科普工作者、省优秀环境科技工作者等荣誉称号，多次获省环保科技奖、市哲学社会科学优秀成果奖等。2019 年被生态环境部和中央文明办联合授予“最美生态环保志愿者”称号。

自然，美好又美妙，真是万能的良药。
而我们，本来就是自然的一部分啊。
——陈晓丹

陈晓丹：自然为师　万物为友
取法自然　博物传承

2019 年 6 月 5 日，杭州，世界环境日全球主场活动颁奖现场，志愿者陈晓丹从 UNEP（联合国环境规划署）代理执行主任乔伊斯·姆苏亚女士手中郑重地接过“最美生态环保志愿者”的奖状，简短地交流几句之后，合影，留念，她不知道，正是 17 年前与 UNEP 的一次接触，埋下了一颗理想的种子，让陈晓丹立志要胸怀天下，为生态环境事业奋斗终生。

“环保并非只是保护这么简单”

2000 年 9 月，北京的秋天。由于对自然的喜爱，北京大学环境科学 001 班的陈晓丹在学校欢迎大学新鲜人的“百团大战”中，加入了北京林业大学山诺会，成为“绿色的守护者”，有了对大山的承诺，正式成为环保志愿者中的一员。和许多鲜衣怒马、意气风发的青年一样，眼里揉不得沙子，一旦看到有乱丢垃圾、浪费水电的不环保行为，恨不得立即上前制止。

2001 年暑假，作为山诺会暑期科考队副队长，陈晓丹组队参加“绿色江河”藏羚羊保护宣教活动，追随索南达杰的足迹，奔赴遥远的青藏高原。几十个小时长途奔波的辛劳，被眼前高原草甸的一望无际震撼得荡然无存。天是如此之近，白天，大团大团的白云在苍茫大地上投下磅礴的身影，夜里，清澈透亮的夜空中繁星点点。行走其中，大有天地之间任我行的壮志豪情。而世世代代生于斯长于斯的藏羚羊，被盗猎者盯上，成为换取高额利润的牺牲品。盗猎者每每循着藏羚羊迁徙的路线一路跟踪，成群成批的藏羚羊惨遭盗猎。每年的六七月是雌藏羚羊千里迁徙繁殖的时节，大批孕期的藏羚羊更是成为盗猎者的猎物，一批又一批的小藏羚羊尚未出生就惨死妈妈腹中。愈演愈猖獗的盗猎使得藏羚羊一度濒临灭绝。杰桑·索南达杰是在亲眼目睹藏羚羊被屠杀的惨状后，毅然投身于保护藏羚羊的工作的，在一次押送盗猎者途中遭遇袭击壮烈牺牲。为纪念这位可可西里和三江源生态环境保护的先驱，志愿者杨欣通过义卖长江源探险书籍，于 1997 年 9 月 10 日在可可西里东侧的昆仑山脚建立起索南达杰自然保护站，作为可可西里反偷猎工作的最前沿基地。这个保护站，就是陈晓丹所在队伍的志愿者站。作为志愿者，他们的首要任务是对经过保护站的游人和附近驻扎的施工队宣讲藏羚羊保护知识，此外，她还想了解青藏铁路修建对生态环境的整体影响，以及可可西里自然保护区管理局所在格尔木地区的涉及藏羚羊盗猎各相关群体。于是，陈晓丹带领队员，一边开展藏羚羊保护宣讲，一边向保护区管理局、野牦牛队队员、西北高原生态研究所的专家，以及青藏铁路格拉段设计和施工队请教。贫穷而又热情的原住村民，质朴的康巴汉子，渊博的学识，精密的设计与严酷的自然环境，给陈晓丹和她的队友们留下了深刻印象。正如野牦牛队队长梁银权所说“环保并非只是保护这么简单”，要发展，更要可持续发展。

2002 年 10 月，GEF 全球环境基金第二届成员国大会在中国北京举行，陈晓丹作为民间组织代表参会，通过发言和会议间歇与 UNEP 代表的交流，之前的困惑逐渐有了思路：环保很大，大到一个环境—经济—社会大系统，包罗万象；环保很小，小到每个人的一言一行，行思体悟。

这些经历和思考，不仅坚定了陈晓丹投身环境保护的决心，更激发了她对环境学科的热爱，因着这份热爱，大学时代，她一边求学，一边身体力行投身环保宣教。毕业之际，陈晓丹以优异成绩被免试保送到北京大学继续攻读环境科学硕士，来到心目中的圣地，她继续一边学习一边志愿服务。

“工作之余仍然可以组织活动！”

毕业之后，陈晓丹来到深圳市环境科学研究院工作，适逢深圳生态立市，环境政策，成为四两拨千斤的支点。陈晓丹所在的环境规划与政策研究部门科研任务重，加班加点成了那三年的基调。这个南国城市一点点的改变让陈晓丹

和孩子们开展自然笔记活动。

心下安慰，渐渐也得心应手起来。第一个孩子的降生，让陈晓丹的生活慢下来，重新关注起身边的自然，华南的植物群落和北方物种是那么不同，街头巷尾不再是四季分明的景致，而是一年四季的郁郁葱葱。

三角梅一年四季都红艳艳的，小小白色花朵藏在形似花瓣的叶片里；朱槿花大而艳丽，漏斗形的花冠被波浪形的花瓣稳稳托起，期待着蜜蜂的光顾。杜鹃花瓣上的花斑，在昆虫眼里就是一条又一条的跑道，顺着跑道就可以采到花朵基部的花蜜。琴叶珊瑚的雄花和雌花，总是规规矩矩地按比例分布在同一个花序上。木棉花树干基部密生瘤刺，以防止动物入侵，早春花开，一树橙红，树下总有讲究的阿姨挑选干净的落花，晒干煲汤，据说有清热利湿的功效。美丽异木棉，和木棉名字差不多，却大不同；而金合欢、相思树，看名字和叶子毫不相关，但开的花几乎一样……

大自然这么奇妙，应该让其他孩子都看到。有了这样的想法，陈晓丹开始寻找深圳本地志愿者组织，先是加入义工联，后又报名红树林基金会的自然教育志愿者，经过一系列培训合格上岗后，她和其他志愿者一起，常常带着 7~10 岁的孩子来到户外，用五感观察和体验自然，用自己的方式记录自然。一幅幅自然笔记、一段段绘声绘色的分享，都在孩子们心里播下一颗种子，总有一天会长成参天大树。

有人说，科研工作那么多，还有时间做志愿者吗？陈晓丹认为这是互相促进的，科研工作为志愿服务积累了经验，志愿者锻炼了个人综合能力。也正是因为在红树林基金会和绿源环协参加的活动，她才更了解到本土社会组织参与生态文明建设的实践，并作为生态文明融入社会建设案例收录在她主编的“中国道路的深圳样本”丛书之《深圳生态文明建设之路》中。

随着志愿活动的逐渐深入，志愿活动的范围也从环保组织扩展到附近的学校，包括幼儿园和小学，孩子们认真的眼神、积极的态度、发现的满足让人动容。陈晓丹深深体会到：自然之美，在其形态和变幻多端，内在又是千丝万缕的联系；自然之美，在其精巧，叶片的对称，总量的守恒，数形之理蕴含其中；自然之美，在其灵动，轻灵的蝴蝶，夜间的蛙鸣，给城市森林带来勃勃生机……成绩好的孩子一般视力不太好，自然可以保护视力；好动的孩子精力充沛，自然可以提升体能；有的孩子静不下来，自然可以疗愈烦躁……观察自然、体验自然，不仅可以培养好奇心、探索力，还可以建立人与自然的联结，让人学会珍惜生命；当对自然足够尊敬，与自然的相处可以帮助孩子建构同理心，发展情商和社交能力。自然，美好又美妙。而我们，本来就是自然的一部分。

青春年少信誓旦旦的理想，早已变成尽力所能及之力，心平气和持续精进，不后悔过往，不虚度现在，每天进步一点点。力所能及就是环保。

“谁说党支部不能做志愿活动？”

2018 年年初，按照单位党总支的安排，陈晓丹主持院第二党支部工作，任职期间，生态环境部提出要着力打造特别能吃苦、特别能战斗、特别能奉献的生态环境保护铁军，同时按照广东省委、深圳市委关于建设模范机关的指示精神，深圳市生态环境局要创建模范机关。面对繁重的科研任务和上级部门的严格要求，陈晓丹一直在寻求既能完成生态环保铁军和模范机关的党建任务，又能促进业务工作，还能不额外增加工作量的方案。冥思苦想，她找到了这几项任务的共同点：奉献。科研工作是做好环保公益事业，党建工作是要能奉献能战斗，那么生态环境志愿活动，除了奉献，既是党员同志的实地生态调研，增加生态修养，也能促进党员同志的凝聚力和向心力，增加团队合力和战斗力，还可以扩大党建志愿活动范围，开展支部联合行动，带动更多的同事，因为共同的志向走到一起。

2018 年 5 月，她联合院工会组织华侨城湿地自然教育活动；2018 年 12 月，联合市红树林湿地保护基金会党支部开展净滩主题志愿活动，组织党员群众清理滩涂海漂垃圾；2019 年 3 月，联合局机关法规标准处为入侵植物清理后的近海湿地补种红树秋茄。党员志愿队活动的开展，既提高了广大党员群众的生态道德修养，营造良好生态文化氛围，又促进了生态环保铁军队伍建设，为建设美丽深圳、打好污染防治攻坚战提供队伍保障。

回首过往，陈晓丹陆续从事生态环境志愿活动已超过 15 年，“这 15 年，有前辈梁从诫、吴方笑薇、唐锡阳、梁银权、杨欣等老师们的引领，有保华、晓亚、王玥、徐健等前行者的支持，也有两百多名孩子们的传承，他们不仅陪伴我度过十几年的时光，也促使我不断自我成长。”我们党为实现新时代党的历史使命，在全党开展“不忘初心、牢记使命”主题教育，什么是初心，陈晓丹想，这就是——不忘初心，向内照亮心中的方向；牢记使命，向外指引坚定前行。绿水青山，未来可期。

人物名片

姓　　名：蔡鹏泽
民　　族：汉　族
籍　　贯：福建省石狮市祥芝镇
所在单位：石狮市祥芝美丽海岸志愿者协会

23

人物事迹

他将父母发起的公益净滩行动推向深入，传承志愿精神，守护美丽海岸。他组织祥芝美丽海岸志愿者协会300余名会员，定期在石狮沿海开展“清理海湾垃圾、净化海洋环境”志愿净滩公益活动，带动数百个村（社区）、学校、政府机构、企事业单位的近50 000人次，开展净滩活动600余次，累计清理海滩垃圾793吨。

荣誉榜单

荣获2017年福建省第二届“母亲河奖”绿色卫士称号、泉州市岗位学雷锋标兵、泉州市“志愿服务工作先进个人”，2018年泉州市劳动模范、泉州市最美人物·最美生态建设者称号。2019年被生态环境部、中央文明办联合授予“最美生态环保志愿者”称号。

行动才有希望。说你做到的，做你说过的。

——蔡鹏泽

蔡鹏泽：让美丽回归碧海银滩

七月流火伴清凉。应邀而至美丽祥芝志愿者协会采风的我，从步入这海丝征帆的起点，便闻习习海风夹杂着缕缕鱼香拂面而来。望远处，海天一色鸥鹭齐翔，蔚为壮观；看即时渔港海湾，或樯桅林立红旗招展，或碧海银滩游人如织！七月流火，那是志愿者们的热情之火，是妆点美丽祥芝的火炬薪传，捧持着“网红净滩”的东大垵海湾，扮靓蓝天上的云舒云卷，款待鸥鹭觅食，供养水中的鱼儿洄游栖息……

4 年前，来过石狮祥芝东大垵的人都知道，这片海滩垃圾成灾、臭不可闻。2014 年 7 月，时年 68 岁的蔡加渐与妻子陈省华发起公益净滩行动，夫妇二人无视周围的不理解甚至冷嘲热讽，坚持每天到海滩捡垃圾。看着父母顶着烈日、冒着寒风不辞辛苦捡垃圾的身影，蔡鹏泽被他们的执着精神打动，号召妻儿、姐妹等家人加入到父母的行动之中。2015 年，石狮市祥芝美丽海岸志愿者协会成立，2016 年 11 月，协会党支部成立，蔡鹏泽任党支部书记。协会常与石狮市其他单位联合组织净滩活动，吸引越来越多人关注海洋生态环境。

是日，初见刚刚被生态环境部和中央文明办联合授予“2019 年百名最美生态环保志愿者”荣誉称号的蔡鹏泽。他 40 开外的年纪，中等身材，古铜色的脸上彰显着久经海风抚慰和热日熏陶的仪相，一双炯炯有神的大眼睛，流露出中年男子的成熟与稳重。他爽朗健谈，兴许是本家宗亲的缘故，彼此一见如故，交谈甚欢。打开了话匣的他，如数家珍地敞开了净滩话题：六年了，我们一直在努力！

志愿者齐心协力在净滩。

身边故事 共同铭记

蔡鹏泽的父母蔡加渐、陈省华夫妇，曾被人们誉为“净滩愚公”。

蔡加渐老人，魁梧身材，黝黑脸庞，一道道深浅不一的皱纹，是岁月给他留下的印记，也是海风经年的吹吻赠与他的殷痕。他声若洪钟，生就为善殚精竭力的模样。

过去，均是体育爱好者的蔡加渐夫妇最喜欢在东大垵游泳，因为这个海滩十分干净，无论涨潮还是退潮，都适合游泳。后来，海边的居民房越来越多，不少居民将建筑垃圾倾倒在海滩上，把生活垃圾抛到海里，经过多年累积，东大垵面目全非，不仅垃圾满滩，石头缝里都是黑淤泥，生态环境亦遭到破坏。2014 年，蔡加渐终于忍不住，他下定决心，要彻底清除东大垵的垃圾。2014 年 7 月 17 日，老蔡夫妇动员运动团队的老伙伴们七八十人，戴上“环境保护劝导队”的袖章，进行第一次净滩行动。之后，夫妇二人坚持每天到海滩捡垃圾，这一捡就是 6 年多。当年的祥芝沿海通道东大垵路段，不仅沿海通道与海堤之间堆满垃圾，绵延几近 1 千米的海滩上，更堆满了各种建筑垃圾和臭不可闻的生活垃圾。很多人都说：“这个东大垵的垃圾捡是可以捡的，要捡干净是不可能的。”“大海那么大，垃圾怎么捡得完！”

最初的行动并未被看好。陈省华回忆，夫妇俩的力气有限，搬运垃圾很吃力，老蔡就一边清理，一边高声呼吁“这个海滩是咱们的，大家来帮帮忙，让海岸更干净”。“我们做了两面旗，一面是为将来筹建协会命名的‘美丽海岸志愿者；另一面印有‘志愿者招募中’，上有我们俩人的电话号码。”

熟人是一宝。蔡加渐夫妇持之以恒地身体力行，首先感动了由老蔡任会长的祥芝冬泳协会的游泳队员们，和陈省华所组织的太极拳、广场舞、腰鼓队、柔力球队的许多成员，他们纷纷加入了净滩队伍。为了营造气氛扩大影响，提升团队的凝聚力和荣誉感，不愧为退休老师的陈省华匠心独运，自费印制了50 个“环境保护劝导队”的红袖章，你来净滩就戴上一个。初具规模的志愿者队伍，活跃在净滩的垃圾堆里，往返奔忙的红袖章与迎风招展的两面红旗相互点缀，既营造了气氛又扩大了影响，这就是草根凝聚的力量。志愿者们看着用自己的双手让美丽逐渐回归海岸的境况，心里那一份喜悦，充满了非亲历亲为无法体会的参与感和成就感!

在最初的一年里，为保证净滩活动的顺利进行，蔡加渐夫妇不仅身体力行，还自费数万元用于购置净滩工具设备、劳保用品、印制倡议书等宣传材料。蔡

蔡鹏泽和志愿者们一起净滩。

加渐说："在这个纯属志愿、没有报酬刚刚拉起来的队伍里，别人可以今天来明天不来，我和老伴好比领头雁，是天天都要来的。" 仅2014年这一年，他们就清理了230多吨垃圾。最高峰的时候，一天就清理了20多吨，四五辆车忙个不停，来回转运。

经过一年的坚持，两位老人和志愿者们发现，虽然志愿加入净滩活动者与日俱增，但是，队伍仍处于泛散的状态，每次参与活动的人数难以确定，人手不足、经费短缺，净滩行动难以常态化。时代与理想都在召唤，着手筹建有组织、有章程、有目标、有平台的"美丽海岸志愿者协会"，并形成一套规范化的运行制度已势在必行，且已初具必要的基础条件。

蔡加渐、陈省华这对银发伉俪，硬是以"家"为核心，从一个人带动一群人，一个家影响千万家，到成功带领"美丽海岸"的志愿者们，共同创造了一段美好的"净滩神话"。蔡加渐夫妇也因此被评为"2017年度感动福建十大人物"，被人们誉为"净滩愚公"。

儿承父业 继续守护

石狮祥芝国家中心渔港是全国五大一级渔港之一，位于祥渔村西澳港区。作为2017年福建省的重点项目，渔港改扩建工程包括防波堤570米，码头432米，护岸1 200米，有约8万平方米陆域和70万平方米的掩护水域，可供1 000多艘渔船停泊避风。伴随百强县石狮市经济的快速发展，构筑防波提、沿海通道建设和渔港扩建等重点项目接二连三地拓展施工，早期粗放的建设方式改变了周围的环境，加上在时常光顾的台风和潮汐洋流的作用下，大量建筑垃圾、海漂垃圾和居民倾倒的生活垃圾，致使东大垵岸滩一度成了垃圾堆放场，触目惊心，让每个路过的人都是一脸嫌弃。

傍晚时分，跟随蔡鹏泽来到东大垵，这一湾朝东的海滩有数百米长，在沿海大通道的路基下南北双向延伸，沙质密实洁净细腻。放眼这碧海银滩，海风吹拂，逐浪嬉戏，阳光、沙滩、蓝天、碧海相向为伴，向海而生的防波堤拥抱着金滩银湾，晚霞的倾情挥洒，眷佑着渔村的安详，湿咸的海风柔和地吹拂过海滩。展示泳姿的好手，戏水踏浪的人群，以及散步拍照的游人……好一幕"山孕育胜景，海滋养胸怀"的美丽景色。

云归远岫水笼烟，
何处欢呼夜未眠。

志愿者们齐心协力在净滩（左一）蔡鹏泽。

前店酒家能醉客，

邀朋市饮挂杖钱。

明代诗人刘大仍笔下的美丽诗意，已然回归祥芝海岸。

祥芝美丽志愿者协会的感人事迹，先后得到《人民日报》《中国日报》（海外版）、新华网、《中国海洋报》等主流媒体的宣传报道。蔡加渐夫妇的雕像永久矗立于东大垵的海滩岸边。

薪火相传。“净滩愚公”也在续写着传承的故事。

“起初说起这件事，我也不理解父母。”蔡鹏泽说，当时发起净滩行动，社会上颇有微词，冷嘲热讽纷纷扬扬。但最让儿子心中不安的是父母都已近古稀之年，天天早出晚归的，身体吃不消。有朋友用微信发来一张照片：海滩上，父母一人提着一个箩筐，正步履蹒跚吃力地往岸上搬运海滩垃圾，父亲光着的膀子晒得黝黑，母亲的头发在海风中飘散……看着父母不辞辛苦地捡垃圾的身影，蔡鹏泽怎能不被他们的执着与坚韧所打动。“作为儿女的我们更应当支持他们净滩，所以我们也必须投入进去。”他明白，父母不只是为捡垃圾在捡垃圾，而是已经把这作为一项很有意义的“事业”在践行。深受感动的他，觉得自己应当用实际行动支持父母，便带上妻子和儿女，与姐姐、妹妹两家人来了个“全家总动员”，在尽力顾全“渔业服务站”的工作之余，一起加入到父母的净滩行动，并着手帮老人筹建志愿者协会。

在这场自发于草根力量的“净滩环保战役”中，一家三代如此义无反顾地坚定投入，是触发每一位村民美化生存环境的动能。在乡村这样的熟人社会里，榜样的力量最直观，眼见净化赖以生存的生态环境已初见成效，村民群体作为直接的受益者，也理所当然地成为志愿者队伍的主力，邻里之间的互相带动形成了雁阵效应。2015 年 9 月 11 日，已渐成规模的祥芝美丽海岸志愿者协会正式成立，蔡加渐担任第一届会长。协会有了统一的会徽、旗帜、志愿者服装和遮阳帽，以及净滩所需的常备工具。在筹建过程中，奔忙于活动组织、宣传引导、人员招募、对外联络等项工作，有着 20 多年渔业服务经验的蔡鹏泽，逐渐成为这支净滩队伍的核心骨干和领头人。

堆积在海滩表层的垃圾清完了，深埋在淤泥底下的破渔网、废弃或断落的轮胎缆绳、制作沙包的包袋、建筑垃圾等还是不少，那些大块头的石头，机械到不了的地方，都得靠双手掏。蔡鹏泽说：“据海上工程建筑专业人士介绍，在沙滩岸堤的施工过程中，会有一些埋入沙中的石块，难以被发现且较难清理。但经过长年的海水冲刷后，沙层面下降，就会导致原先掩埋在沙子中的石块裸露出来。”由此可见，建筑垃圾石头能挡沙的观念是错误的。以前倾倒的建筑垃圾石块和砖头，不仅破坏海湾生态和沙滩整体的美感，还会伤害到讨海人和游客。

熟悉滩碛演变的蔡鹏泽与其父母采买、租赁了各种工具设备来对付那些杂乱的大块头垃圾，同时自制了钩绳等一整套实用的净滩工具，用以钩住深埋于淤泥中的垃圾，再与志愿者们一起上演“沙滩拔河”，齐心协力降服这些老大难。有一些掩埋得更深的垃圾，还必须深入进去绑绳子，海滩的烂泥有时会陷到大腿，穿胶鞋没办法作业，赤脚则很容易被淤泥中的贝壳、碎玻璃、瓷片、铁器、小石子等锐物刺伤或割伤，总要有勇者冒险下去把更深的垃圾绑定，再用机械起吊装车。每当遭遇这样的险情，蔡鹏泽总是身体力行，带领党员们冲在前面。

闽南一带是台风频繁光顾的区域，但流传的谚语“六月无风台，海里无鱼仔”告诉人们一个道理：台风有弊亦有利。2014 年 9 月，台风“凤凰”过境，原已净滩的区域，一夜之间又遍地狼藉。蔡加渐拍下一张照片发到微信群里。女儿蔡珊兰回信息说：“想哭。”蔡加渐却很乐观：“这是好事啊，台风把人力没办法挖出来的垃圾，从沙子里揪出来啦，更方便我们清理了。”台风刚过，蔡鹏泽一家人就带着工具进入沙滩，许多志愿者接踵而来，一起手挖肩扛，干得热火朝天。短短几天的时间，总共清理了 400 多筐垃圾，装了 20 多车。

2015 年 8 月的“苏迪罗”台风如约而至，十分默契地配合志愿者们办了一件大事。东大垵北面，有一处叫“圆屿仔”的岸滩，之前因填筑防波堤，因陋就简采用各种废弃的衣裤装填沙包以固堤。建好防波堤数年后，这些沙包犹如石牛入海，足履实地不回头，即便是历年的台风也没能瓦解这些“海牛”。志愿者们几番尝试人工清理都因沉淀已久且数量太多、耗时费力无功而返。不清理吧，日复一日的风潮荡涤，这些衣裤包裹着砂石又三三两两纷纷亮相，有碍观瞻，破坏生态。

大台风摧枯拉朽的自然力，给了志愿者们可以借力净滩的提示。蔡鹏泽博采众议，带领大家在“苏迪罗”到来之前，请来挖掘机与志愿者们一起用三天的时间刨出沙包，再用切割机或大剪刀把衣裤包裹切开以待台风的发力。貌似被感动了的“苏迪罗”也当真给力，携来狂风巨浪，把已剪开的衣裤包等杂物一一与砂石分离，冲上岸边滩地。蔡鹏泽和志愿者们，高兴地送走“苏罗迪”之后，即时召集协会的七个分队，并邀请到农商银行、加多宝、万祥集团等企业人员一起，痛痛快快地打了一场史无前例的净滩歼灭战。

六年来，协会已带动 3 万多人次参与净滩活动 600 多场，清理东大垵、斗美湾海滩、祥芝中心渔港井仔沙海滩等 5 个海滩，累计 800 余吨垃圾。

“2014 年 230 吨，2015 年 220 吨，2016 年 165 吨，2017 年 152 吨，到 2018 年的 18 吨半，前五年总计清理海滩垃圾 793 吨。”这是蔡鹏泽连续五年记录的净滩数据。“垃圾清理量在逐年递减，这并非净滩行动的频率降低了，而是海滩垃圾已经明显在减少。”蔡鹏泽说，“美丽海岸志愿者们完成了貌似不可能完成的任务”。

世界海洋是相连相通的。协会仍坚持每月不定期地组织净滩行动，而且将清理范围从东大垵扩展到祥芝渔港和祥农码头西等多处海滩，包括：一号净滩点——祥芝东大垵海滩、二号净滩点——祥芝后斗尾海滩、三号净滩点——祥芝国家中心渔港井仔沙海滩、四号净滩点——祥农码头西海滩和五号净滩点——古浮龙海寺海滩。

再见吧，中国最美丽的海滩，碧海蓝天，云蒸霞蔚，渔舟唱晚，听得见海与天的对话：幸好有你们——祥芝美丽海岸志愿者！

（本文撰稿：泉州市作家协会、文艺评论家协会会员蔡逸声）

人物名片

姓　　名：高宝燕
民　　族：汉　族
籍　　贯：四川省
所在单位：武汉市长江日报社

24

人物事迹

高宝燕是《长江日报》高级记者、武汉影像自然环保服务中心的负责人。她先后出版保护长江濒危物种图书 3 本，2015 年推出《艺术 · 江豚》中国公益巡展，两年间先后在武汉、上海、南京、深圳、北京等地成功展出，参观人次达 50 余万。组织《用镜头保护长江濒危动物》系列公益课堂、科普讲座、科考营活动累计百余场。还举办了“百名儿童画百头江豚”活动、长江生态科考营活动。

她汇聚媒体宣传优势，为长江生态的大保护呐喊，先后推出关于长江生态、濒危物种保护新闻 10 多个专题、20 多个专版报道。

此外，高宝燕发起在长江全流域征集“守护江豚示范学校”活动，为孩子们打造守护长江生态、保护长江江豚的公益空间。

荣誉榜单

2019 年被生态环境部、中央文明办联合授予“最美生态环保志愿者”称号。

一种生灵被冠以濒危，那是何等的不幸！

——高宝燕

高宝燕：长江不了情

她，与长江有着不解之缘，对长江濒危生物有着说不清、道不明的“江湖”义气。

她，关注长江濒危生物的生存状况，对长江大保护有着深刻的思考和认识。

她，用笔尖、用镜头、以敏锐的眼光和独到的视角，抒写了对长江湖泊环保的情怀，写就了对长江野生动物的大爱……

她就是《长江日报》高级记者，用影像保护自然、关注长江濒危动物，荣获“全国百名最美生态环保志愿者”称号的高宝燕。

在《长江日报》社，与高宝燕面对面交谈，她给我的第一印象是：柔美纯朴中流露着一份率真，平和眼光中表现出一种挚爱；通过交谈，她对长江濒危水生物保护的责任感、使命感，让我真正理解了什么才是人生中最值得坚守的品性，怎样的人生才是最有价值的人生。

今年 48 岁的高宝燕对江水和江中水生生物有着与生俱来的喜爱，8 岁那年，她同父母一道坐东方红客轮去上海旅行。在武汉轮渡港，站在船舷边的她欣喜地望着滔滔江水，突然，长江中一群群瓦灰色的江豚，望船而出，在长江浪花里翻腾、跳跃，露出健美的脊背，这突如其来的景观令小宝燕充满好奇，惊喜，兴奋不已，心里有种说不出的开心。从那时起，江豚那灵巧健美的身姿就深深印在了高宝燕心里。

转眼到了 2000 年，在武汉《襄樊晚报》工作了 5 年的高宝燕，调入《长江日报》社工作。高宝燕真正与长江濒危水生动物建立深厚感情，是从遇见“淇淇”开始的。淇淇是迄今为止世界上唯一一个人工饲养的长江濒危水生动物白鱀豚，被野外救护到白鱀豚馆有 20 多年，跟人的关系很亲密。高宝燕说：“白鱀豚长得很有高级感，浅灰色，有一条长长的吻，身材是流线形，很优雅，很有范儿，被称为‘长江女神’。淇淇非常有灵性，每次只要见到我背着相机走进饲养大厅，无论我从哪个门进，它都会游过来，尾鳍拍打着池水洒落在我身上。”

2002 年 7 月 14 日晚上，高宝燕接到中科院水生所专家的电话，得知淇淇去世了，高宝燕十分伤心。当她得知长江江豚只有千余头，濒临灭绝时，非常忧虑。她想，一种生灵被冠以濒危，那是何等的不幸！她萌生了用手中的镜头留住长江濒危动物影像的念头，她要用图片记录长江里这些美丽生灵们曾有过的生命印迹。

从此，她开始真正走进江豚的世界，一次次奔赴长江、豚馆、保护区、养护场、繁育场、海洋馆，认真地拍摄江豚，从各种角度记录江豚的每一个瞬间。

无论是烈日酷暑，还是冰天严寒，每次科学家们组织野外考察或围捕江豚、给江豚体检的活动，高宝燕都会参加，有时候一去就是一个星期。她与科研人员一道在长江上漂泊，在渔船上考察，拍摄了千余幅长江江豚第一手珍贵的影像资料，用大量图片和文字报道了白鱀豚和江豚的濒危现状、保护和科研进展，唤醒人们对“长江女神”白鱀豚的爱心，引起人们对长江环境问题的关注。

2002 年 4 月 1 日，我国首次对长江中下游实行全面春季禁渔 3 个月，这也是世界首次在大江大河实行禁渔活动。高宝燕跟踪湖北省、武汉渔政人员，深入禁渔第一线，历时 3 个月，拍摄了 100 余幅图片，全面报道了渔政工作者渔船上宣传禁渔法、渔民积极推船上岸、禁渔首日、打击偷捕鱼及 3 个月后开禁时鱼满舱的长江禁渔全过程，并发表专版《禁渔啦，收网了！》等系列报道。

她拍摄的有关江豚的作品频见报端，专版《永远的淇淇》《目击长江江豚首次普查》《长江江豚有了第一张身份证》，专题《中日科学家跟踪江豚》、特稿《淇淇“复活”了》等引起了较大反响。高宝燕的艰苦努力和不懈实践，不仅引起了社会各界对长江环境的关注和对野生动物的珍爱，也在新闻摄影界赢得了广泛的关注和认同。2002 年 11 月，高宝燕以长江江豚首次普查（专版）、人乳救助金丝猴、长江首次禁渔等环保科技方面的成功报道，荣获中国新闻记者最高奖——金眼奖银奖。她是此届金眼奖摄影类湖北地区媒体唯一获此殊荣的记者。2003 年，《中日科学家跟踪江豚》《永远的淇淇》分别获得中国环境摄影一等奖、武汉市新闻摄影一等奖及 2002 年《长江日报》总编辑奖。2004 年，高宝燕被《中国女性》杂志提名“有影响力的中国女性”。

出版科普图书让人们了解江豚。

在武汉大兴路小学的江豚公益课堂上分享江豚故事。

2002 年，高宝燕的新闻摄影作品《鲟之寻》和《痛别江豚》获得第四届中国新闻摄影记者银奖，2003 年，她荣获由中国环境新闻工作者协会和香港地球之友共同组织的第七届“地球奖”。2006 年，高宝燕荣获武汉市环保大使的光荣称号。2008 年，高宝燕获得第四届国际新闻摄影比赛（华赛）银奖。2016 年、2018 年先后荣获首届湖北省“环境保护政府奖”“全国野生动物保护卫士”称号，先后出版了《江豚淘淘》《中华鲟兵兵》等摄影图书和大型图文画册《瞬间——用镜头留住长江珍稀水生动物》。

2011 年，长江持续干旱让江豚的生存面临严重的威胁，在湖北石首天鹅洲国家级豚类保护区，这里的水位已经低到只有 1 米多深了，接近水中生存的江豚的极限水位，科学家把江豚捕捞上来，为它们逐个做体检。一头被捕上岸的江豚静静地躺着，眼睛慢慢流出黏液般的“泪水”，似乎在为自己的生存而焦虑，又好像在向人类哭诉不幸。

看到这一幕，高宝燕的心也要碎了，她赶紧抓拍了这一瞬间。这张图片在《长江日报》发表后，被疯狂转载百万次，成为网红图片。江豚的眼泪打动了人们，看见它们眼角涌出绝望的泪水仿佛听见它们发出无助的呼唤。高宝燕说：“透过这两滴‘眼泪’，我希望更多的人感悟到，保护长江江豚就是保护长江生态。”

是啊！江豚，它们嘴角常带微笑，生活在长江千万年；它们不愿孤独，喜欢与我们人类为伴。

2014 年 9 月，长江日报武汉影像自然环保服务中心在武汉民政局批准成立。

这是湖北省第一家用影像保护自然，抢救性地记录长江中下游地区的濒危物种和自然环境的变迁、开展自然环境教育、传递环保理念的民间环保组织。

高宝燕说："我的镜头时常会在两种状态下交替，一边是人工环境下快乐生长的江豚们，另一边却是经常因受伤严重而搁浅甚至死亡的野生江豚，高度腐烂的尸体，每一次都让我的心像针扎一样地痛。我好像看到人类在伤害自己，伤害同类，却要像个旁观者，那么麻木。于是，组建保护长江江豚的团队，汇聚众人之爱的想法越来越清晰地在脑海中产生。"

团队成员由获得湖北省环境保护政府奖、武汉市"环保大使"、环保记者、专家学者和高校志愿者组成。他们立足长江流域，用镜头关注自然，用影像宣传唤醒公众保护意识。积极整合科研、教育、政府、新闻等社会各种资源，组织参与各种全国环保活动。

2014 年 11 月 15 日，湖北武汉新洲渔民在长江中误捕野生中华鲟。这是时隔 7 年首次捕获怀卵的雌性野生中华鲟，300 多千米的救护运输，高宝燕全程跟踪采访，并在长江日报做了 48 小时全记录报道。

2015 年 2 月到 2017 年 2 月，"影像自然"推出《艺术 · 江豚》中国公益巡展项目，旨在发挥艺术与公益的力量，为公众提供参与长江生态、长江江豚保护的机会与平台。《艺术 · 江豚》中国公益展，是我国第一个以长江江豚和我们赖以生存的长江生态环境为主题的艺术公益展，运用多种艺术表现形式，多角度生动地告诉人们保护长江江豚就是保护长江生态，就是保护我们自己！首批招募了 30 多位艺术家创作了以长江生态、长江江豚为主题的国画、油画、雕塑等各类艺术作品 100 余幅，成功地在武汉昙华林美术馆举办了《艺术 · 江豚》首展。两年的展期，先后在武汉、上海、南京、深圳、北京 5 地成功展出，参观人次达 50 余万。

可以说，影像的留存，实际上是留下了一笔自然界的影像财富。

在报道保护长江环境，参与拯救我国特有的珍稀、濒危动物的过程中，高宝燕意识到，解决目前的环境问题，不是通过一时一事就可以一蹴而就的事情。她把眼光又投向了学校，投向了下一代。

在投身环保教育的同时，高宝燕还把镜头对准武汉市民的环境知识宣传和营建绿色家园的社区环保上，用一幅幅图片积极倡导市民绿色的生活方式。结合湖北"千湖之省"的特色，积极参加以保护水环境、保护湿地、保护珍稀动物为特色的环境教育活动，报道引导市民建设绿色家园、营造绿色生活方式。

高宝燕认为，无论是人还是地球上的其他动物、植物，大家都是地球村的一员，互为平等的一员，是人类共同的朋友。

2017 年，长江日报影像自然团队的公益课堂系列活动独家开发了一系列适合各种年龄段学生的科普课堂模式，分层传递保护长江生态理念。

针对幼儿园和小学生的特点，开展“涂鸦江豚”活动，在武汉 20 多所幼儿园、小学开设公益课堂，专门编辑了儿童喜欢的江豚宣传短片介绍长江生态，还请湖北美院老师为孩子们设计了 3 套不同风格的涂鸦江豚手稿，供孩子们涂画，还有白色树脂小江豚泥塑，孩子们可以自己 DIY 手工品并带回家。公益团队举办的“百名儿童画百头江豚”活动，得到孩子们的热烈响应。

针对中学生、大学生特别开展“科考营活动”，组织学生们徒步科考，学习检测长江水质，走访到渔民家里，学习科学笔记方法等。学生们通过参加公益课堂各种形式的活动，了解长江生态、激发探索科学的动力和保护生态环境的兴趣。公益团队先后推出的湖北省首个自然科普考察活动“留住江豚的微笑”系列科考营，让学生们得到全方位的自然体验，不仅武汉的学生积极参加，还吸引到北京、深圳、上海等外地学生前来参加。

高宝燕带领团队汇聚媒体宣传优势，为长江生态的大保护呐喊。他们先后做了 10 多个关于长江生态、濒危物种保护的专题、20 多个专版报道，专题报

参加环保宣传活动。

在长江上采访科学家救助江豚。

道不仅在《长江日报》推出，而且还广泛被湖北省政府网、新华网、人民网等主流门户网站转载，其中 2017 年 3 月《长江江豚首次跨 3 省迁地保护》《我国首次长江江豚最大规模捕捞行动》以及《抢救野生中华鲟 48 小时全记录》等都是最全面的独家报道，还被湖北省政府网及海外媒体转载，系统、广泛地宣传了湖北省积极保护长江生态环境和濒危物种的努力和措施。

为了贯彻习近平总书记对“长江要大保护，不搞大开发”的方针，呼吁更多人参与长江江豚保护，在长江流域渔业资源管理委员会办公室和武汉白鱀豚保护基金会支持下，《长江日报》影像自然团队发起在长江全流域征集“守护江豚示范学校”（简称“江豚学校”）活动，为孩子们打造守护长江生态、保护长江江豚的公益空间。在这里，孩子们既关注长江、守护江豚，更成长自己。目前授牌的 5 所江豚学校有：武汉江汉区大兴路小学、武汉硚口区红旗村小学、黄石英才学校、安徽铜陵大通中心学校、湖北石首文华学校等。据了解，这一活动还将持续在长江流域推广。

倾听春天的莺歌燕语，我们感受到生命的活力，生境的和谐；

倾听江河的激流涌浪，我们感受到激越的乐章和壮美的境界；

倾听高宝燕的人生故事，我们感觉到了一颗诚挚的爱心正在为人类、为大自然缔造着一种愿景、一种和谐，我们领略到了她对长江的不了情。

正是这颗对长江生态永存的爱心，永远的深情，使我们的江水，我们的湖泊，江水湖泊里的生物享受到了滋润，使燥热不寐的人与自然领略到了诗般的恬静。

（本文撰稿：肖静）

人物名片

姓　　名：董永宏
民　　族：汉　族
籍　　贯：内蒙古自治区
所在单位：鄂尔多斯市第一中学

25

人物事迹

2011 年 9 月至今，董永宏在内蒙古鄂尔多斯市第一中学创办并开展“绿色校园行，爱心溢满家”环保——爱心行动（简称“绿·爱”），如今，“绿·爱”已由一中走向全市中小学，由全市走向全国，由中小学扩展到高校，合计超过 50 所。截至 2019 年 3 月，董永宏带领志愿者开展保护母亲河行动 5 次、校内外生态环保宣讲 120 余场、校园马拉松（倡导低碳出行）4 场；组织志愿者回收塑料瓶约 90 万个、回收处理废旧电池 1.5 万个、废旧纸张约 23 万千克、书籍资料整理再利用约 21 万册。

荣誉榜单

曾获评“第八届内蒙古五四青年奖章”、鄂尔多斯五四青年奖章、鄂尔多斯好人榜“助人为乐”好人。2019 年被生态环境部、中央文明办联合授予“最美生态环保志愿者”称号。

对未来最大的慷慨，就是把一切献给现在！

——董永宏

董永宏：这个老师很特别

一个教育工作者的信仰，他在秉承；一个青年的环保职责，他在践行；一张纸一个空瓶的分量，他在衡量；一群贫困儿童的成长，他在守护。

他知道鄂尔多斯市一中凌晨 5 点的样子，因为那时他已迈开晨跑的步伐；他知道鄂尔多斯市一中深夜 11 点的样子，因为那时他刚结束一天的忙碌；他

董永宏带领绿·爱志愿者八年如一日地坚守在环保与公益行动中。

在世界环境日开展废旧电池回收活动。

知道鄂尔多斯市一中节假日的样子，因为那时他依旧坚守在校园内；他知道鄂尔多斯四季的样子，因为那是他熟悉的风景，更是他坚守的故乡，总能一次又一次地发现它别样的美。

2010 年到 2019 年，是无数人不经意流走的 8 年，于他却是刻骨铭心的 8 年：鄂尔多斯市到西藏的距离，是地图上的 3 000 多千米，于他却是一步步丈量出来的最美身心体验；踏遍全国 30 多个省，是无数人旅行的印记，于他却是难得的教学素材；50 多所大中小学校，是无数孩子梦起航的乐园，于他却是立德树人的根基。

嘲讽的评论，他听过；鄙夷的眼神，他见过；初创的艰难，他走过。他常说："不抛弃不放弃，只有你看到的世界和经历过的风景，对你才是有意义的存在"，"对未来最大的慷慨，就是把一切献给现在"，所以他从未停止自己的脚步。做事，就踏踏实实做事；做人，就认认真真做人。

从一张草稿纸到校园绿色环保风尚

"绿水青山就是金山银山"。受地理学科和研究生导师的影响，为了培养学生垃圾分类回收、资源整合利用的习惯，唤醒学生生态文明意识，2011 年 9 月，董永宏在鄂尔多斯市第一中学创办并开展“绿色校园行，爱心溢满家”环保爱心行动（简称“绿·爱”）。创立之初，没有支持者也没有志愿者。他利用晚自习时间在每个班级宣讲环保理念，动员学生参与，经常口干舌燥，嗓子哑得说不上话，他无视很多同事和学生质疑的眼神、闲言碎语甚至是一个“捡垃圾的”代号……记得一次周末，董永宏一个人将收集好的空瓶子送到楼下，一个男生非常刺耳的鄙夷之词让他心痛，然而，他并没有放弃，就这样一点一滴地坚持着、行动着，也承受着各种阻力与压力。渐渐地，参与的学生多了起来，逐渐有更多的学生主动加入志愿者队伍，就这样从一个人到一个班，从一个班到一个年级，从一个年级到全校师生共同参与，“绿·爱”成为一中师生的生活方式。同时，受董永宏的影响，很多学生家长也积极加入“绿·爱”团队，“绿·爱”扩展到校外，并逐渐深入人心。“绿·爱”涉及垃圾分类与回收、废旧电池回收与处理、资源整合利用、爱心助学行动、高三资料义卖、“暖冬之行”“绿·爱”校园马拉松、诚信超市、保护乌兰木伦生态环境行动等 9 类。截至 2019 年 6 月，董永宏带领志愿者回收塑料瓶合计约 90 万余个、废旧电池回收处理 1.5 万余个、废旧纸张约 25 万千克、书籍资料整理再利用约 24 万册、保护母亲河行动 5 次、举办校园马拉松（倡导低碳出行）4 场。成长起来的“绿·爱”，将环保所得投入公益，延续爱心传递。截至目前，回收废旧物品等所获爱心基金合计超过 40 万元。

在董永宏的努力和带动下，“绿·爱”已在全国中小学传递开来，例如达拉特旗五小、赤峰实验中学、秦皇岛一中、临河六中等，同时，由董永宏所带的市一中毕业学子将“绿·爱”传递到大学，例如山东大学、首都师大、内蒙古师大等；他利用课余时间积极指导大学生开展“绿·爱”行动，一起出谋划策、一起克服困难，一起优化“绿·爱”架构，让“绿·爱”之火在全国校园里形成燎原之势。其中，武汉大学的“绿·爱”活动在 2016 年“融侨万家，益动武昌”——武昌区第三届公益创投创意种子计划活动中，荣获“十佳精选创意奖”。2016 年至今，董永宏在自治区以及全国各种会议、活动中受邀分享“绿·爱”，传递环保公益理念，累计达 130 多场，费用自理且公益宣讲。目前，不少企事业单位也加入“绿·爱”团队，例如内蒙古民航集团、鄂尔多斯市气象局等。

在他的精心带领下，2016 年，“绿·爱”荣获首届全国中学生最佳社团（西北地区唯一一家），他带领“绿·爱”志愿者前往上海参会，由志愿者现场演讲，赢得与会者热烈的掌声和一致好评。同年，“绿·爱”参加全国中国“立德树人”课题，于 2017 年顺利结题，“绿 · 爱”发展到了新的学术高度。2018 年，“绿 · 爱”成为鄂尔多斯市志愿者服务示范站点，获得内蒙古第三届青年志愿者服务项目大赛银奖；此外，被评为内蒙古自治区“四个 100”先进典型优秀志愿服务组织。

分享一些志愿者的留言，他们眼中的“绿 · 爱”将更加立体。有人这样说：“梦想本就是冷暖自知的东西，很感激生活没有辜负努力的人，我们依然在继续，依然在星期六的傍晚分类装车，依然用心粘好每一个回收箱，也许我们所做的事微不足道，但我们从未停止”；也有人这样说：“倘若靠近你是我的一时兴起，那么坚持就是我的一腔孤勇了。”“如果能重来，我依旧选‘绿 · 爱’”，仅仅十二字便道出“绿 · 爱”人无怨无悔的情怀。“我曾感慨：诺大的一中，最美好的遇见便是绿 · 爱了。”也有人写下这样的话：“董老师常说我们都是有情怀的人，我认为，在这里的情怀并不是有多么远大的志向或抱负，只不过是一群充满热情的人恰好因为共同的目标聚集在了一起并不断向前，彼此鼓励，并用自身的热情去感染更多的人，用自身的努力去帮助更多人。我们只是在这个正值青春的年华里，汇聚在一起，做了一些我们心之所向、谋之有为的事。”

“绿 · 爱”走到今天，靠的不是夸大事实，博人眼球，靠的是志愿者真正的付出，践行环保和公益。

从独善其身的成长到兼济他人的公益

每个人心里总应该相信点儿什么，这是董永宏一直秉持的信仰。授人玫瑰，手留余香。他常说：“做好本职工作外，我还想做些有意义的事情，对社会尽一份自己的责任。”于是，社会公益活动便占满了他的业余时间。他号召更多的爱心人士与他携手，献出真善，付出爱心，救助他人，用自己的真诚和努力，让世界充满爱的力量。

对那些家庭贫困的学生，董永宏总是给予无微不至的关怀。至今，“绿 · 爱”资助市一中贫困学子 454 人次，其中，资助了 35 名白血病、脑瘤等重大疾病患者；资助甘肃、呼和浩特清水河县、贵州毕节市赫章县哲庄乡、西藏扎西宗小学、鄂尔多斯市留守儿童活动，合计资助费用超过 35 万元；2016—2019 年，开展“暖冬之行”，收集衣服及新鞋 1 000 多双，先后分 12 批邮寄至西藏日喀则、四川甘孜藏族自治州山区、牧区的贫困家庭和贫困小学，为那里的孩子和家庭带去了温暖。

他还先后 8 次走进青藏高原腹地，经历高原反应、头疼欲裂、风雪冰雹、各种地质灾害、各种糟糕路况，甚至生命危险；实地调查了解藏区贫困学校、福利院；先后资助 10 所中小学、福利院。2016 年 7 月，日喀则诺倍儿童福利院公益之行中，一个司机，19 天，8 600 公里，近 30 座高山垭口，地质灾害高发路段，赶夜路、堵车、等待种种情况应接不暇。当他看到那些孤儿害羞又喜悦的脸，觉得一切惊险都是值得的。他将物资和捐款悉数分发，跟他们谈心合影，也带去了温暖和梦想，希望都会成为所有孩子成长的能量。

他的学生曾这样评价他："爱心可以传递，情怀可以渗透，他和他所做的事情，正在影响一代代一中人，会成为每一个一中人最美好的记忆。"

从一堂堂课的努力到师德仁心的修为

冰心说：有了爱就有了一切。作为一名班主任老师，董永宏总是用心观察并留意每一个学生的变化和进步，不间断的批评、鼓励和赞扬，对不同的学生用不同的方法，并用最快的速度和学生沟通，用自身的感染力去影响着身边所有的人。他关心每个学生的身心健康，关注他们的点点滴滴，发现学生有思想问题或心理负担时，他悉心开导，从不厌烦。他的生活过得十分节俭，可是逢年过节，他总要给他的"孩子们"买衣服、水果、礼物，为的就是多给他们一些温暖。他会给学生写明信片，亲手制作生日礼物，陪学生去医院看病，学生亲人去世时写纸条安慰学生，陪学生谈心缓解压力，邀请离家远的学生到自己家做客过节，给学生们唱他喜欢的老歌，讲述他成长的故事，做孩子们的知心大哥哥……作为班主任，他与学生走的很近，是学生们的大哥哥。8 年来，他用自己的爱心精心呵护着每位学生，特别是对那些家庭贫困的学生，总是给予无微不至的关怀。他撰写教育教学随笔、给学生集体书信约 300 篇，合计约 180 万字，积累和学生一起的影像资料 1 300G 以上。他教过第一届的一位学生这样说他："老董是我见过最'抠'的人，我念书那会衣服就那几件现在还是……一句'不抛弃、不放弃'听了八年可还是鼓舞人心"。另外，为了提高学生的身体素质，培养学生的意志力、吃苦耐劳的精神，传承中国传统武术文化，2011 年 2 月，董永宏在鄂尔多斯市一中创立"天行健"武术社团，将大学所学的武术传递给学生。不论严寒酷暑、风吹雨打，每天利用课间操和放学时间坚持训练，成为校园一道亮丽的风景线，至今训练学员累计已超过 800 人。学生们这样说："加入武术社团，改变的不只是自己，身边的人由起初的嘲笑，

绿·爱保护乌兰木伦河行动。

到现在的崇拜甚至是敬畏，发生了巨大的改变。”

学生刘雨婷回忆说：“我见证了他的八年如一日。毕业后，每天都会在朋友圈 QQ 空间看到他的动态，不是‘绿·爱’就是野外考察。我佩服他的敬业，感叹他的坚持，他教会我的，不仅是当初的地理知识，更是对生活的态度，以及如何对自己人生负责。”

董永宏用自己的实际行动向我们展示了心有大爱、无私奉献的高尚情操和服务群众、献身公益的社会责任。他用自己的实际行动践行着社会主义核心价值观，践行国家立德树人的根本使命，树立了新时期人民教师的榜样……

人物名片

姓　　名：黄永富
民　　族：汉　族
籍　　贯：江西省萍乡市
所在单位：江西省石城县鸟人健康活动馆

26

人物事迹

黄永富，是石城县的知名“环保卫士”，他不仅用自己的实际行动保护生态环境，而且不遗余力地通过各种途径和不同方式，向社会宣传生态环境保护。

黄永富倡导无烟环境建设，倡导健康骑行、绿色出行和生态旅行，倡导垃圾分类回收、前端减量等绿色生活，总结提出《“绿色生活”自测评估十分制》。倡导并推广普及观鸟拍鸟，宣传“爱鸟爱自然，就是爱护生命健康”的观鸟文化。

荣誉榜单

2019 年，被生态环境部和中央文明办联合授予“最美生态环保志愿者”称号。

语文就是生活，生活也应该像语文，要把生活活成一首诗，起码得是一篇散文。

——黄永富

黄永富：像鸟一样健康自在

观鸟学堂后院内有一棵柿子树。

我以为鸟儿们不吃，它们几个孤零零地挂在树上。

日复一日，无鸟问津。

忽然有一天，我看见几只白头鹎来吃了几口。

后来，又看见白喉红臀鹎来吃了几口。

还有黑尾蜡嘴雀也来吃了。

它们来吃，我看得十分清楚！

那柿子的肉，红得透亮！

一定是熟透了，烂熟了，很甜，很嫩口了！那个味道，我是知道的，我吃过。这就是幸福的味道，成熟的味道！

鸟儿们对于所有的果实，都是如此。绝不贪恋！

白头鹎吃飞蚊，吃果实，还吃菜叶树叶。

不会过饱，更不会浪费。

否则，它们飞不起来啊。

观鸟，观自然，观自在。

——《像鸟一样幸福自在》（节选）

“鸟人”，在《水浒传》里，那是李逵经常用来骂人的粗话。

今天，我们的主人公却以鸟人自居，这是为何？

原来，鸟人是一个新兴的行业。鸟人，是和“驴友”类似的词汇，指的是喜欢观鸟拍鸟的人，这些人相互之间称呼或对外介绍，都叫“鸟友”。而有的人，甚至不止于喜欢，还把观鸟拍鸟当作人生事业，鸟人也就成了这类人的职业了。

石城鸟人，网名黄小毛，实名黄永富。2005年毕业于江西师范大学，文学学士。同年签约到石城中学任教高中语文。受文学中田园山水诗派影响，十分羡慕“山清水秀、鸟语花香”的自然隐逸生活。

在黄永富的语文课堂，随处可见自然教育的影子，随时可见生态文明的思想火花。但是，在应试教育全社会要升学率甚嚣尘上的大教育背景下，他的教育教学模式，无疑是“不务正业”的。

高中语文教科书上，有一篇蔡元培的《就任北京大学校长之演说》。黄永富很喜欢这篇文章，曾经将这篇课文拿来参加优质课比赛，十分巧妙地设计了教学思路，最后以一首小诗，给这篇课文作了一个小结，同时把整个教学过程和板书完美地呈现给了现场师生：

生态文明好学生

学习是任务，健康为基础。

尊师爱同窗，有问有进步。

屈原的《离骚》，他曾经探索出以传神诵读为目标的教学法，让学生感悟体验到屈原的报国之志，最后整个课堂犹如时空隧道，把大家带到屈原时代，深得学生欢喜。

还有李白的《春夜宴从弟桃花园序》，他会给学生欣赏自己拍摄到的桃花等自然美景。

有人质疑，语文课不能上成环保课。可他却偏偏要把环保融入语文教育教学中去。他还从语文的教育价值和意义上找依据，说“语文是工具性和人文性的统一，人文性是语文教育的终极目的，没有人文性的工具，好比一个人没有灵魂，如同行尸走肉。”他还表示，蔡元培反对为升官发财求学，屈原强调为官爱民，李白重视亲近大自然欣赏大自然，如果不爱护自然生态环境，我们晚年或我们的子孙后代，去欣赏什么呢？

2006年9月，黄永富在班上倡导建立了生态文明志愿者小组，后来发展到全校。但是受教育大环境影响，活动无法大面积深入展开。

他认为，语文就是生活，生活也应该像语文，要把生活活成一首诗，至少得是一篇散文。

2019 年 3 月 24 日 带队指导石城大畲伏羲学校观鸟小队户外观鸟。

虽郁郁不得志，但他还是在坚持走自己的路。2007 年暑假，他独自完成“江西石城－北京健康骑行”单车之旅。2008 年暑假，独自完成“湘赣边生态旅行”的单车之旅。在骑行结束后，他作了一首小诗，其中写着：

“我在路上从来不感到孤单。

而是人群中，时刻感到了寂寞。

这是我的悲哀，还是时代的可怜？”

2012 年底，黄永富出版了《做一个健康幸福的人》（中国文联出版社），其中收录了两次单车旅行的见闻，图文并茂引领读者亲近自然，践行健康的生活方式。

书出版后，他突然感觉无所事事了。有一天，他发现自然之友野鸟会 QQ 群，加上之前有学习了解到观鸟这个概念，还有自然之友会员奚志农的事迹影响——保护滇金丝猴，参与可可西里藏羚羊保护等，于是他选择了自然摄影，开始观鸟拍鸟。

2015 年，黄永富完成了《石城百鸟图》和《石城户外常见鸟科普图册》的整理。同年，伏羲教育走进石城大畲村，请黄永富给师生们讲“鸟人的故事”，之后不久又一起合作举办了《观鸟拍鸟 享爱自然》的科普义展活动。

2016 年，黄永富应邀参加了江西农大杨清培教授主持的自然科考，协助鸟类等野生动物调查和摄影工作。科考结束后，他回顾自己十年教学生涯，进行了人生的总结反思。在继续低头教书，还是痛下决心独立创业的人生抉择中，他最终选择了后者。

他说，观鸟拍鸟，不仅是生态文明素质教育改革的最好切入口，也给自己带来了快乐，新世纪、新青年、新生活，就应该是亲近自然，享受自然，爱护自然。能够把自己的后半生，完全彻底地交给鸟人事业，是人生的一大幸事！观鸟拍鸟，可以收获山清水秀、鸟语花香的诗意栖居，饱吸清新的空气，畅饮甘冽的山泉，远离聒噪的名利，放下人情世故，尽情享受大自然的恩赐。

面对周围人的惋惜、劝诫，他不厌其烦地一遍遍反问：如果我们都只关心名利，都没有勇气面对现实，都要去“适应社会”，都去等待“政府”，都去指望“别人”，那么，我们的晚年怎么过？十年，不过仅仅的十年，琴江河（石城母亲河）的水质变化如何？当然，相比全国其他地区，相比长江黄河的中下游，我们依然是值得夸耀的。但是，您说，再一个十年，两个十年……等我们七老八十的时候，我们靠退休工资、养老金，可以健康地活着吗？不能！钱是不能养活我们的，只有大自然的阳光、空气、大地和水，才能养育我们。

为什么要辞去公职做鸟人？在他并非一时冲动。

他早在读大学时就加入了自然之友。自然之友的座右铭是：真心实意、身体力行。而他希望不仅要把这一点发扬光大，还要往前推进一步，发展为：身体力行，宣传教育，做一个健康幸福的人。

下午日常，骑单车观鸟科普。

组织爱鸟周户外观鸟体验活动。

在乐安老虎脑自然保护区科考，与动物组组长应钦老师合影留念。

不仅自己要做到，而且要努力宣传，让更多的人明白：爱鸟爱自然，就是爱护生态环境，就是爱护我们自己和家人的生命健康。

黄永富在 2018 年暑假注册了两个微信公众号：“观鸟学堂”和“黄小毛”。前者主要是推广普及观鸟文化，后者主要是宣传生态文明思想和健康自在生活，正式走上观鸟科普的鸟人之路。

2019 年 6 月初，黄永富被生态环境部、中央文明办授予“百名最美生态环保志愿者”荣誉称号，被赣州市生态环境局、赣州广播电视台评为“2019 赣州最美环保人”。

在收获如此美誉之后，他表示，自己要成为全国“观鸟小队”观鸟科普教育的发起人，要呼吁更多的人一起来关注生命健康，爱护生态环境，观鸟，观自然，观自在。

附：黄永富设计的“绿色生活十分制”自测评估

自己给健康打分——“绿色生活十分制”自测评估

在生态文明的新时代，我们清醒地知道，真正全面的健康包括个人的身心健康，社会的人文和谐，自然的生态平衡。绿色生活十分制旨在引导我们选择健康－环保－快乐的幸福生活方式。它由两部分组成：一部分以“自然无为”的思想为理论基础，不能做到该项内容的，扣 1 分，最低为负 10 分；另一部分以“清净而为”的思想为理论基础，能够做到该项内容的，加 1 分，最高分为 10 分。两部分相加，就是自己绿色生活的分数。

（一）“自然无为” －10 分

1. 服饰（衣）—1 分

（ ）不穿戴野生动物毛皮制作的服饰

2. 饮食（食）—4 分

（ ）不吃野生动物、减少畜产品消费

（ ）不吸烟、不酗酒，不吃口香糖、不吃垃圾食品

（ ）不暴饮暴食、吃饭后不剩米饭，避免粮食浪费

（ ）不用一次性碗筷、杯子，常备小手帕，减少纸巾用量

3. 建筑（住）—1 分

（ ）简单、节能装修，用节能灯、随手关灯，节约用电

4. 交通（行）—1 分

（ ）中短途步行或者骑自行车，中长途选择公交包括火车、轮船

5. 日用（用）—1 分

（ ）不购买野生动物制品，不使用珍贵木材制品

6. 其他—2 分

（ ）不制作或者购买动植物标本

（ ）不向江河湖海倾倒垃圾，不滥烧可能产生有毒气体的物品

（二）“清净而为” ＋10 分

（ ）研发推广清洁能源或者绿色产品

（ ）支持有环保倾向的股票或者募捐

（ ）积极组织或者参加全民植树

（　）积极发动、组织全民健身，并坚持锻炼身体

（　）生活垃圾三类回收：可回收的转卖给回收站，厨余垃圾（或者叫生物有机类）用于堆肥或种植花木，不可回收利用的交给垃圾集中处理站点

（　）参与环保宣传，做环保志愿者

（　）及时举报破坏生态环境的行为

（　）走向户外，亲近大自然，比如观鸟拍鸟

（　）传阅报刊书籍

（　）反对奢侈浪费，享受简朴生活

人物名片

姓　　名：蒋　忆
民　　族：汉　族
籍　　贯：湖南省岳阳市
所在单位：江西省九江市青山绿水自然保护中心

27

人物事迹

2014 年蒋忆开始在洞庭湖做江豚保护的志愿者，做力所能及的宣传和巡护，举报违法捕捞、排污等行为。

2016 年夏天，她发起了长江江豚保护行动网络项目，进入一个个渔村，踏上一条条渔船，寻找沿江沿湖的本地志愿者，一起巡护和调研，分析江豚的分布和面临的威胁，力所能及解决这些问题。

2017 年，九江市已经成立了 4 个一线护豚队，开展当地的江豚栖息地巡护和宣传工作。从巡护到更多的科普宣传，蒋忆也在不断优化保护方式方法，目前已经在环鄱阳湖 100 所学校开展保护江豚、守护母亲湖的科普宣传行动。

荣誉榜单

2019 年，被生态环境部和中央文明办联合授予“最美生态环保志愿者”称号。

因为江豚的“微笑”……

——蒋　忆

蒋　忆：用青春守护江豚的岳阳妹子

2019 年 4 月 6 日（清明节第一天），春阳暖照下的鄱阳湖，波光粼粼。在一艘载着来自上海小学生的江豚巡护船上，九江市青山绿水自然保护中心法定代表人——“90 后”湖南辣妹子蒋忆，正与她的团队伙伴们和这群远道而来的小朋友，边讲解水生态环境保护与生物多样性存亡之间的重要关系，边引导着观看不远处，几头不时跃出水面翩翩起舞的江豚。当看见小学生们目睹江豚后兴奋得手舞足蹈的样子，她不禁喜形于色。

经过近 6 年的磨砺，蒋忆已从当初胆小柔弱的女大学生蜕变成集江豚巡护一线的工作者、统筹巡护志愿者的协作者、江豚栖息地守护网络负责人及江豚保护的研究者于一身，在全国生态保护公益圈和江豚研究者及江豚生活水域的监督执法部门心目中，颇具一定影响力的公益“女侠”。

应邀返回湖南　分享环保经验

2015 年 4 月 2 日，应湖南理工学院洞庭湖湿地保护志愿者协会之邀，蒋忆匆忙从江西赶回岳阳，将自己组建多支志愿服务团队和开展生物多种性保护工作过程的体会向大学生和生态保护团队进行了分享。深入浅出的演讲配之相关主题视频和照片的播放，让同学们很是感动。现场的中学生一起背诵了《岳阳楼记》《滕王阁序》。谈及回岳阳参加这个活动目的，蒋忆坦言，回家乡分享江豚的故事是一份荣幸，很期待让更多的岳阳人，尤其是湖南理工学院的学生了解认识江豚，并参与江豚保护行动实践之中。

耳闻江豚处境 踏上公益历程

蒋忆1992年4月出生于岳阳湘阴县，2010年考入湖南农业大学主攻生态学专业。期间，她参加学校的环保社团并激发了对环保的热爱。2012年蒋忆在上大学时，一张女孩蹲在死亡江豚边恸哭的照片定格在心里。“这是我第一次听到江豚这两个字，也是第一次认识这个物种。”当时蒋忆觉得这个动物真的非常可爱但是又非常可怜。不久后，一则新闻让她十分震惊：东洞庭湖接连出现江豚死亡事件，这让蒋忆在内心里产生了保护江豚的强烈冲动。

2013年12月，蒋忆利用寒假参加生态保护志愿活动，结识了一些职业环保人士。在一个月之后的元旦，蒋忆带着生态假期的小伙伴们来到鄱阳湖。在一片水域发现了一个非常活跃的江豚群体。“大概有四五十头，一头两头三头不断地浮出水面呼吸的场面非常的壮观。”蒋忆忍不住赶紧叫船长将船停下，安静地观赏这江豚之舞，生怕打扰到它们。“这是我第一次在湖里见到江豚。”但是，除了看到江豚欢乐，也看到了江豚生存的另一面，直排水面的污水，水面可以看得到大量的迷魂阵和电捕鱼，像舰队一样密密麻麻分布在江豚的栖息地。蒋忆站在船头闭上眼睛，假想如果自己是一头江豚，在这样的水里生存，那该是多么地痛苦和无奈。

2014年1月，蒋忆在网上看到在自己的家乡洞庭湖上，活跃着一支义务守护江豚的民间力量。于是，她通过微信与“洞庭守护者”负责人何大明取得联系，得知其经费十分紧张时，她通过网络众筹为该机构发起了众筹，最终筹集到一万多元巡湖费用支持洞庭守护者。正月初四，蒋忆揣着自己的压岁钱，相约湖南其他环保志愿者，一起来到洞庭湖上给洞庭守护者拜年。正月初六随同“洞庭守护者”一起在风雨中巡湖，让蒋忆深刻地感受到了生态保护志愿者执着的意志，并感到无比的敬佩。“自那个寒假开始，我便开始不断地去拜访‘洞庭守护者’，去写他们的故事并参与巡护过程。”往事历历在目。紧接着，蒋忆为这支民间江豚保护团队又一次次发起募捐，并成功地筹集到了一年的巡湖油费和一艘巡湖快艇及巡湖队员的生活费。同时，蒋忆也在逐渐尝试开展一些公众倡导活动，带领一些志愿者参与到巡湖当中，了解江豚保护的行动，关注保护江豚。

在江西省上饶市余干县康山乡江豚湾水域巡护科普。

离开家乡湖南 组建护豚团队

2014 年 6 月，蒋忆大学毕业后，放弃了原计划签约的一家药企，并谢绝了大学老师介绍的长沙市环保局工作岗位，甘愿成为一名活动经费得不到保障、颠沛流离、无节假日、危险与委屈如影随行的全职环保公益人士。2016 年，蒋忆协助“洞庭守护者”注册成立“岳阳市东洞庭生态环境保护协会”。当年年底，她发起面向全国的江豚保护行动网络。正当她乐此不疲、全身心投入水生态和生物多样性保护之中时，发生了两件事情，让她决定将保护江豚的视角延伸到鄱阳湖和长江干线等江豚保护的薄弱区域。

2016 年清明节时期，蒋忆在新闻报道中看到，鄱阳湖在一天之内发现了 6 头死亡的江豚，这令她感到十分痛心。一个月之后，蒋忆在江豚保护微信群里看到，长江干流湖北嘉鱼县渔民救了一头小江豚并放生的报道。当大家为这位渔民的义举纷纷点赞的同时，蒋忆却发现报道中照片上的江豚很幼小。“应该出生不多久，失去母亲的保护后，我判断这头江豚放生之后凶多吉少。”想到这里，蒋忆当即向中科院水生所的专家请教，证实了自己的担忧。之后，蒋忆辗转联系到了采访报道的记者，继而联系上救助这头小幼豚的嘉鱼县渔民赵世锦。经过电话沟通，蒋忆道出了她对这头小江豚生存的担忧，她恳请赵世锦帮忙寻找这头小江豚。无奈，经过几番辗转寻找也没有发现获救江豚。后来，蒋忆去当地调查环境，了解到当地一直有几个小的江豚群体生活，保护价值很大。

发生在长江干流的这个故事，让蒋忆意识到江豚保护需要更多人更加专业地开展保护工作，而长江干流、鄱阳湖急需这样的生态保护志愿者。2016 年 5 月，蒋忆离开湖南前往鄱阳湖开展调查。期间，她与渔民交流并徒步或开船去寻找江豚。为了拉近与当地渔民的感情，增加信任，蒋忆一直吃住在生态保护志愿者家里或渔民船上。“有人经常问我，一个女孩子生活在这样的环境中是否会有危险。”对此，蒋忆总是轻描淡写地带过，她从未考虑到这些问题，心里想的总是怎样将计划开展的工作快速推进完成。2017 年 7 月，蒋忆在九江民政部门注册成立了“九江市青山绿水自然保护中心”，并在九江市拥有了一间办公室。后来又相继在上饶余干县、九江市都昌县、九江市彭泽县组建了 3 个江豚保护站。至此，覆盖江西的江豚保护网络雏形组建成功，24 小时开展对江豚生活水域的保护工作。

在湖南省岳阳市湘阴县知源中学开展科普演讲。

历经委屈艰险　练成公益行家

在成为一名全职环保公益人士过程中，寻找志愿者和筹措经费，是蒋忆必须面对的棘手工作。由于开展生态保护不可避免伤及一些人的利益，因此蒋忆一度频频遭受一些人的辱骂，“滚回湖南去，这里不需要你这个疯子来保护江豚”。甚至在巡护江豚期间，因屡屡举报违法采砂和非法捕捞等破坏生态环境的事件，蒋忆和团队成员数次遭遇威胁，持刀恐吓、骑摩托车拦截冲击等惊心动魄的一幕幕，但都在斗智斗勇中逃过一劫。在江西已建立三个民间江豚保护站，基本都是方圆 10 千米没有人居住的地方，但是却是江豚分布多、急需保护的地方。“保护站建成之后，最需要的就是一起来驻守保护站的人。”目前，保护站多为当地渔民志愿者和其他志愿者组成，同时面向全国长期招募义工，共同在保护站一线巡逻和开展本地科普宣传等其他保护工作。“寒暑假的大学生义工居多，社会志愿者和男性偏少。”开展生态保护工作虽有重重阻力，但九江市青山绿水自然保护中心及团队，近几年得到当地渔民支持配合的次数却与日俱增。与此同时，渔政执法部门也更加给予这支团队鼓励与大力支持。这些支持和鼓励，进一步坚定了蒋忆和团队战胜困难挫折的勇气。近 6 年，蒋忆远离故乡和亲人，坚持开展生态保护工作的另一强大精神支柱来自亲人的理解，父母及亲友不但在精神层面给予其鼓励，而且在网络众筹活动中积极捐款。

通过对几年来工作的总结思考，蒋忆认为只有解决渔民生存与环境保护之间的矛盾，水生态与生物多样性保护工作才能取得事半功倍的作用。为此，蒋忆调整了工作思路。2019 年继续坚持巡逻守护，进一步加大走进校园开展科普教育的力度和渔民转产试点工作，努力尝试以生态旅游项目逐渐替代和解决渔民的生计问题。“党中央就长江生态保护作出了一系列英明决策，我们深信江豚的生存环境会越来越好！”蒋忆和她的团队对此信心满满。

（本文撰稿：长江信息报全媒体记者　韩章　张紫汀　何沐）

人物名片

姓　　名：鞠　鑫
民　　族：汉　族
籍　　贯：江苏省靖江市
所在单位：靖江市第一高级中学（本职）
靖江赤子之心环境文化交流中心（志愿服务）

28

人物事迹

鞠鑫，江苏泰州首家青年环保志愿者组织——靖江赤子之心环保社团发起人。自2000年起，连续18年组织并参加各类环保主题公益志愿服务活动300余场，提供志愿服务超2万小时。先后协助创办四川、天津、辽宁、徐州、南京、泰州、常州等地19家环保社团，组建环保网络联盟。创办泰州首份环保专刊《赤子之心》，协办华东地区首家环保互动类场馆——清爽靖江环保体验馆。

荣誉榜单

曾获全国第六届母亲河奖十佳个人，第五届中国青年丰田环保行动先进个人，江苏省十大杰出志愿者、江苏最美志愿者、江苏省首届母亲河奖、江苏省优秀志愿者、江苏省优秀环境守护者、江苏省优秀环保志愿者。2019年被生态环境部、中央文明办联合授予“最美生态环保志愿者”称号。

我希望留给学生的，不仅是某项具体的教学成果，更有绿色正能量的精神传递。

——鞠　鑫

鞠　鑫：赤子之心报春晖

赤子之心系环保

古诗有云：“谁言寸草心，报得三春晖。”母爱无疆，也无言，父母的养育之恩难以报答。作为地球的儿女，我们向自然索取太多，往往忽视了关爱环境，保护我们共同的家园。

有这样一个人，他是一名普通的中国共产党员，他来自平凡的岗位，他是千万中学教师中的一员，但他的胸膛里却跳动着一颗赤子之心。18 年来，他不懈努力，把越来越多的人团结在周围，共同致力于环保公益事业。他是靖江第一高级中学历史教师——鞠鑫。

中学时期的鞠鑫，见证了家乡靖江的飞速发展，但伴随经济提升，环境污染问题接踵而至，山不再那么青了，水不再那么绿了。鞠鑫看在眼里，急在心头，他对着浩瀚江水默默许愿，“长江！我的母亲，我要保护你！”2000 年，鞠鑫进入徐州师范大学读书。初入校园，鞠鑫利用课余时间兼职导游，提醒游客切勿乱扔垃圾、珍惜每一滴水。

鞠鑫认识到，个人的力量很渺小，但聚集众人的力量却能办大事儿。他干劲满满，筹备建立一个环保社团，呼吁更多人关注环保、参与环保。倡议书发布后，很快得到 80 余名同学响应，经过商议，“赤子之心”环保社团应运而生。社团正式成立后，鞠鑫周密策划，积极宣传，四处联络志愿者，先后开展“3·12”植树活动，“4·22”世界地球日万人签名支持环保事业主题活动，

“6·5”世界环境日“保护环境，大家行动”志愿活动，坚持开展回收废旧电池、举办保护母亲河知识讲座等。志愿服务工作得到社会广泛关注与响应，被徐州师范大学团委授予“优秀青年志愿者”称号。

坚持不懈做公益

2004年，鞠鑫大学毕业，进入靖江市第一中学工作。他立即在中学里创办了泰州地区第一家青年环保志愿者社团——赤子之心环保社团。为解决社团缺乏资金的问题，鞠鑫带头捐款，同时倡导学生校内开展垃圾分类回收、绿色义卖，由此储备了启动资金。

靖江一中“赤子之心”第一次活动是调研长江水质。起初，知道的人少，参与者也不多。鞠鑫利用网络平台，在靖江论坛发帖寻找志愿者，短短一个月，帖子的点击量超过8万，泰州本地的绿色志愿者被不断带动，终于使这次环保调研圆满完成。此后，社团多次投身长江资源调研与保护，并设立“校园母亲河节”，系统地开展保护母亲河活动。此项目乃全国首创，2005—2019年已连续开展14年，筹资数万元，该项目教育学生节约资源，培养生态文明意识，实现废物再利用，为母亲河捐建林地，保持水土，取得了良好的效果。

2008年汶川大地震后，鞠鑫主动请缨赴重灾区绵竹抗震救灾。当时，他的女儿刚出生尚不足百天。在赴川的45天里，面对湿热的天气、危险的余震、艰苦的生活条件，鞠鑫毫不动摇，跑遍了绵竹市拱星、九龙、汉旺、兴隆、东北、遵道、土门等各乡镇，发现很多孩子灾后失学，便立即与志愿者们搭建了绵竹市东北镇帐篷学校，使附近100余名孩子重返课堂。他在教学中特设了环境教育课程，为灾区孩子讲授植树节的由来、历年世界地球日的主题、一棵大树1年产生的价值、我国的节水标志及含义等知识。抗震救灾的同时，鞠鑫不忘开展生态环保教育，组织成立了绵竹市当地的赤子之心社团，带动四川当地、江苏等众多志愿者加入队伍，其中还包括两名澳大利亚南威尔士大学学生和一名加拿大籍志愿者，并开展了“保护绵竹母亲河——马尾河”活动。

涓涓清泉汇洪流

通过多年的积淀，赤子之心环保社团不断壮大，先后有300余名教师、社

2014年9月，走进兴阳社区发放环保日历。

2016年4月，走进企业向工人宣传环保。

会人士加入，学生会员累计发展6 000余人。18年里，鞠鑫又先后创办或协办了天津电子职业信息技术学院、南航金城学院、四川绵竹东北镇帐篷学校、辽宁大连医科学校等19家赤子之心环保社团，并参与创办靖江市青年志愿者协会环保志愿者分会，组建了赤子之心生态文明教育网络联盟。2008年至今，社团每年都为保护母亲河捐款、资助贫困儿童、探望聋哑残疾儿童，在社会上引起了广泛的影响。中国扶贫基金会、中国青少年发展基金会以及四川、湖南、青海多省受助学生均寄来感谢信。

在鞠鑫的带领下，赤子之心环保社团先后组织开展清洁与保护马洲岛湿地、清除城市牛皮癣、长江湿地资源调研、机动车尾气排放调查、水质监测、绿色青春音乐会、湿地绿地图活动、水果贺卡减少用纸、保护长江生物多样性活动、清除加拿大一枝黄花行动、全球青年服务日志愿活动、三毛绿色爱心回收活动、绿化新城北行动等。他还带动学校教师共同开发《环境》《做个环保人》《环境科学教育的理论与实践研究》《我们身边的环境问题》等“环境教育”系列校本课程，受到学生欢迎。

十多年的生态文明教育活动为赤子之心环保社团带来了诸多荣誉，先后获得全国最佳志愿服务组织，第二届中国公益慈善项目大赛银奖，团中央首批、第二批全国青少年生态环保社团项目资助，中国福特汽车环保奖，全国第四届慈善公益项目大赛百强项目，珍妮·古道尔研究会根与芽青少年环境教育项目成就奖等。2013年8月，靖江一中的“环境教育课程创新实验基地”建设项目入选江苏省普通高中课程基地建设，2018年6月成功创成华东地区第一家县域互动体验类生态文明教育场馆——清爽靖江环保体验馆，开馆至今，靖江一中的教师志愿者们在他的带动下，义务为全市 2 万余名青少年、社会公众参观者讲解生态文明知识，带动一批批学子通过实践项目、课程创新、体验感悟，走上环保志愿之路。

立足岗位做奉献

因为热心生态环保教育事业，鞠鑫成为中华环保联合会会员、江苏省青联委员，一下子成了当地小有名气的人物，似乎是命运垂青，上天眷顾。可有谁知道，他在平常的工作中，十五年如一日，默默付出心血和汗水，默默耕耘和栽培，年年被学校评为校优秀班主任、教科研先进个人、先进工作者，连年考核优秀。

他在教学中不断锤炼自己的教学基本功，培养学生的自主学习能力，授予学生学习的方法，使其能触类旁通、举一反三。教学上，他具有本学科系统的专业知识和扎实的教学基本功，能胜任高一至高三各年级历史循环教学。鞠鑫工作以来，先后到四川省绵竹东北镇帐篷学校、陕西省永寿县中学、靖江市礼士中学支教交流，圆满完成市教育局、学校的支教任务。2015 年，他担任高三毕业班的历史教学，成绩优秀。2013—2018 年，他所带国际班学生高考成绩优异，全部学生均被国外名牌大学录取，其中张皓然被格拉斯哥大学录取，陆瑶瑶被谢菲尔德大学录取，刘臻被奥克兰大学、朱勇臣被利物浦大学录取。

鞠鑫作为泰州市历史学科、综合实践学科教学能手，是泰州市史海燕历史名师工作室、靖江市历史名师工作室成员，积极参加各类理论学习与研究。他在教育部基础教育课程发展中心举办的全国新课程优秀课例比赛中获历史学科一等奖。教学课例《我国对外开放格局的初步形成》入选九洲音像出版社出版的《课堂教学新突破》，在全国公开发行。任现职以来，先后在青年教师基本功大赛中，获江苏省二等奖 1 次，泰州市一等奖 1 次，靖江市一等奖 8 次。他负责的校环境教育课程基地建设成果优异，在全省育人模式成果交流活动中作交流发言，先后开展名师送教下乡、名师工作交流研讨等活动，开设泰州市级公开课 4 节，靖江市级公开课 8 节。

鞠鑫有着 12 年团队工作和班主任工作经历，班级管理耐心细致，循循善诱，经常开展丰富多彩的各类活动，营造良好的班风。能与时俱进，善于用新的教育理念创造性地开展学生管理工作，并得到学生和家长的普遍赞扬和认可，因

2010 年 5 月，走进沿江湿地开展生态环境清洁行动。

成绩优秀，所带班级获评靖江市五四红旗团支部。2012 年至 2018 年度更是连续七年年度考核优秀。

鞠鑫还十分注重教育教学理论学习和研究，主持国家级、省市级科研课题 6 项，参与 4 项，其中 6 项课题已经结题。

鞠鑫还积极撰写教育教学文章，提升自我认知水平，担任第一作者的教育专著《有效教学管理与教育创新思维》由辽宁大学出版社出版发行，近五年来有 12 篇论文发表于国家级、省级刊物，22 篇论文、课件、教学案在省市级以上竞赛中获奖。

在鞠鑫的感召下，靖江一中每年有数百名毕业生选择填报环境工程、植物资源利用、生态学、环境监测与治理技术、工业环保等专业。鞠鑫的众多学生进入高校后，担任环境宣传教育项目负责人，引领所在学校生态环保教育持续发展，为生态文明教育事业做出了贡献。

鞠鑫在环保公益、教育教学上的努力得到社会各界的赞誉和肯定，先后被表彰为全国优秀共青团员、第五届中国青年丰田环保行动十佳个人、全国第六届母亲河奖十佳个人、国际生态学校优秀教师、首届全国新课程优秀课例大赛一等奖、江苏省师德先进个人、江苏最美志愿者、江苏省优秀环境守护者、江苏省十大杰出志愿者、江苏省首届母亲河奖、江苏省优秀环保志愿者、江苏好人、江苏省创建绿色学校先进工作者、江苏省中学共青团工作先进个人、泰州市五一劳动奖章、泰州市十大杰出青年、泰州市新长征突击手标兵、2013 感动靖江教育年度人物等。

鞠鑫现在有个最大的心愿，他希望越来越多的人热心公益，参与环保，使天更蓝，水更绿，空气更清新，一同为实现美丽、绿色、和谐的中国梦而努力奋斗。

人物名片

姓　　名：杨建南
民　　族：汉　族
籍　　贯：浙江省温州市永嘉县
所在单位：永嘉县蓝天公益中心

29

人物事迹

杨建南 15 年来致力于各种社会公益活动和学生的环境教育，创办全国第一个个人教育网站，积极参与全国各地与环保相关的建言献策活动。自 2005 年以来，他已提出环保“金点子”达 4 000 余条，被誉为“中国环保建议第一人”。

15 年来，杨建南与志愿者们共组织开展各种环保公益活动达 1 000 余次，打造了 30 千米楠溪江水源地义务包江保洁等公益品牌项目。

荣誉榜单

连续 10 年被提名为“绿色中国年度人物”。被授予浙江省绿色公益使者，浙江省平安使者，浙江省十大慈善之星，浙江省十大杰出志愿者，全国优秀公益人物，“杜邦杯”全国十大环境新闻人物，中国青年环境保护奖，全国水生野生动物保护奖，第三届全国 SEE · TNC 生态奖，第四届中国“母亲河奖”等。曾受到习近平、李克强、胡锦涛、温家宝等党和国家领导人的亲切会见。2019 年，被生态环境部和中央文明办联合授予“最美生态环保志愿者”称号。

发出声音是一种责任。

——杨建南

杨建南：环保建议第一人

永嘉县绿色环保志愿者协会会长，永嘉县蓝天公益中心理事长，楠溪江护渔志愿大队大队长，永嘉县文明监督志愿服务队队长，永嘉县“五水共治”宣讲团团长……拥有众多头衔的杨建南一直致力于生态环保志愿服务。2014 年 6 月，杨建南辞去学校行政职务，专职从事民间环保志愿工作，全力投身环保公益事业。

自觉环保，从绿色家庭做起

可谓是全国最早一批环保志愿者的杨建南，从 20 世纪 90 年代初起就关心环境问题，他和妻子首先在自己家庭中开展起环保行动并用自己的行为习惯去教育、感染孩子，从小养成良好的环保习惯。在他家里无论来客还是自家人都用玻璃杯泡茶，从不用一次性杯子；鞋柜上常年挂着一个环保袋，里面装着废报纸、牙膏壳、包装袋、瓶子……五花八门，应有尽有，袋子满了就分门别类地送到废品站回收。他的家庭在全国妇联举办的“绿色家庭”资源节约行动大赛中获得最佳奖。受家庭影响，儿子也是名副其实的志愿者，一家人经常到公园、社区、村居向市民、村民宣传低碳环保，因此被授予浙江省、全国“绿色家庭”的称号，起到了一个绿色家庭带动一幢楼房，影响一个小区的作用。

2017年4月1日，杨建南在楠溪江畔为100多户亲子家庭宣讲治水护水。

弃商从教，率先倡导环境教育

自幼生长在美丽楠溪江畔的杨建南，目睹了由于经济发展给青山绿水带来的污染，忧心忡忡。环境保护，教育为本。1995年，杨建南在他的企业办得风声水起之际，毅然弃商从教，倾尽所有创办了全县第一所全日制普通民办学校，在全县率先倡导环境教育。他将生态环保教育纳入学校德育教育计划，创建环境教育网站，设立全县第一个多媒体环境教室和环境展览厅，成立环保志愿服务队，引导师生积极参与环保实践活动，并借此带动和影响广大民众参与环保，让节水、节电、节粮成为每位同学的行为习惯。学校先后被命名为温州市生态文明教育基地，浙江省“绿色学校”，全国中小学公民道德教育实验学校。

引导公众，风雨无阻守护“大水缸”

楠溪江既是永嘉人民的母亲河，也是永嘉以及乐清部分人民的大水缸。但

2018 年 1 月 6 日，县委十九大精神宣讲团成员、垃圾分类宣讲团团长杨建南为全县行政执法干部宣讲十九大精神和“垃圾分类”知识。

随着经济社会和旅游业的快速发展，楠溪江的生态环境问题也日益突出。为实现绿水青山的公益梦，2007 年杨建南与民间环保人士一起成立了永嘉县绿色环保志愿者协会，现有志愿服务队 28 支，志愿者 3 850 人。共组织开展各种环保公益活动达 1 000 余次，打造了 30 千米楠溪江水源地义务包江保洁等公益品牌项目。

2008 年，协会主动承担起楠溪江 30 千米水源地的包江保洁任务，成为全省社会团体试水义务包江保洁的先行者。从 2017 年开始，协会将志愿保洁和监督举报扩大至整个楠溪江流域。12 年来，杨建南与志愿者们风雨无阻，守护一江秀水。仅 2018 年，共开展监督活动 258 场次，宣讲活动 141 场次，保洁 22 场次，有效地助推楠溪江流域生态环境的改善，使饮用楠溪江水源的 100 多万人受益。2018 年 12 月 25 日，协会实施的“保护楠溪江环保公益行动”入选团中央全国青年社会组织“伙伴计划”优秀项目库，成为全省唯一的生态环境入选项目。

为了有效提升楠溪江沿岸居民、游客的环境意识，十几年来，杨建南还担任永嘉县“生态文明”“五水共治”“垃圾分类”宣讲团团长，开展义务宣讲 500 余场，将环境保护和生态文明理念传播至他能走到的各个角落。

建言献策，特殊志愿方式助推环保

杨建南是浙江省永嘉县政协委员，2004 年的“两会”上，他提交了根除城市“牛皮癣”广告的提案，引起了与会者的广泛关注。永嘉县规划建设局及时召开专题会议，研讨对策，采取措施整治城市“牛皮癣”。提案的成功，激发了杨建南提议环保金点子的热情，从此他一发不可收。同时，他把视野投向全国。平日爱好浏览全国各大城市政府网和新闻网的杨建南，发现了一条可以更大范围宣传环保的路子，那便是直接给各级政府的领导写信。无论是在双休日或夜深人静的时候，他苦苦思索着当前环境存在的各种问题。偶然间，灵光一闪，一个金点子就出来了。于是，他奋笔疾书，将一条条环保金点子通过互联网发向全国各地。

在这些金点子中，有解决居民恶劣居住环境、构建节约型机关应从小事抓起、提高全民珍惜土地资源意识以及加大农村环保宣传力度等方面的宝贵建议。

在许多地方政府纷纷向社会征集为民办实事金点子的活动中，杨建南先后向 100 多个省、市、县写信建议将环保列为实事。各地政府网分别刊出了他的建议，云南《都市时报》连续两年对其进行了专题报道。将环境教育纳入中小学教学计划是杨建南一直以来盼望实现的。多年来，他先后向 31 个省级领导和 272 个地级市、65 个直辖市城区（县）的领导提出了这一建议，并得到高度

杨建南与五水共治民间监督员一起前往楠溪江水源地开展监督活动。

2018 年 6 月 27 日，杨建南在乌牛街道岳田村文化礼堂宣讲“垃圾分类”。

重视。搜狐网在“关注 2006 两会，关注中国教育”专栏刊登了杨建南“把中小学环境教育摆上议事日程”的建议，全国诸多媒体等也纷纷予以刊出。

2006 年，让杨建南自豪的是，他先后向各省、市、县领导所写的 550 多封关于“整治农村环境污染”的建议信引起了各级政府的重视。温州电视台播出了他与温州市环保局领导共同录制的“农村环保刻不容缓”的专题片后，引起了广泛关注。

2006 年 11 月 –2007 年 2 月，温州市委开展了“迎接党代会 · 共谋新发展”献计献策金点子征集活动。杨建南积极参与，先后提交了推广屋顶绿化、打造绿色环保城市、定期开展环保专项行动、保护楠溪江生态环境刻不容缓、建设生态公益林等 78 个金点子。其中治理油烟污染、在全市推广垃圾分类回收、把环境保护纳入区域发展总体规划等建议已被有关部门采纳。

2007 年 1 月 8 日，在温州市委举行的“迎接党代会 · 共谋新发展”献计献策活动市民见面会现场，当温州市委书记王建满与“十佳金点子”获得者及市民代表面对面交流时，市民代表杨建南迎上去一边与王建满握手，一边自我介绍。王建满笑着说 ：“哦，你就是那位提了 50 多条建议的杨建南。”

杨建南的努力得到了社会和政府的高度认可，使他一步步从永嘉走向浙江走向全国乃至国际的更大舞台。2008 年 12 月，杨建南代表团中央“中国青年环保访日交流团”的一员赴日本进行了为期 9 天的友好交流访问。2012 年 5 月 4 日，作为全省 10 位新中国成立以来各时期的先进青年典型代表之一，出席了纪念中国共产主义青年团成立 90 周年大会。2014 年，受邀登上生态文明贵阳国际论坛，作了《公众参与和水环境保护》的发言，为宣扬楠溪江水生态文明走向世界起到了有益的推动作用。2019 年 1 月 12 日，登上中华环保组织可持续发展年会论坛，与众环保大咖同台分享“保护楠溪江环保公益行动”经验。

因志愿服务成绩突出，杨建南连续 10 年被提名为“绿色中国年度人物”。

人物名片

姓　　名：牛广成
民　　族：汉　族
籍　　贯：山东省
所在单位：上海闵行区古美社区环保服务中心

30

人物事迹

由牛广成领导的环保中心运作的上海市政府 2017 实施项目闵行区试点，低附加值回收和垃圾分类两网融合，被列为古美模式；环保中心垃圾分类站，被上海市废管处授予环保回收示范站点；环保中心绿化垃圾处理场受到原环保部和建设部领导与专家的好评；其组建的“闵行区环保创全服务队”，参与闵行区文明办“可爱的闵行人”大篷车进社区活动；他采编的政务网《环境保护报》在各界广受欢迎。

荣誉榜单

被上海市人民政府授予垃圾分类先进个人。2019 年，被生态环境部和中央文明办联合授予“最美生态环保志愿者”称号。

垃圾分类是新风尚，还有很多事情可以做。

——牛广成

垃圾分类达人牛广成

在上海市闵行区古美社区，有一位年过五旬的环保志愿者牛广成，认识他的人都亲切地称他为“老牛”。之所以叫老牛，一是因为他像老黄牛一样踏踏实实、勤勤恳恳；二是他工作起来有很强的创新精神，成绩斐然，牛气冲天。

因为垃圾分类有章法，老牛获得了上海市政府垃圾分类先进个人，被上海市人大和上海市环保局推荐为上海市十大环保达人（入围候选人）、闵行区优秀志愿者、可爱的古美人。最近，老牛又光荣地入选了“美丽中国，我是行动者”百名最美生态环保志愿者。

如今的垃圾分类达人老牛，干上这一行却是偶然。多年前，老牛因为身体原因无法继续从事以前的工作，被社区派去管理废品回收。废品利用回收的前提是垃圾分类，需要居民的主动配合，老牛顺理成章做起了垃圾分类的宣传志愿者，没想到一干就是 10 年，还干出了不少名堂。

2013 年，老牛在社区的支持下成立公益组织古美社区环保服务中心，专门从事垃圾分类宣传推广工作。去社团局登记注册时，被告知业务范围尚无“垃圾分类”这一项。老牛据理力争，终于推动将垃圾分类纳入登记范围。他竟然成了上海乃至全国第一个吃螃蟹的人。

有了环保服务中心这个平台，老牛越做越专业。他带领研究团队进行了垃圾分类器具、软件及资源回收利用技术的深度开发，将垃圾分类引向资源化、智能化、生态化、娱乐化……

垃圾分类资源化

2010 年，古美街道被列为垃圾分类先行试点单位。牛广成带领团队根据社区实际情况，创建了“大分流、小分类”的“古美模式”，筹建了绿化垃圾资源化处理场、再生资源回收处理场、低附加值物品回收处理站、有害垃圾市级中转站。整个社区拥有 71 个小区湿垃圾分拣点和再生资源回收点，111 辆人力三轮车和大型吊车、铲车随时候命。目前，每个小区设有两网融合资源回收点，两网融合环保员 118 名，两网融合再生资源中转站人员 40 多名，中心管理人员 16 名，配备各小区两网融合环保员垃圾分类驳运车进行干湿垃圾分类驳运清理。环保中心自建汽车运输队，配合各小区的非机动三轮车，做到真正自运服务，形成前期宣传、前端分类、资源回收、中转运输，末端处理的垃圾分类全程服务功能。两网融合人员统一称具、统一车辆、统一工作服、统一证件、统一投诉电话，便于调度协调。把被动再生资源回收转变为主动回收的“古美模式”吸引了住房和城乡建设部、原环保部和 20 多个省市的领导前来视察。

组织社区志愿服务零距离活动。

带领上海环保志愿服务总队开展六五环境日活动。

垃圾分类智能化

为了鼓励居民参与垃圾分类，上海不少居委会组织志愿者帮助居民扫码积分，遇上刮风下雨，很不方便。环保服务中心推出了一款“会说话”的智能垃圾分类桶，垃圾桶前装有感应探头，只要居民走近，就会语音提示居民输入楼门号并投放垃圾。居民可手动输入楼门号，也可使用普通话或上海话回答，在正确投放垃圾后，绿色积分将自动归入居民的绿色账户。

老牛带领他的团队，开发出了多款生态循环智能垃圾桶、垃圾箱、垃圾房，目前已推广到 100 多个小区。

他们与共建单位联合设计研发的“新型多功能垃圾分类车”，带有自动称重、上下升降、向后自卸、语音提示、双层八桶、刷卡积分、自动开关、自带分拣平台、倒车雷达、电子码速仪、导航仪、防抱刹、防风吹雨淋安全驾驶室、安全系数达公安标准的可移动垃圾房等多功能，符合公安部门安装非机动车辆牌照的要求。

更牛的垃圾分类神器——垃圾分类湿垃极辅助破袋器、半自动破袋器、全自动智能化破袋器近日也将投入使用。

目前，老牛正在筹建上海乃至全国第一家专业垃圾分类技术研究中心。

垃圾分类生态化

老牛带领团队与共建单位携手创新设计了垃圾房顶绿化水培生态系统，包括绿色太阳能供电系统、雨水收集自动循环系统、湿垃圾培育酵素提供营养肥料、设施全部再生资源回收利用、无土水培绿植和蔬菜，集科技、环保、绿色多功能于一体。据了解，这套垃圾房房顶的生态循环链系统在全国还是首创。

更为有趣的是，老牛把生态化和智能化相结合，在智能垃圾桶顶部还放置了一个金鱼缸。金鱼的饲料来自利用湿垃圾分解制作的营养液，金鱼排泄的粪便又成了水生植物的肥料，让居民直观体验生态循环的过程。如今，人们把到垃圾箱房投放垃圾当成了逛景点，垃圾分类投放点已经成为小区一道亮丽的景点，小朋友们投放垃圾时也都喜欢来看“鱼乐花”。

垃圾分类娱乐化

在推广垃圾分类的过程中，老牛满脑子就想着怎么让老百姓多了解一些垃圾分类知识，如何准确规范地投放垃圾。他一直听到不少老人反映：“这属于什么垃圾，那属于什么垃圾？年纪大了，老是记不住。”春节前，老牛在活动室看到一群人围坐在一起打扑克，他顿时“脑洞”大开，得到启发。于是爱动脑子的老牛萌生了用扑克牌向人们普及垃圾分类知识的想法。他设计了以垃圾分类为主题的扑克牌。扑克牌的两红两黑花色改为黑、红、蓝、棕的垃圾分类标准色，黑桃代表干垃圾，红桃代表有害垃圾，棕色梅花代表湿垃圾，蓝色方块代表可回收物。扑克牌的四种花色正好契合垃圾四分类。然后他把居民们常见易混的垃圾的图片和文字，对应着印在牌上。

“有了这副牌，不怕问你是什么垃圾。”家住华梅花苑的张老伯每天投放垃圾时，分得清清爽爽。他将自己“拎得清”归功于老牛发明的这副扑克牌。这套扑克牌面世后特受大家青睐，目前这套“网红牌”已加印了百万份。

老牛还设计了全国第一副生态环境主题宣传扑克牌，内容包含习近平环保金句、公民环保十条、环保条例、环保知识等，图文并茂，深受社区欢迎。

他将垃圾分类宣传教育设计成一些有趣的游戏活动，如垃圾分类飞行棋、射击（圾）游戏、垃圾分类钓鱼游戏等。例如，钓鱼游戏，在一个“水池”中，堆满了香蕉皮、空酒瓶、易拉罐等垃圾。你拿着小竹竿当钓竿，只要成功地钓起垃圾，并准确放入四分类垃圾桶，就能获奖。人们在游戏中，不仅轻松愉快地学到了垃圾分类知识，而且从心底里喜欢上了垃圾分类，把垃圾分类当作了一项娱乐活动。

他还创新设计垃圾分类迷你桶，既能做垃圾分类宣传道具又能当多功能挎包，一不小心也成了“网红”。

垃圾分类志愿化

老牛搞大了。老牛组建的志愿服务队越来越多，足迹踏遍上海各个区的社区，看看他的“头衔”就知道了：上海市垃圾分类首批试点项目负责人、上海市两网融合首批试点项目负责人、上海市古美社区环保服务中心负责人、上海市野生动物保护志愿者、上海环保志愿服务总队负责人、闵行区环保创全志愿服务队负责人、广场舞噪音管控志愿服务队负责人……而且他还发起成立“盆栽联盟”“社区绿化养护志愿服务队”“家庭养花培训组”“社区绿化和一平方菜园推广小组”“整治黑色小广告联盟”等公益团队。

每天太阳还没升起，老牛已经走向各个垃圾分类点位，开始指导环保志愿服务队；晚上广场舞解散了，市民都已进入梦乡，老牛开始“窗前明月光，疑是志愿岗；举头想垃圾，低头分类忙！”这是老牛作为一个生态环保志愿者满

走进军营宣传环保知识。

在广场宣传全生态循环链水培鱼花系统。

满的责任担当。

盘点了一下，老牛和他的团队在环保和垃圾分类领域已创下了多个第一：

他是将“垃圾分类”在有关部门登记注册第一人；

他是全国第一个将垃圾分类写入业务范围的社会机构负责人；

设计了上海第一套“美丽中国，我是行动者”马甲以及垃圾四分类马甲；

设计了上海市第一副以生态环保和垃圾分类为主题的扑克牌；

研发了上海市第一套生态循环垃圾箱；

研发了上海市第一辆多功能垃圾投放、清运、分拣平台车；

在共建单位上海市环境科学研究院支持下筹建了上海市第一家垃圾分类技术研究中心；

第一个向政府建议将两网协同改为两网融合；

……

2019 年在网络上广为流行的“猪分类法”也出自牛广成，那是他在 2013 年开展垃圾分类宣传活动时经常提到的。

最后，有必要让大家了解一下生活中的老牛是什么样：穿着朴素，一件衣服穿几年很正常；吃饭吃多少做多少，用多少买多少，所以家里用不着冰箱；他家里的装修很另类，处处彰显节能环保；平时出门，近距离骑行两轮电动车，远距离都是公交地铁……

人物名片

姓　　名：王　琨
民　　族：汉　族
籍　　贯：广西壮族自治区桂林市
所在单位：广西南宁小太阳文化传播有限公司

31

人物事迹

尽管左手残疾，王琨仍坚守环保志愿服务 16 年，组织志愿服务 300 多场、影响 10 000 多人。

组建广西绿盟；连续举办 9 年广西水果贺卡项目、8 届广西青年绿色营、5 年地球一小时活动、8 年广西高校环协联席会、3 年广西高校环协峰会系列培训会。主编《绿色广西》简报，编撰 4 年 43 期 10 多万字并免费发给各部门；举办面向广西 14 个市团委和青年社会组织的培训班；组织参加“城市污染治理”节目录制。他的事迹曾被南宁日报、新闻网、各类电视台以及《世界环境》《中国生态文明》等多家媒体报道。

荣誉榜单

荣获首届中国大学生自强之星入围奖、首届南宁十大杰出青年志愿者、南宁市创环办环保奖、首届广西十大绿色人物、广西青少年绿色大使、百佳先锋、最佳影响力奖、第十届南宁市“两会一节”优秀志愿者。2019 年，被生态环境部和中央文明办联合授予“最美生态环保志愿者”称号。

我的环保理想是人人都是环保志愿者，尤其是青年人。

——王　琨

王　琨：广西青年　“绿”动青春

在和平年代，能把每一件小事做好做久，就是一件很了不起的事情。一名艺术工程师，一个左手残疾的年轻人，用 10 年的时间，联合广西 10 个城市、30 多所高校共建青年环保生态圈。十余年矢志不移奉献青年环保志愿服务，不断探寻公众参与生态环境保护的新方式，涓涓细流、聚沙成塔，共建磅礴“绿”动力。他就是广西绿色联盟的创始人——王琨。

创建绿盟

2003 年，刚进入大学的王琨，便开始游走于大学生环保社团和环保民间组织中。环保讲座、校园节能、环保宣传等一系列的校园实践活动，让他对环保有了更为深刻的了解和认识。

慢慢地，王琨发现了当时高校环保社团所面临的普遍问题：习惯单打独斗、各自为政，与社会环保不能形成良好结合。当时几所高校环保社团聚在一起商量联合举办活动的时候，往往会因为意见不合而一拍即散，同时高校环保社团的目光还过分集中于校内，对于校外的环保实践关注较少，“这样既不利于环保实践的落实，也不利于今后高校环保社团的发展。”

多次环保活动的“无疾而终”引发了他的思考：“大学生做环保的力量本来就很微弱，只有团结起来才能做出有意义的事，既然现在缺少一种合力，那

2012 年 6 月 3 日绿色联盟参加广西环保宣传月启动仪式。

我就来创造一个平台，把大家拧成一股绳，把青年的环保力量汇聚起来。”

2006 年 7 月，在王琨的精心组织下，由 8 所驻邕高校环保协会组成的“广西绿色联盟”应运而生。他也从一个环保志愿服务的参与者正式成为一名地区性青年环境保护组织的发起人和开创者。

作为首个由广西各高校环保社团联合组建的“志愿性的以非营利为目的的非政府组织”——广西绿盟的成立，开创了广西地区性环境 NGO 组织的先河，有效解决了当时高校所面临的尴尬问题，同时也开始关注和培养广西青年环保志愿者，为广西高校环保 NGO 的组建、协调提供了不少实践经验。

俗话说，万事开头难。在广西绿盟成立之初，王琨面临的问题不少：内部成员意见分歧大、活动难开展、成员各顾利益……诸多问题让他万分苦恼，“那时候常常整夜失眠，感觉压力特别大。”

怎么办？“凝聚每个人的力量，开一些务实的会议，启发起大家的智慧。”经过一年半的努力，王琨硬是把整个组织的骨架撑起来，团体凝聚力得到了前所未有的加强。

作为一名左手残疾的青年人，在参加团队的野外集训、户外环保等活动中，往往存在一些自身客观条件上的困难。王琨虽然遗憾未能每次都加入这些实践活动，但他转换角度进行思考：“既然无法参加，那我就提升精神层面的东西，专心做好组织和引导。”有了这样的想法后，他的心豁然开朗。

王琨曾参加浙江大学召开的第三届中国大陆地区性环境组织发展论坛并代

表广西发表论文，他的《试论广西区域绿色环保社团联盟的问题与发展》环保论文在第三届中国地区性青年环境组织发展论坛论文集刊登。2009 年，王琨组建了《绿色广西》工作简报，将不同环保主题的宣传内容，4 年时间里定期报送到相关各级部门、全国环境团体等 1 900 多个组织，“希望用文字的力量，影响更多的人关注环保、热爱环保、践行环保。”

短短 10 年时间，“广西绿盟”逐渐走进青年人日常环保行动中，组织成员已经由当初的 1 个城市 8 个高校环保社团增加到现在的 10 个城市 36 个环保协会。先后组织协调全区各地大学生，参与了保护野生动植物、环保时装秀、专家讲座论坛、国际青年环保交流等众多环保活动，开展了节约型高校调查、生态群体物种的保护和研究、青年环保志愿者重点培养等一系列研究课题。

做好环保

“雷锋日，通过身边的‘活雷锋’，能让孩子们更明白应该怎么做好事，同时也和环保理念很好地结合起来。”秀田小学副校长韦艳蓉告诉记者，该校一直倡导“环保绿色”的理念，让孩子从小培养环保意识，所以此次“学雷锋”活动便想到了邀请广西绿色联盟的志愿者王琨来参加。在主题队会上，王琨告诉孩子们如何通过一点一滴的小事来保护环境，引起了孩子们的极大兴趣，纷纷表示长大后要成为地球小卫士，告诉爸妈一起做好垃圾分类。

从 2003 年在广西中医药大学校园里开展“拒用一次性餐盒”环保活动起，他的环保志愿活动便没有停息过，16 年来，他组织志愿服务 300 多场：连续 9 年举办广西水果贺卡（广西圣诞绿色卡）项目活动，连续举办 8 届广西青年绿色营；连续编撰 4 年 43 期工作简报 10 多万字，免费通过网络传输发送至广西 1 000 多个相关部门；连续 5 年开展地球一小时活动，连续 8 年召开广西高校环协联席会，指导和协调各高校开展“光盘行动”“绿植领养”“绿色离校”“绿色漂流瓶”等全国大型环保公益活动……在他的影响下，一批批优秀青年积极投身环保公益事业，“能帮就帮，敢做善成”。

描绘梦想

“在过去，人们常常把环保人士看作是‘清洁工’，认为只是捡捡垃圾扫扫地，甚至不少大学生也这样认为。”16 年的环保之路，让王琨见证了社会环保观念的变迁，随着社会的发展，大众对环保工作的狭隘认识已经不复存在，“我的梦想就是要证明，我们的环保事业不仅有‘低端环卫’，同时也有‘高端环保’”。

“广西绿盟”已走过 13 个年头，对于所走的每一步，王琨都一一记录：“起初是会议年，然后是活动年，然后是项目年，然后是宣传年……”对于他而言，每一次精心策划的背后，都潜藏着他对于环保工作的热爱、专注以及思考。他还把“广西绿盟”定位为“立足广西、服务全国、影响东南亚”的组织，希望不断加强和东盟乃至国际组织的合作。2008 年，王琨积极筹划组建广西绿色联盟高校志愿者服务队。与此同时，他还在中国 – 东盟环保合作论坛上，提出举办中国 – 东盟大学生环境合作论坛，借此实现中国与东盟国家青年在环保方向更多的交流与合作。

如今的“广西绿盟”正在探索一条民间环保组织的青年成长之路。他们不仅加强了各高校学生环保协会的沟通、交流以及合作，并与其他环境、公益 NGO 组织建立了良好的关系，同时也在相关政府部门和公民社会中树立了良好的形象，能解决青年人中的社会问题，也能推动社会进步和生态文明传承。

出生于桂林兴安县的王琨，从小就住在景色秀丽的灵渠旁，旖旎清丽的家

青年环境友好使者到南宁市秀田小学。

王琨送青年使者环保袋给孩子。

乡风景使他从小就养成了爱护环境的习惯。少年时的王琨因为一次意外失去了左手掌，但灾难并没有使他减少对生活的热爱，至今，他还常常回忆起少年的自己站在千年渠坝上看垂柳拂波遐想未来的美好。王琨在自己的青春岁月里以执着的热情和长期不懈的实践体现出青年人的责任和担当，并影响和带动了更多的青年人，这正是美丽中国的希望所在。

人物名片

姓　　名：郑礼志
民　　族：汉　族
籍　　贯：安徽省淮南市
所在单位：海南省绿手帕社区环保健康服务中心

32

人物事迹

2006 年，郑礼志策划了海南具有浓郁地方特色和文化影响力的春节文化活动品牌——“万春会”。2008 年，郑礼志发起“绿手帕”行动，宣传“保护环境，绿色生活，生态家居”，并于 2010 年促使“绿手帕”行动正式走进“万春会”的文化活动中。在此后的 9 年中，“绿手帕”系列文化活动的连年举办，使绿色环保文化符号不断得以广泛传播，提升了海南乃至全国人民的环保生态意识。

荣誉榜单

2019 年，被生态环境部和中央文明办联合授予“最美生态环保志愿者”称号。

人的一生，为社会及他人做点力所能及的事情是很幸福的。

——郑礼志

郑礼志：环保医生的绿色梦

绿色梦的缘起

这是一个真实的令人痛心的故事，就发生在郑礼志的家人身上。

那是 2007 年 9 月，他两岁多的侄女因感冒腿疼，并伴有轻微的发烧，前去海南省第一人民医院门诊部医治，病情时好时坏，总是不能痊愈，花了不少钱，但越发没有好转的迹象，最后转入省医院留医部做全身检查，最终确诊为“白血病”。犹如晴天霹雳，家里人包括学过医的郑礼志整个人都懵了……家里所有人都说就好好治吧，结果花完了所有的积蓄，仍然无能为力。为救治这个非常可爱的小侄女，郑礼志在友人的帮助下找来媒体，海南关注民生的《南国都市报》记者来了，海南电视台的《直播海南》、海口电视台的《热带播报》也来了。媒体给予关注报道后，很多市民得知情况，纷纷来看望小姑娘，把 300 元、500 元、1 000 元、2 000 元不等捐款送到了小姑娘爸爸妈妈的手上，来的人都不愿留下名字，根本不知道捐款的人是谁。深受感动的郑礼志尽可能记录下这感人的一幕幕。但是最终小姑娘没能走到三岁生日就离开了这个美丽的世界……

2019 年 7 月 1 日，在海口市滨贸路天然居茶楼，望着窗外美丽街景，郑礼志回想着 10 多年来绿手帕行动的艰难奋斗历程，那些幸福瞬间，妈妈的关爱，家人的期望，志愿者的铮铮誓言，皆历历在目……

在 2011 年世界环境日举办绿手帕行动之健康长走活动。

郑礼志是安徽淮南人，1994 年 7 月 18 日从老家来到海南打拼“闯海”。其实，在来海南之前，他是一名治病救人的医生，对医学有过专业的学习经历，而且还在医院工作过四年，所以对小侄女得“白血病”怎么也想不通，“我们家族根本没有这样的病史”，郑礼志说，当时在治疗的时候，他曾咨询过海南省知名优秀专家、科室主任姚红霞教授，姚教授说：“现在还不清楚是什么原因，现在小朋友得白血病的数量越来越多，而且小小年龄就得这个病，以前这种情况非常少见。初步研究应该与污染有关，特别是家居装修污染。”

之后郑礼志查阅了大量资料和信息，发现其实各地报纸、网媒等都报道过家居装修的“甲醛污染”“重金属污染”，以及各种饮料的“添加剂污染”。他才知道各类“污染”已经危及了我们人类的生命，越深入了解，他越觉得可怕，越认为一定要让更多的老百姓知道身边这些隐性污染。这件事必须要有人来做才行！

从万春会到绿手帕

为了生活，郑礼志来到海南后开过门诊，做过装修，卖过玻璃，开过公司，当过老总，脏活、苦活、累活他都干过。但最终他还是热衷于文化策划和品牌体系建设。海口“万春会”、福山咖啡文化风情小镇、凤凰岛等大的策划案都出自郑礼志之手。

郑礼志说："在老家安徽淮南，每年春节期间都举办庙会，老家人都会赶庙会、到街上参加各种特色民俗的文化活动，这个时候是老家人最高兴、最快乐的时光。而我刚到海南的时候，每年都是在海南过春节。可我发现到了过年的时候，海南都没有庙会、没有一场大众化的迎新春文化活动。"

或许有了这份思考和心念，他带着他的团队开始策划 2006 年春节第一届"万春会"。

在海口市委、市政府的大力支持和推动下，终于 2006 年春节期间，由郑礼志策划操办的首届"万春会"在海口市万绿园隆重举行，从大年初一到元宵节的十五天时间里，万春会上举行了一系列的文化活动，不仅向游客展示了海南的民俗文化及绿色生态，也丰富了市民的文化生活。

郑礼志说，"万春会"是为了展现海南的生态环境、文化特色及丰富节庆的生活，让更多的海南百姓及外地游客了解海南、海口。或许有了这些元素，海口万春会在 2008 年已成功举办了三届，"万春会"已经成为海南以及海口最具浓郁地方特色和文化影响力的春节文化活动品牌，是海口闪亮的节庆文化名片。

"万春会"的成功操办让他信心十足，也让他体会到公益事业的魅力，"虽然苦了我一个人，但可以让千家万户快乐"。从 2008 年到 2009 年万春会时，那件他一直想做的——唤起民众绿色环保生态文明意识的事也开始酝酿落地执行。

"绿手帕"行动让他付出了所有

郑礼志说，"好听的名字会走路"。他从"污染"一词想到了小时候用的"手帕"，在"手帕"前面加了一个"绿"字，就是"绿手帕"，只有理念没有行动也不行，所以又在"绿手帕"后面加了"行动"两个字，就有了"绿手帕行动"这个环保公益品牌。它的寓意是：用绿色的手帕拭去对身体、对地球有危害的一切污染，营造一个环保健康的世界。简意为：拭去污染，爱护家人，保护地球。

在绿茵葱茏、空气新鲜的海南，"绿手帕"终于付诸行动。

2009 年 3 月，郑礼志策划了"绿手帕"行动的系列活动， 9 月 11—13 日在海口体育馆顺利隆重举行，郑礼志几乎倾家荡产在海口发起了他的第一届"绿手帕"环保宣传行动。那一次，他和志愿者走进了很多社区宣传了家庭装修污染的危害。

"活动下来，让我没有想到的是，竟然有那么多人对家庭装修污染一无所知。"郑礼志说，第一次"绿手帕"环保宣传行动取得了很好的社会效果，举办地的许多居民都受益匪浅。虽然活动很成功，但他也付出了很多，有朋友还劝说他这样做"不合算，赔本的买卖啊"。可郑礼志却对这种说法不以为然。他认为：“人的一生，为社会及他人做点力所能及的事情是很幸福的。”

他还记得第一次“绿手帕”行动的活动，他的父亲母亲均在活动现场全程参与了。9 月 13 日下午活动闭幕式结束后，他走了过去，看着老母亲说：“妈，这次活动我们亏钱了。”“亏多少钱？”“七八万元。”其实是 15 万元，他没敢说，担心老母亲心疼。

老母亲顿了一下，非常严肃地说：“礼志啊，这不叫亏！别人想亏，还亏不了呢！你做这么好的事，妈妈很高兴，有你这样的儿子，妈妈很骄傲，很幸福。”郑礼志激动地看着老母亲，连声说“谢谢妈！谢谢妈！”

活动结束的第二天，郑礼志的母亲被查出患有晚期食道癌。没过多久，老母亲因病去世。但母亲生前对他的支持依然是他前行的力量。他永远记着母亲那句话——“你做的是好事，是拿多少钱都换不来的。”

将“绿手帕”行动发扬光大

2009 年年底，郑礼志向海口市委市政府领导汇报了“绿手帕”行动公益

绿手帕行动走进社区与市民互动。

绿手帕行动开展为爱启程，与豚共舞环保自驾体验之旅。

事业的发展方案，想将“绿手帕”行动推进到第五届“海口万春会”活动中来，得到了有关领导的认可和支持。2010年1月22日，海口市人民政府办公厅下发《关于印发海口市2010年第五届万春会总体方案的通知》，确定万春会期间大年初七为“绿手帕”行动日，从而使 “绿手帕”行动正式走进“万春会”品牌年会的文化活动中。 2010年2月20日（正月初七）在万春会现场的中心舞台顺利举办了“第五届海口万春会‘绿手帕’行动日系列文化庆典活动”，现场民众都非常支持，互动性强，参与度很高，引起社会各界和当地媒体的广泛关注。

在此后的9年中，“绿手帕”系列文化活动的连年举办，使绿色环保文化符号不断得以广泛传播，提升了海南乃至全国人民的生态环保意识。

“心若在，梦就在”，这是郑礼志最爱唱的一首歌，为了坚守“绿手帕”行动的绿色梦想，他一直在坚守，一直在行动：海南世界环境日纪念暨“绿手帕”行动之千人健康长走的环保文化活动、“绿手帕”行动之环保自驾体验之旅和第41个世界问候之旅、“为爱启程，与豚共舞”环保自驾体验之旅、“让爱做主，绿色问候”琼粤两地自驾问候之旅、“呵护家人·禁塑行动·绿色生活”环保健康行系列文化活动、生态文明社区建设……他全身心的投入，换来了“绿手帕”行动在海岛不断成长开花。

学子心，绿动城。第 72 个世界学生日纪念活动暨环保科普进校园活动启动仪式。

“绿手帕”行动到现在已走进第 12 个年头。“人生百年终入土，上善仁者后人尊；今生乐为助人长，文化千年泽民生。”顿了一下，郑礼志接着说：“虽然我已到不惑之年，但环保事业又燃起我年轻的激情。无论是二十年，三十年，还是五十年，乃至更长的时间，我都会将‘绿手帕’行动一直做下去，让绿色环保文化融入千家万户。”

人物名片

姓　　名：王双喜
民　　族：汉　族
籍　　贯：安徽省亳州市
所在单位：安徽省亳州市谯城区青年志愿者协会

33

人物事迹

王双喜工作于亳州学院，为共青团亳州市谯城区委常委、谯城区青年志愿者协会会长。他发起的护卫“母亲河”行动，成为 2018 年全国学雷锋志愿服务“四个 100”先进典型。他创造的“健身 + 公益 + 环保”的新颖模式，吸引了越来越多的群众参与。10 年间，他带领青年志愿者协会共开展护卫“母亲河”活动 1 000 余次，直接参与 9 万多人，捡拾（打捞）垃圾 100 多吨，为护卫“母亲河”——涡河两岸徒步共计 1.3 万千米。

荣誉榜单

先后获得全国第八届“母亲河奖”绿色卫士奖、安徽好人、全国最佳公益标兵、安徽省最美志愿者、安徽省十佳优秀典型、安徽省首届绿色家庭等光荣称号。2018 年，获得全国第八届“母亲河”奖绿色卫士奖。2019 年，被生态环境部和中央文明办联合授予“最美生态环保志愿者”称号。

当关心他人成为一种本能，世界都变得美好了。

——王双喜

王双喜：药都大地上的环保“长征”

黄淮之间，涡河之畔，中国古代哲学家老子庄子出生地、道家文化的主要发源地、国家历史文化名城——安徽亳州，人文厚重，民风淳朴。从2008年开始，在这片厚土上成长起来的青年志愿者王双喜，传承志愿军爷爷的奉献精神，十几年如一日，从未间断开展护卫亳州“母亲河”——涡河的活动，累计在涡河两岸徒步达1.3万千米，在药都大地上发起了环保“长征”的壮举。

奉献基因，代代相传

王双喜是土生土长的亳州人，从小生活在涡河岸边，常常坐在岸边听抗美援朝志愿军退伍老兵爷爷讲抗美援朝的故事。在亳州市谯城区当地，很多人都知道王双喜的爷爷王金明的英雄事迹，近年来各级党委、政府和民政部门对退伍军人的关怀持续增加，更是让这位老英雄的事迹传遍了亳州大街小巷。

1951年参军的王金明曾参加过抗美援朝，在战场上作战勇猛、不怕牺牲，展现了中国军人的勇气和精神。在部队期间的王金明，曾任某师二二七团三营炮兵班长，工作中一直用默默奉献诠释着军人的职责。

“战场上炮火连天，开赴前线之前，每个人都做好了牺牲的准备，当时只有一个念头，就是为了祖国安全，为了人民安全，随时准备牺牲自己，为新中国奉献自己的一切。”每当爷爷给自己讲述把生死置之度外奔赴战场，王双喜都会在内心升腾起无尽的勇气和力量。

成长在和平年代的王双喜没能如愿走进绿色军营，但受爷爷的影响，“奉献”二字自小就在他心里扎下了根。“爷爷曾经多次对我说，要怀着一颗感恩的心去生活，要带着一双勤劳的手去工作，我们的幸福生活来之不易，一定要倍加珍惜。”爷爷曾经的教诲，王双喜铭记在心。

参加工作以后，王双喜开始利用工作之余做一些力所能及的公益活动，并成为一名公益活动的志愿者，以另一种形式为国家奉献自己的力量。

十年徒步 1.3 万千米的环保“长征”

“荫高树兮临曲涡，微风起兮水增波，鱼颉颃兮鸟逶迤，雌雄鸣兮声相和，萍藻生兮散茎柯，春水繁兮发丹华。”距今 1 800 多年前，随曹操一起回乡拜祖的魏文帝曹丕乘马游览，沿涡而行，触景生情，写下著名的《临涡赋》，再现了东汉时期亳州地区秀丽的涡河沿岸风光。

“涡河在我的印象中一直是美丽、清澈的，是小伙伴们嬉戏玩耍的地方，当发现她的美丽不再的时候，真的很痛心。”生长在河边的王双喜对涡河的感情像是孩子对母亲一样。

长大工作以后到河边玩耍的时间少了，一次休息时间，王双喜散步到涡河岸边，发现曾经清澈美丽的涡河日益被污染，已经不记得有多少年没有孩子像自己小时候那样到河里面玩耍了。美丽的涡河岸边已经不再是市民们休闲娱乐的地方了。

“不行，我要开始做点什么，即使不能立即有改变，但至少我要行动起来。”王双喜开始利用工作之余沿涡河岸边捡拾垃圾，把岸边的白色垃圾等尽量清理出来。

起初，他的家人和朋友都觉得他有点自不量力，凭他自己的力量怎么能把那么多的垃圾清理干净，况且环境保护有专门的环保部门负责，你一个小青年管那么多干什么。为了一件和自己没有多大关系的事，把对家庭的义务都放弃了。

“我自己认为，爷爷传递给我的最宝贵的是一种奉献精神，这件事如果让爷爷决定，他会怎么做，爷爷应该也会用自己的行动去奉献自己的力量。”在王双喜的心里，爷爷就是一座精神丰碑。每当想到这里，王双喜就给自己坚持下去找到了精神支柱。

为了让更多的人关注涡河环境，王双喜结合在市民中兴起的徒步健身活动，发起了“健身 + 公益 + 环保”的新颖模式，每个周末在固定的地点花戏楼广场组织徒步爱好者一起沿涡河边徒步边捡拾沿路垃圾，吸引了越来越多的群众参与。

“每个周末，都是他最早来到花戏楼广场的集合地点，准备好了东西在等大家。”一位经常参加徒步捡拾垃圾的志愿者说，开始大家都是觉得好玩，临时参加活动，后来在王双喜的带领感召下都成为了志愿者。“跟着他觉得我们做的事越来越有意义，我们都是在为改变生活环境奉献力量。”

随着对志愿活动的深度参与，王双喜也成为了亳州市谯城区青年志愿者协会的会长。截至 2019 年 6 月，他所带领的青年志愿者协会共开展护卫“母亲河”活动 1 000 多场次，直接参与约 10 万多人，王双喜被多省地邀请分享成功的经验，带动影响 60 多万人，捡拾（打捞）垃圾 100 多吨。在护卫“母亲河”的过程中，这些年他和他的志愿服务团队，在涡河两岸徒步达 1.3 万千米。

由于王双喜及志愿者的不懈努力，加之当地政府对涡河的大力治理，目前涡河亳州段的水质有了较大提高，两岸环境也大为改观，两岸杨柳依依，花团锦簇，已成为人们休闲娱乐的好去处。

清理高速路两边的垃圾。

捡拾两岸垃圾。

志愿之岗　抱病坚守

除了徒步捡拾垃圾，王双喜组织谯城区青年志愿者协会联合市户外运动协会等多家社会组织连续多年开展环保系列活动，如“节约用水，珍惜水源”主题活动、禁燃烟花爆竹宣传、“禁烧秸秆，拥抱蓝天”宣传活动等，让生态文明理念更加深入人心。

地处黄淮平原地区的亳州市是全国重要小麦生产基地，午收季节大量的秸秆成为农村环保的重要问题。农民习惯于收割后把秸秆直接焚烧，严重污染着空气。

每年到午收和秋收时节，王双喜都组织召集志愿者，围绕“禁烧秸秆，拥抱蓝天”开展常态化宣传活动。他们顶着烈日徒步到田间地头，向正在收割小麦的农民宣传禁烧秸秆的政策、焚烧秸秆的危害等内容，号召大家禁烧秸秆、保护环境。

2017 年 6 月的一天，王双喜带着几名志愿者去亳州市谯城区大杨镇宣传禁烧秸秆。从上午 8 点多开始一直到中午 12 点，30 多摄氏度的气温中，王双喜和志愿者从一块麦地到另一块麦地，从一辆收割机到另一辆收割机，发标语传单，讲禁烧政策。正午的太阳炙烤得他们口干舌燥，每人身上带的一瓶水已经喝完了。

“返回吧，今天上午的宣传计划已经完成了。”就在往回赶的路上，王双喜突然表情痛苦地捂着自己的肚子，豆大的汗珠顺着脸颊往下淌，连日的劳累让他的肾结石发作了。

王双喜一直有严重的肾结石，之前已经做过一次手术，取出几百粒结石，医生嘱咐平时一直注意饮水服药，没想到再次发作。同行的志愿者当即搀扶王双喜返回车上，并立即往城区赶，在附近宣传禁烧的原谯城区团委副书记袁冰然也赶过来一同把王双喜送到亳州市人民医院，再次做了肾结石取出手术。

公益之路　义无反顾

每个人有每个人的追求，每个人有每个人的价值标准。和自己一样的同龄人有的做生意成为了富商，有的办企业成为了大老板，而王双喜十多年只忙于环保公益活动。从不被家人理解，到逐渐赢得赞誉和支持，他经历的更多是来

王双喜获得全国第八届“母亲河奖”绿色卫士奖和“全国最美生态环保志愿者”称号。

自内心深处的挑战。

“从开始自己以身作则干起，慢慢发现一个人的力量毕竟有限，所以就开始转变观念，带动自己的家人朋友一起做公益。其实，这些年来我在外面做这些活动离不开父亲和妻子、孩子的默默奉献和支持，离不开支持我的一家好人。现在协会的理念就是让志愿者带动自己的家人做志愿，然后一家人带动更多的家庭做志愿。青年志愿者聚在一起就是一团火。”王双喜总结自己的心路历程时一直强调家庭、团体。

每年的 3 月雷锋日到来，王双喜的志愿团队都要募集来一批爱心物资，组织志愿者和学生家庭成员开展“让爱传递”公益跳蚤市场义卖活动，既培养了广大市民乐于助人、乐于奉献的品质，也宣传了低碳环保、勤俭节约的中华传统美德，更能引起社会各界人士对贫困家庭和公益事业的关注，激发更多人的社会责任感。

“让爱传递”公益跳蚤市场分为两种活动方式进行，分别为接收捐赠物并分类登记和集中开展公益慈善跳蚤市场。在公益跳蚤市场，学生们的爱心“商铺”前摆满了各式各样的商品，你问价来我销售，十分热闹。参加活动的小学生们，把家里闲置玩具、书籍或者自己做的手工制品拿来售卖。孩子们给各自的摊位起了名字，并精心制作了有特色的摊铺名牌。特色的“手工招牌”和琳琅满目的物品，一开卖就吸引许多学生和家长的光临，物品很快销售大半。

“让家里闲置的书籍、玩具等物尽其用、循环使用，既环保又有助于培养孩子形成勤俭的好习惯。”学生家长赞叹不已。一些受益者很受触动。“当关心他人成为一种本能，世界都变得美好了，”王双喜无比欣慰地说。

王双喜的志愿团队通过开展跳蚤市场义卖活动，筹集到 13 226 元善款，全部捐献给了希望工程。

一颗星光芒微小，但多颗星就能照亮黑暗的夜空。愿志愿者们共同努力，把这团火燃烧得更旺，努力为家乡的生态环保建设贡献一份力量。

“赠人玫瑰，手有余香”“慈者爱，出于心，恩被于物也”。王双喜，一位抗美援朝志愿军的后代，以一种燃烧自我、奉献社会的精神在公益之路上砥砺前行。

人物名片

姓　　名：朱硕杰
民　　族：汉　族
籍　　贯：湖南省汝城县卢阳镇
所在单位：汝城县志愿者联合会
　　　　　湖南省绿色卫士汝城大队

34

人物事迹

今年 61 岁的朱硕杰，几十年如一日做好事，带领全县数万名志愿者帮助他人，推动社会正能量广泛传播。曾荣登“中国好人榜”，被当地人称为“朱劳模”。在汝城的大江小河、排污口、饮用水水源地、村庄原野、乡镇集市，常能看见他的身影。2014 年底，他被聘为湖南省保护湘江“绿色卫士”，带领志愿者开展了“湘江守望”“环境记录”“绿色传播”系列志愿服务活动。2018 年，他牵头成立了“汝城县民间河长办”，在他的感召下，汝城县有了 400 余名“民间河长”……在他的带动下，已发展志愿者 10 000 多人，志愿服务活动延伸到了乡镇（街道）、村（社区）。

荣誉榜单

郴州市首届道德模范、感动郴州人物；2014 年荣登“中国好人榜”，并先后被评为“湖南省劳动模范”“湖南省最美志愿者”“湖南省优秀绿色卫士”；湖南省保护湘江环保志愿者、中华环保爱心大使；2019 年被生态环境部和中央文明办联合授予“最美生态环保志愿者”称号。

我很快乐，因为我心里装着爱。

——朱硕杰

“草根劳模”朱硕杰　播撒爱心的使者

在湖南省郴州市汝城县的大街小巷，只要一提起“劳模”这个人，几乎是无人不知、无人不晓；而你要找一个叫朱硕杰的人，却十分困难。其实，“劳模”就是朱硕杰。之所以人们把他的本来姓名忘记，正是“劳模”精神的力量，濡染着人们的心灵。

朱硕杰，汝城县卢阳镇人。在 1980—1995 年，朱硕杰是电信局投递员，15 年中，他经手的 100 多万件邮件从未出现过差错。如今，他是汝城县志愿者联合会会长、党支部书记，汝城县心善社工联合会会长，汝城县志工办副主任，汝城县慈善总会捐赠部副部长，汝城县第八届政协委员。

他人有难不旁观

都说做一件好事并不难，难的是几十年如一日地做好事。而朱硕杰就是这么一位坚持做好事乐此不疲的活雷锋。“朱劳模”三个字，是用无数的好事堆起来的。

在他当乡邮员期间，泉水乡城头村有一位 80 多岁的老大娘，其独生子在云南工作。起初朱硕杰只是每月为老人代取汇款，买米买菜，代写回信等；后来又帮助老人挑水、拾柴，种菜浇水，陪老人看病取药；逢年过节还同妻子带上礼物去看望老人，照顾老人十余载，直到老人故世。1980 年以来，他照顾

朱硕杰（左一）带领志愿者来到汝城县龙虎洞水库清理垃圾。

过的老人有卢阳镇磨刀村一位高位残疾的孤寡老人，泉水镇城头村的守寡老妪何从发，时间均长达十余年。

1982 年 7 月的一天，朱硕杰送信路过卢阳镇向东村，看到一民居着火，他扔下背包飞奔过去。

村里壮年都在地里干活。屋里只有一个老人和三个小孩。

朱硕杰冲进屋，抱起一个孩子，指挥吓懵了的老人赶紧出屋。

浓烟滚滚，热浪灼人。朱硕杰再次冲进屋，抱起第二个小孩冲了出去。

朱硕杰第 3 次冲进火海，救出第三个小孩。

他又爬上房顶，接过村民递过的水桶指挥灭火。

大火扑灭，朱硕杰悄悄离开，踏上邮路。

1988 年 12 月 6 日，他路过城郊友谊河坝时，听到一个学生在水中喊救命，毫不犹豫地跳进冰冷刺骨的水中，把学生救上岸，并脱下自己身上的衣服给落水学生穿上。

1989 年初冬，秋收时节，在泉水镇城头屋背 106 国道的弯道上，一位年近七旬的老妪跪在路边哭喊求救：在路边的地上，躺着一位男青年，面容死灰，重度休克，几近死亡。朱硕杰刚好送邮件返回路过这里，他把自行车和邮包一扔，运用平时学会的急救常识，推拿、按摩患者人中等穴位对患者进行急救，又拦了一辆车子，一同把患者陈有忠送进医院，使其得以获救。

1996 年 5 月 4 日，汝城影剧院演出散场，一位 60 多岁的老人被人群拥挤摔断了腿，朱硕杰毫不犹豫地把老人背回其家里。

2005 年 10 月 1 日晚上 8 时左右，突然有两个小伙子急急忙忙跑到天仙风景区，跪地相求。马桥中学一学生朱忠秀骑自行车撞倒，车把插进了腹中，肠子已经漏了出来。朱硕杰听后，不容分说地拿起手机拨打医院找救护车，给伤者家里打电话，同时实施急救，筹措住院费，破例叫财务拿出 1 600 多元垫付了医药费，抢救了学生的生命。

2009 年，朱硕杰在街上拾到县农办家属 1 万多元的存折与现金，不取分文酬谢全部还给失主。同年，外沙村朱大军家境贫困，其父死亡，朱硕杰借钱帮助安葬。

从初入职场英气勃发的小伙，到两鬓斑白的老人，好事做了大半辈子的朱硕杰，年纪大了也不愿意闲着。2011 年退休后，他发起成立了汝城县志愿者联合会。他带领这些志愿者们深入乡村、学校，了解孤儿、孤老、特困户、抗战老兵的生活状况，并尽力提供经济资助。此外他还东奔西走，多次南下东莞、深圳，北上长沙等地，与湖南省公益联盟、郴州福城志愿者、壹基金、长沙洗心禅寺慈善基金等民间组织合作，落实项目对接。几年来，在他的不懈努力下，汝城县志愿者联合会累计筹集钱物上百万元，受益者达 3 000 多人。

被选举为会长的朱劳模，把 3/4 的时间和精力花在了组织志愿服务这份“副业”上。他和义工办的老同志，先后多次深入卢阳、马桥、濠头等 19 个乡镇走访调查困难群众，历时 2 个多月，掌握了全县贫困户的第一手资料。他们来到盈洞、岭秀、延寿、南洞、小垣 5 个边远乡镇中心校，调研高寒山区 7~12 岁儿童的过冬情况，争取发放壹基金温暖包 515 个，发放公益救助资金 50 万元；慰问农村孤老、孤儿、残疾等贫困户，向贫困户发放慰问金 20 多万元。

2013 年春节前夕，朱硕杰在延寿松西钟家组走访时了解到，正在读初二的钟英英，其父亲双目失明，家中一贫如洗，十分困难。他立即拿了几百元给英英父亲，带着英英在县城过了春节，并结对为长期的帮扶对象。

劳模精神，影响了许多人。全县的志愿者会员从几十人扩大到 4 万人，下设爱心协助、社区服务、环保绿化、爱心捐助等 10 个小组。

一工人在矿区做事摔断了腿。没签劳动合同，又是外地人，没有医疗赔偿。无奈之下，打电话给志愿者联合会。朱劳模放下电话，立马联系法律援助组成员给予法律支持，多次与矿区老板协调，终于为务工者争取到 7 万元医疗费用。

朱硕杰说：“我就是看不得别人有苦有难，不喜欢看热闹。现在老有人埋怨，埋怨世道不公，埋怨坏人猖狂，埋怨没人帮忙，埋怨看热闹的。埋怨的人，可能自己就是一个最喜欢看热闹的人。我们不能只当生活的旁观者，要做文明的参与者。”

多年来，无论何时何地只要身边的人遇到急难、难事，朱硕杰总是挺身而出，而且从不留名，不求图报。家中的165件感谢信及10余面锦旗，彰显了他作为新时代共产党员的优良品质。

倾尽积蓄绿荒山

1996年，朱硕杰的一位亲戚在汝城县外沙乡外沙村发现了一个被乱石堵塞的岩洞，朱硕杰便请人凿开，发现竟是一个废弃已久的大溶洞，经专家考证已有百万年的历史了。洞内景观奇特，仿佛一座神秘的宫殿。面对这鬼斧神工的天然溶洞，他动心了，这么壮美的景观，开发出来，让世人游览观光，该有多好啊！他与妻子朱梅仙商议，决定开发这个溶洞。投资开发这么大溶洞，没有人理解，甚至有人以为他是疯子。

朱硕杰倾尽全部积蓄、家当，并从银行贷款20万元，作为开发溶洞的首期资金。他和工匠一起进入溶洞开凿，脚被顽石磨出了水泡，手被荆棘扎出了血，双眼被凿石火花灼肿了，可他浑然不觉，整天陶醉在天造地设的洞府中。不到

朱硕杰（左一）与志愿者一起在街头发放宣传资料。

朱硕杰（右一）带领志愿者在耒水河边清理河道。

汝城县保护生态环境暨守护耒水河行动启动。市环保局为汝城县志愿者绿色卫士大队办公室授牌。

三个月，钱就用完了，而开凿溶洞还没有一点效果。他不得不到处筹备资金，借遍了亲朋才又筹集到 26 万元，就这样经过一年时间，他和妻子费尽了心血，克服了许多难以想象的困难，终于将溶洞开发成初具规模的旅游景点，一下子轰动了汝城县城和周边县市。朱硕杰成为汝城旅游业中第一个吃螃蟹的人。

在溶洞的不断开发中，朱硕杰不断总结经验，不断增加投入，14 年来，累计投资投劳达 1 000 多万元，综合开发了白石岩、白石书院、白石庵、白鹤仙、太平天国古战场等景点，植树造林近 200 亩，让荒山重披绿装。其中白石岩原来是国防通信站，开发后定为人民防空重点工程。这些景点与太保第、朱英墓、朱良才上将故居、和尚堂、天马庙等，构成了美丽迷人的旅游景区——汝城县天仙风景区。

在执着追求自己的旅游事业的同时，朱硕杰通过不断探索和外出参观学习，他的眼界大开，思想观念也不断刷新。

汝城是一个革命老区，有着很多的革命遗址，很适合发展红色旅游，尤其是城郊乡的津江村。但很久以来，当地居民由于没有意识到这些革命遗址的珍贵，加之很多遗址遭遇风雨侵蚀已是摇摇欲坠，为了保护这些红色遗址，朱硕杰一直在奔走呼吁，并首次将广东、香港等外地游客带到津江村参观，大力推介汝城的红色旅游资源。

热心环保护家园

汝城县是湘江支流耒水的上游，也是东江湖的上游，朱硕杰深感做好环保志愿服务的重要性。在他的倡议下，2012 年，汝城县志愿者联合会成立，并组建了环保公益宣传组，时刻关注汝城的环境状况，经常开展走访调查等环保志愿服务活动。在汝城的大江小河、污水处理厂的排污口、饮用水源地、村庄原野、乡镇集市，处处可见他那熟悉的身影。朱硕杰有一个习惯，周末或法定节假日，都要选择一两个环保守望点巡察。

2014 年底，朱硕杰等 6 名汝城环保志愿者被聘为湖南省保护湘江环保志愿者。为充分发挥“绿色卫士”的作用，他带领环保志愿者先后开展了“湘江守望”“环境记录”“绿色传播”等系列志愿服务活动，深入饮用水源地、水电站、村庄、社区、集市、工业园、厂矿等地，进行环保宣传志愿服务。

有时去到偏远贫困山区，乡村的卫生条件差，饮食也很难适应，特别需要坚持。但他只要有时间和条件都会下去宣传。在卢阳镇一次进社区宣传活动上，他不停地发环保宣传单，讲解环保知识，累得腰都直不起来了，还是坚持将活动搞完。

为了增强市民的环保意识，朱硕杰想了很多点子，他请人精心制作环保宣传画册，带领环保志愿者把环保宣传工作深入到每一个角落、深入到每个人的心里。近三年，共发动志愿者 1 500 余人次到乡镇圩场，免费发放环保宣传资料 10 余万份。

汝城县有大小河流 696 条，总长 1 766.2 千米，水资源总量 22.8 亿立方米，为破解河流治理和保护难题，2018 年，朱硕杰牵头成立了“汝城县民间河长办”，在朱硕杰的感召下，汝城县共有 400 余名“民间河长”，他们主动承包辖区大小河段，实行“包河治水”，实现了对全县大小河流守护治理的“无缝覆盖”。

人物名片

姓　　名：赵向阳
民　　族：汉　族
籍　　贯：甘肃省平凉市崆峒区
所在单位：退休教师

35

人物事迹

赵向阳在边远贫困学校任教青少年生态文明宣传教育工作，至今已有 46 年。他引领青少年开展“爱鸟周”科普宣传 38 年，开展“保护母亲河、绿色中国梦”青少年环保宣教活动 18 年，辅导 18 所中小学青少年积极开展“国际爱护动物行动教育”（AAE）活动，成为教育青少年的品牌项目。近年来，他创建“全国未成年人生态道德教育示范学校”6 所，创建“全国生态文明教育特色学校”4 所，创建“国际生态学校”4 所，填补了甘肃省没有“国际生态学校”的空白。

荣誉榜单

多次被社区表彰为“优秀共产党员”，被区市表彰为“优秀志愿者”，荣获“感动平凉 · 年度人物奖”“甘肃省最美低碳环保家庭”“全国优秀少先队辅导员”“斯巴鲁生态保护奖”、生态环境部宣传教育中心“环境实践大赛全国提名奖”“全国环境教育优秀工作者”等称号。2019 年，被生态环境部和中央文明办联合授予“最美生态环保志愿者”称号。

我愿退而不休、发挥余热，做青少年生态文明宣教公益事业永远的志愿者。愿平凉更美丽，让家园更生态！

——赵向阳

赵向阳：白了双鬓　红了领巾　绿了家园

在“最美生态环保志愿者”的背后，都聚集着一个个“最美”的人。他们洋溢着崇德向善的怡人芬芳，散发着温暖你我的心灵热度。

或许，他们并不是满天星辰中最为亮丽的一颗，或许，他们并不是尘世经陌中最新的一朵，但他们却用自己善良的心、朴实的行动搭建了“最美”的天地，感化了一方人民。从事青少年生态文明宣教 46 年的赵向阳就是他们中的一员。

38 年坚持开展“爱鸟周”活动，保护鸟类资源

1972 年 6 月 5 日 –16 日，联合国首次人类环境会议在瑞典首都斯德哥尔摩召开，会议通过了《人类环境宣言》，并将每年 6 月 5 日定为“世界环境日”。1973 年 8 月 5 日 –20 日，第一次全国环境保护会议在北京召开，从此我国的环境保护工作拉开了序幕。就在这一年，赵向阳踏入教育芳草地，担任少先大队辅导员，开始利用团队活动从事青少年环保宣传教育，成为全国青少年生态文明教育的先行者。

他在华亭县任教期间，连续担任少先大队辅导员 35 年，先后在 3 个乡镇的 10 所小学辅导万名小学生长期开展环保活动，并成立了全国首家“红领巾爱鸟协会”“红领巾保护动物协会”“红领巾保护母亲河联合会”等组织，开展了报告会、讨论会、专题黑板报、知识竞赛、保护签名、制定公约、作文绘

赵向阳（右二）辅导的西大街小学荣获国际生态小学绿旗荣誉。

画竞赛等系列主题鲜明、内容丰富、形式多样的教育活动，使青少年从小树立了热爱自然、爱护环境、保护生态、节约资源的生态文明意识。他还将活动由校园引向社区，由省内引向省外，和浙江省、云南省的少先队“手拉手”联谊学校共同开展活动。多年来他辅导的青少年团队为保护当地猫头鹰、麻雀、青蛙、国家二级保护动物红腹锦鸡等野生动物资源做出了突出贡献。他被甘肃省、北京市、中国野生动物保护协会选拔为个人会员，他辅导的少先大队被中国野生动物保护协会选拔为团体会员，他撰写的青少年生态文明教育论文荣获甘肃省少先队课题研究成果三等奖，并入编北京市《未成年人生态道德教育丛书》，荣获国家级一等奖，受到了县、市、省、全国少工委的多次表彰奖励。

14 年开展国际爱护动物行动教育（AAE），绽放花蕾

2008 年退休后，他坚持终生从事青少年生态文明教育的理想，退而不休，发挥余热，老有作为，无私奉献。他主动担任平凉市多所学校的少先队志愿辅导员，从 2005 年至今，先后辅导平凉市 18 所中小学开展了“国际爱护动物行动教育（AAE）”活动，通过辅导青少年阅读 AAE 宣传折页，观看 AAE 活

动光盘，参加关爱动物征文、绘画竞赛，参加“保护动物及它们的栖息地”倡议签名，给联合国教科文组织写信要求确立“世界老虎日”等活动，使青少年受到生动的生态文明教育，在全市发挥了示范作用。国际爱护动物行动教育（AAE）活动的成功开展，开阔了青少年的视野，使他们能站在更高的角度上来参与环境保护事业，形成了学校教育学生，学生带动家长，家庭影响社区，社区引领社会的四级辐射链，成为教育青少年的科技品牌项目。14 年来，参与这项活动的 10 多所中小学年年荣获国际 AAE“最佳组织奖”“爱护动物行动奖”，有 80 名师生荣获国际 AAE 作文、绘画、手抄报竞赛一、二、三等奖和“最佳辅导奖”，儿童剧表演荣获国际 AAE“积极行动奖”，有 300 多名青少年荣获国际 AAE“优秀作文和绘画奖”，赵向阳本人多次荣获国际 AAE“优秀教师奖”“最佳辅导奖”等。

终生传播生态文明理念，演绎绿色篇章

多年来，赵向阳不管走到哪里，就把生态文明理念传播到哪里。在家庭生活中，他总结出践行低碳生活的 50 条经验，他们夫妻俩在家庭带头实践，如一水多用、不用一次性制品、垃圾分类等，并将低碳、环保、绿色概念向所在

赵向阳在静宁阿阳小学举行“保护母亲河，绿色中国梦”活动。

赵向阳在绿色平凉论坛会议上作交流。

社区推广。多年来为了净化平凉空气，他在全市第一个带头过春节不燃放烟花爆竹，成为全市第一家低碳环保家庭。在民馨家园，他主动管护楼前楼后草坪，教育邻里小孩子爱护花草树木。在社区，他经常举办环保讲座，以生动的事例教育群众热爱环境，为创建美丽社区多做贡献。甚至在火车上，他经常检查前后车厢，关紧每个水龙头，不让一点一滴水白白流淌。在西安古城开会期间，他前面两位大学生在街道丢稿纸，他就跟在后面捡起来，无声的行动感染教育了两位大学生。他在天津杨村参加联合国公益培训期间，看见花园墙边小树苗被暴风雨吹倒，就将小树苗一棵一棵扶起来。在北京开会他多次路过天安门广场，总要捡起丢在地上的一面面小国旗，交给执勤民警，既保护了环境，又维护了国家尊严，受到外国人和民警的赞扬。2012 年 12 月 25 日下午，他路过平凉市委门前，发现不法分子贩卖国家二级保护动物红腹锦鸡，立即拨打“110”电话举报，以实际行动保护了平凉珍贵野生动物资源。他还给太统—崆峒山自然保护区管理局、平凉市林业局、平凉市环保局、崆峒区西大街小学、静宁县阿阳小学、平凉十中赠送国际野生生物保护学会图书、珍贵生态名片挂图 600 多册，为创建生态平凉献上了一份爱心。

2014 年以来，在市环保局、市教育局的支持下，他在全市各县中小学幼儿园创建“全国未成年人生态道德教育示范学校”“全国生态文明教育特色学校”“国际生态学校”，他辅导的平凉市实验小学、崆峒区红旗街小学、西大街小学、静宁县三合中心小学、灵台二中、静宁县第一幼儿园 6 所学校已被中国野生动物保护协会表彰为“全国未成年人生态道德教育示范学校”，全省共 13 所，平凉市就占到了 6 所，创建率居全省首位。2 年来，他辅导崆峒区西大街小学、平凉十中、平凉市新华小记者学校、静宁县阿阳小学创建为“全国生态文明教育特色学校”。辅导的静宁三合中心小学、泾川玉都中学、崆峒区西大街小学、平凉十中 4 所中小学被生态环境部评审为“国际生态学校”，填补了甘肃省没有“国际生态学校”的空白，实现了零的突破，使全市青少年生态文明教育走在全省最前列。

赵向阳，一位普通的退休教师，一位少先队志愿辅导员，用他一颗绿色的心和朴实的行动，搭建了绿色环保、美丽平凉的天地，教育感化了成千上万的青少年……

“愿平凉更美丽，让家园更生态！”这就是他，一个退休教师的高尚情怀。

人物名片

姓　　名：师彦文
民　　族：汉　族
籍　　贯：河北省石家庄市
所在单位：3302 工厂（已退休）

36

人物事迹

师彦文自 2009 年开始投入到生态环境保护事业和生态文明建设的环保队伍中。十年来，他创作了大批环保漫画，在公园广场、社区学校先后举办过 100 多场展览，数万人参观。他将这些环保漫画整理成册，先后出版了《新环保法漫画解读》《公民环保科普手册爱鸟篇》等宣传画册，免费向学校发放，让小学生从小学习环保科普知识，树立环保意识。

十年来，师彦文平均每年创作漫画作品 500 幅，平均每年在学校、社区、公园等地举办 30 余次展览，组织大学生到农村小学进行 30 余次环保生态科普知识讲座。2017 年向十几所小学免费赠画册近万本。

荣誉榜单

先后荣获省市区先进文明队、模范家庭、“石家庄市生态文明使者”“环保达人”等光荣称号，被十几所学校聘为环保生态科普校外辅导员。2019 年被生态环境部和中央文明办联合授予“最美生态环保志愿者”称号。

国家给了我退休金，我花不完，用到环保公益事业上，值！

——师彦文

立下环保志，行走生态路

——师彦文自述

2009 年一个晚上乘凉时，我问身边一个十二三岁的小朋友：你见过银河吗？小朋友令我吃惊地回答：我没去过银河，所以没见过！望着灰灰的太空，想起儿时晴空万里，银河流淌，山清水秀，鸟语花香……啊！这就是污染！回家久久不能入睡。沉思不止，下定了一个决心，拿起手中画笔，投入到环保宣传工作中去，成为一名环保志愿者……

我没受过画画教育，只有一点偏爱，18 岁就成为当时《石家庄日报》漫

在学校开展生态科普知识展。

画文字通信员。今天怎么搞？搞什么？我骑车走遍了石家庄几所大学、科研所、环保林业机关，到北京、天津自然博物馆，广泛听取对环保宣传的看法，收集各种资料和素材，最终确定了画鸟的构思。我从全世界28目174科9 000多种鸟中选出200种好看、较生疏的鸟，配上花草，邀请十多个退休女同志，用工笔画形式画了出来，装裱后制成展牌，这就是自己环保生态路上的处女作《与大千世界共鸣爱鸟护鸟科普展》，每幅中都配有对该鸟各种信息的文字说明。加上后边又制作的《鸟类博物馆》展品，成为我的“震展之宝”，久展不衰，直到今天还有人邀请展览。河北省环保厅将此印成科普宣传画册发行。仅这一展览就展览了200多场次，展牌也更新了十来次，其他展览也有200场次左右。

发挥光和热，志愿甘辛苦

漫画能正面诱善，也能反面警示，诙谐中警钟长鸣，幽默中引发沉思，它弘扬清风正气，针砭歪风邪气，喜闻乐见，生动活泼，有极强吸引力和实效性。自第一个展览成功后，各种展览创作和活动应接不暇，任务也越来越重。接创作和展览活动是需要付出巨大体力、脑力和精力的，从构思、策划、创作、设计、排版、展牌制作、联系展地、运送展品、布置展地、展品讲解到最后展毕收拾运回，对我一个70多岁的人来说确实是十分辛苦的，加上自己有眼疾和腿疾，给创作展览活动带来很多困难，辛苦又费神费钱。不管风吹雨打、酷暑严寒、食宿无时，还是一些对自己不理解的闲言碎语，不仅没有阻止我前行的脚步，反而更成为我继续前进的动力。让更多人看到环保展览，从而了解环保，参与环保，正确理解环保志愿者的心，这是我最大的心愿。

为了做好宣传展览，对将要创作的条文逐句逐字地仔细阅读，深刻理解，参考条文释义，向学者专家请教，才能很好、正确、精彩地用漫画形式解读出来。只有自己理解了，才能给群众宣传，让群众理解，比如画新《环境保护法》时，我的读文时间超过画画时间，理解了再画，才会又快又好又准确。新《环境保护法》于2015年1月1日开始实施，我们提前一个月就完成了创作，制好了展牌，这个展览走遍了石家庄市各县、市、区和周边一些县市区。

我在创作中没有时间观念，没有节假日，没有早中晚，有一年年三十只闲了一天，只要有任务，马不停蹄立刻就干，有时任务急还需加班加点。有一次连续20天，每天从早晨五点半画到晚上十点半，最多时一天能画20幅作品。我们先后创作了新《环保法》《水污染防治法》《土壤污染防治法》《水十条》

生态文明进社区。

等环保生态展品十几个。其中《环保法系统反腐倡廉》被原环保部印成画册。《环保系统形式主义和官僚主义》展品在全省巡展所有城市。除了环保生态创作展览，我们还配合形势，为国土、海洋、林业、工商、文明办、妇联、居委、保密、慈善、残联、教育、民生、地震、安全生产等十几个有关单位创作漫画和展牌、举办展览。十几年我们先后印制创作作品、图书和举办展览近三十多个（次），新《环保法》被印成挂图发行，创作生态文明宣传画 12 张，《未成年人文明礼仪行为规范》印了 6 万余册免费给学校发放。

十来年的创作展览活动，我们不仅付出了精力、劳力和创作力，还自己投入近万元，有人不理解，认为我们费力又掏钱，太不合算了。但我认为，国家给你的退休金，省吃俭用尽最大力量投入到创作展览活动中去，这是值得的，是一个志愿者应该做的，看到学校学生像发现新大陆一样如饥似渴地观看展览的情景，我备受感动，只要他们受到教育，任你付出多少都是值得的。

众人齐动员，共圆环保梦

一路走来虽辛苦，众人帮助不孤独。十几年的环保生态创作展览活动，我广泛联系和发动周边志愿者参与，我和全国 21 个省（区、市）近百名漫画家建立了互助关系，和十几所大中小学建立了手拉手互动。我成为 30 多个小学校外环保科普辅导员，大家共同参与共同分享。大家参与进来不仅展示了技能，更能受到一次生态环保教育。老母亲是 1938 年参加革命的，从小教育我们要以德为邻、以孝为先、以忠为本、以诚待人，对我的活动从精神上、物质上给予坚决支持，96 岁时还亲手参与漫画创作。儿子和孙辈也都积极参与创作和帮助展览。

十来年，各种媒体对我们的展览创作给予报道，各级领导也给予各种精神和物质奖励，成绩的取得，领导的肯定，对我来说，是更多更快更好搞好生态环保创作展览活动的进军号。

希望十几年前那位小朋友能知道银河是什么，更能亲眼看到银河！

人物名片

姓　　名：代进萍
民　　族：回　族
籍　　贯：辽宁省锦州市义县
所在单位：廊坊市中太建设集团（已退休）
　　　　　蓝天彩虹艺术团成员

37

人物事迹

代进萍今年 60 岁，2004 年从廊坊市中太建设集团退休后，她重拾个人爱好，发挥余热，组建舞蹈队，积极投身于环保义务宣传活动当中。由她发起的廊坊蓝天彩虹艺术团，以文艺形式来宣传环保知识，团队的成员们个个是环保志愿者。这支队伍在代进萍的带领下，从最初 80 多人发展到现在的 800 多人。其中，年龄最小的只有 7 岁，最大的已经 70 岁了。6 年来，代进萍组织并参加环保公益性活动总数达上百场，成为廊坊大气污染防治蓝天保卫战战场的义务宣传员。

荣誉榜单

被廊坊市评为“大美廊坊 · 最美蓝天卫士之星”，被河北省委宣传部、河北省大气办评为“美丽河北 · 优秀蓝天卫士”。2019 年被生态环境部和中央文明办联合授予“最美生态环保志愿者”称号。

只要让市民听到环保的呼声，达到好的宣传效果，怎么付出都值得。

——代进萍

代进萍：为环保公益而舞的“热心大姐”

“痴心环保久为功，舞动蓝天挂彩虹。深入街区形象美，白云感动人间情。”这是全国最美生态环保志愿者、廊坊市中太建设集团退休职工代进萍热心环保公益事业的生动写照。

代进萍今年 60 岁。2004 年从廊坊市中太建设集团退休后，她组织起百人舞蹈队，经常到敬老院、社区进行公益演出；2014 年，她开始专注环保领域，每年世界环境日的宣传，都少不了她们到场演出；2017 年，她主导成立蓝天彩虹艺术团，至今环保公益成员已发展到 800 多人。

因为在环保公益上的突出贡献，代进萍于 2017 年被评为“大美廊坊·最美蓝天卫士之星”和“美丽河北·优秀蓝天卫士”。今年，她又被评为全国百名“最美生态环保志愿者”。

代进萍个子不高、长相朴实，透着一股邻家大姐的实诚劲儿。

2014 年，代进萍带领舞蹈队，参加了廊坊市环保部门组织的世界环境日公益演出。“演出很成功，宣传效果也很好。”代进萍说，从那以后，她开始留意环保方面的知识，并有意识地把这些知识分享给一起跳舞的姐妹们，还不时组织环保志愿活动。

在代进萍的带领下，从 2014 年至今，每年廊坊市环保部门组织的世界环境日活动，都有她们的身影。组织策划、编排节目、舞台监督……活动中，代进萍身兼数职，忙得团团转，“只要节目精彩，达到好的宣传效果，怎么付出都值得。”

2017 年廊坊市第一届“大美廊坊 · 最美蓝天卫士之星”颁奖现场留影（左四为代进萍）。

2015 年 4 月，代进萍的爱人马宝华住院。住院期间，当年的世界环境日演出也在紧张准备中，代进萍白天在医院照护病人，晚上坚持参加排练，保证了演出活动的正常举行。

“保护好大自然，是我们每个公民的责任。我们人人都要争当环保志愿者、宣传者，齐心协力打好环保这场硬仗，为子孙后代留下一个更美的地球。”代进萍说。

代进萍名气越来越大，找上门来的民间舞蹈队也越来越多。“这些舞蹈队蕴藏着巨大的力量，如果将这些力量进行整合，可以为环保做更多的事情。”随着号召力的增强，代进萍脑中开始酝酿新想法。

2017 年 11 月 15 日，“廊坊好故事”海选启动仪式举行。代进萍作为参选者，在仪式上认识了贾文瑞，因为有共同的环保理念，代进萍力邀他一起为廊坊环保公益事业做点事。

贾文瑞导演出身，专业能力很强。面对环保志愿者队伍一盘散沙的局面，他给出的“药方”是成立一个民间艺术团，统筹环保公益演出的各项工作。2018 年 3 月 18 日，蓝天彩虹艺术团正式成立，以公益演出的形式宣传环保理念，通过组织参加各类演出活动，为蓝天白云、绿水青山贡献力量。

作为执行副团长，代进萍精心策划节目。她开着自己的老年代步车，穿梭在各支舞蹈队之间，忙起来常常连饭都顾不上吃。在她的努力下，《春夏秋冬》

《一抹白云》等多个宣传环保的精品节目走上了舞台。

2019 年的世界环境日宣传演出，开场舞即是蓝天彩虹艺术团的《春夏秋冬》。伴随着世界环境日主题曲《让中国更美丽》，演员们身着绿、红、黄、白四色衣服，同台下观众舞在一起，场面既震撼又壮观。

在代进萍等人的努力下，廊坊从事环保公益事业的队伍越来越壮大。目前，蓝天彩虹艺术团已经发展到 800 多人，其中年龄最小的只有 7 岁，最大的已经 70 岁。

从事环保公益事业，注定是一条艰辛之路。而经费短缺，则是公益演出最大的“拦路虎”。代进萍的解决之策是能省则省、能借则借，实在不行就自己垫付。演出时使用的桌椅板凳也常常是借的。演出结束后，当人们纷纷散去，只剩下代进萍和伙伴们收拾场地，他们把桌椅板凳一趟趟从演出场地搬到四五十米外的马路边，再用电动三轮车运走。

最近，代进萍又走上了打工之路——到北京大兴国际机场的工地上修剪绿植。她说，自己每月的退休金有 2 000 多元，孩子们也都成家立业，本不用出来打工，可是艺术团经费不足，为了筹措活动经费只好自己多挣一些。

“环保公益不能只关注空气，还要关注水、土壤；我们也不能只在大型活动上、重要节日里进行演出，还要深入社区和基层进行宣传。”代进萍说。他们努力的方向就是创作出更多优秀作品，让更多市民听到环保的呼声。

2019 年 1 月 19 日廊坊环保志愿者春节联欢晚会留影（右三为代进萍）。

人物名片

姓　　名：王　璟
民　　族：汉　族
籍　　贯：河北省
所在单位：山西省环境文化促进会

38

人物事迹

王璟连续十多年参与组织全省“六五”环境日宣传、“生态三晋　美丽山西”环境公益摄影比赛、“环保知识进校园”等环保宣传活动。

多年来，他参与组织开展“爱心传递　爱行接力”环保志愿服务活动，回收居民家中的废旧闲置物品，让闲置的物品转变成资源再利用。组建社区环保志愿者服务队定期在社区开展了环保宣传活动，捡拾垃圾、推动家庭“垃圾分类”，让社会广大群众更进一步了解环境保护的重要性。

荣誉榜单

先后获得共青团山西省委颁发的山西省十佳青年志愿者称号、环保系统中国水网摄影比赛优秀收藏奖、中国环境报社生态摄影作品一等奖、山西省摄影家协会颁发的优秀作品奖、中国摄影家协会颁发的第 20 届摄影艺术展优秀奖等荣誉。2019 年，被生态环境部和中央文明办联合授予“最美生态环保志愿者”称号。

一个人的力量或许微不足道，但若是能汇聚民心民意，则势不可挡。

——王　璟

王　璟：甘做生态环境保护践行者

无畏勇往，行走汾河沿岸，书写人与自然；动员公众，建设美丽山西，奏响时代之声；亲力亲为，策划环保宣传，光大绿色教育……

他就是获得“山西省十佳青年志愿者”和“十一五环境保护宣传教育工作标兵”荣誉称号的山西省环境文化促进会秘书长王璟。

以环境文化宣传促进汾河治理

汾河，曾是一条承载着大河风光、万代民生的河流，是山西人民的生存依赖。然而，随着城市产业化的快速发展和工业变迁，汾河竟成为了工业污染之河。作为隶属于山西省生态环境厅下设的山西省环境文化促进会，对此怎能漠视？

2009 年，山西省环境文化促进会联合山西省作家协会等新闻文化宣传部门，开展了山西作家生态汾河行采风活动。“从雷鸣寺泉眼流出的缕缕清泉到汾河入黄口的泪黑水，我看到的是河道中泛着泡沫的黄色水，看到的是垃圾遍布河道和污染企业与汾河零距离，看到的是黑水顺着沟渠直接流入汾河和枯黄的庄稼，看到的是汾河入黄口黑与黄那十分显眼的交汇线和母亲河严重的生态污染。没想到，几千年来哺育我们的‘三晋母亲’竟是遍体鳞伤。”提起采风活动，王璟心情沉重地对记者说道。实地走访采风的经历，让王璟真实直观地看到了汾河被遗忘、被抛弃、被践踏的现状。河流需要回归人类，人类也需要回归河流，人类需要重新构建起对于河流的理性与感性认知。王璟告诉记者，通过采风，他们组织采写了大批新闻作品、报告文学，以此来引发社会共鸣，让全社会为之警醒，让汾河回归于自然应有的河流生态，进而使汾河成为一条绿意流淌、环境友好、天人和谐的河流。

文化宣传的力量是不容小觑的。通过新闻采访和文化采风活动，催生了环保机制的变革与创新。山西水环境治理出台新政，全省实施河流跨界断面水质生态考核和补偿，确立了严格的“倒逼”机制—跨界断面水质不好的城市被扣罚生态补偿款，倒逼城市提升河流水质。值得一提的是，汾河沿岸城市全部建设了污水处理工程，汾河源头 20 年来第一次实现了 I 类水质，汾河水库 20 年来第一次实现了 II 类水质，山西 26 条河流的水污染河段，由 2005 年的 88% 下降到当前的 68%。

以环境摄影动员公众建设美丽三晋

做好环境保护工作，一个人的力量或许微不足道，但若是能汇聚民心民意，则势不可挡。如何动员全民参与环保宣传，建设美丽三晋，作为山西省环境文化促进会的秘书长，王璟是下了一番功夫的。

“‘生态三晋　美丽山西’环保公益摄影展，是我们连续几年来都在持续开展的一项全民参与活动。社会公众通过相机、手机拍摄展示山西生态文明建设、城市乡村生态面貌、工业生态之美的照片，或者反映人与自然和谐相处的照片，或者拍摄悖于生态文明建设的生态环境照片，发送给我们进行积极参与。在此基础上，我们评选优秀作品，对一、二、三等奖及优秀奖、特别贡献奖、优秀组织奖予以表彰，以激发社会公众的参与行为。”王璟说。

一幅幅生动自然真实、充满人文情怀的摄影作品，不仅体现着全民关注环保的意识正逐渐提升，更反映着各行各界为环保事业所做的努力与改变。王璟告诉记者，这些摄影作品中，一组生态修复治理“太原西山模式”的图片最吸引自己眼球，曾经满目疮痍、垃圾成山的玉泉山，如今风景如画，绿树成荫；曾经无人问津的山沟沟，在政府和企业的合力建设下，变成了太原的桃花沟景区；曾经是荒山野岭，地势险要的狼坡，如今到处充满着生机与活力。王璟说，这些照片反映了水体污染、废物污染通过生态修复治理，成为一幅幅人与自然和谐共生的画面，让人为之兴奋与赞叹。

全省大学生“晒家乡，行动更美丽”生态环境宣传也是山西省环境文化促进会开展的一项重要活动。这项活动，通过漫画或者日记形式反映家乡生态环境变化的美好景致，用青年的视角、真实的语言、活泼的形式讲述身边的环保人和环保故事。山西省环境文化促进会还参与开展了山西本土化青年环境保护宣教项目“饮水思源”等活动，都极大地调动了社会广大公众的积极参与，展现了美丽三晋的新风采。

以亲力亲为宣传光大环保新知

在生态文明时代，环保理念层出不穷，环保技术日新月异，环境法规不断出台，环保行动连连不断，这些都需要及时宣传推广。宣传光大，毋庸置疑。为此，山西省环境文化促进会策划编写、策划活动、策划布展，大力铺开环境宣传。而王璟更是事必躬亲，亲力亲为。“在每年的六五世界环境日主题展板选择及策划中，我都前前后后仔仔细细搜集整理资料和照片，为的就是能让参观者尽可能多地了解相关情况。”王璟一边向记者介绍，一边翻出手机相册供记者浏览，“你看，比如山西焦化集团，他们坚决贯彻废水零排放理念，走出了一条焦化企业‘节水治污、废水零排放’的循环利用之路，实现了废水处理和回用的再平衡。我们将他们的做法进行了宣传推广。”除设计制作用于世界环境日的展板外，王璟告诉记者，他还设计制作了《污染防治——行动更美丽》宣传挂图，以图文并茂的形式讲述治污重要性及治污新技术，每套 18 张还外加光盘一套，并将制作的挂图发放于社区、企业、机关、矿区、学校等多个场所，取得了很好的反响。

打好污染防治攻坚战，需要全社会行动起来，但生态知识知晓率低的现状却令人堪忧。“加强生态文明教育，关键是要充分发挥学校教育的基础性作用。首先，要重视学校教育的系统性优势，促进优化学校生态课程的内容和教学方法。要从娃娃抓起，要从小普及生态教育理念。”王璟深有感触地说道，为此，他参与编制了《中小学生环境教育读本》系列丛书共计 10 本，从小学一年级到高中一年级，内容涵盖大自然四季变换、动植物、各类资源及人与自然关系等，就是希望中小学生能从小树立保护环境的意识，爱护我们的家园。

环保无小事，每一件都值得做。王璟甘做生态文明建设的宣传者、践行者，唯愿山西天更蓝、水更清、生态更宜居。“我将继续做我所能做的事，尽可能多地为山西环保事业献上一己之力，那我就很满足了。”提及未来，王璟充满信心地说。

人物名片

姓　　名：唐治红
民　　族：汉　族
籍　　贯：重庆市忠县
所在单位：深圳市坪山区龙田街道龙田社区治安队

39

人物事迹

唐治红成立了龙田护河义工分队，平均每两周组织一次集体巡河，并总结出一套巡河经验："一看、二闻、三拍、四传"。这套方法现已被广泛应用。

目前龙田护河义工队已经从 20 人发展至 146 人，成员风雨无阻，巡河总时长 11 000 多小时，举报并阻止排污行为 36 次，劝导在河里洗衣、游泳等不文明行为 300 余次，以实际行动为绿水青山贡献智慧和力量。

荣誉榜单

先后荣获广东省十大民间最美民间河湖长、深圳市优秀志愿河长、深圳市十佳志愿者河长、深圳市五星级义工；坪山区优秀护河志愿者、坪山区"十佳最美义工"、坪山区义工联优秀管理员、坪山公安分局先进义工个人、坪山区民情服务队最佳管理员。2019 年，被生态环境部和中央文明办联合授予"最美生态环保志愿者"称号。

坚持让平凡的举动变得特别有意义。

——唐治红

唐治红：牢记党员使命，永葆志愿初心

唐治红，共产党员，中共龙田社区同富裕工业园区联合党支部书记，深圳市五星级义工、深圳市坪山区“十佳最美义工”、深圳市优秀志愿者河长、广东省“十大最美民间河湖长”。

热心公益，做一名优秀的党员志愿者

自2013年加入义工以来，唐治红利用业余时间参加志愿服务，6年来，他的志愿服务时长达4 265小时，多次获得市、区义工联和相关部门的表彰。

2013年龙田小学成立家长义工队，唐治红被推选为义工队长，从此开始了他的志愿服务生涯。他深知龙田小学周边的交通复杂，安全隐患比较严重，在学校领导及家长义工的支持下，他组织家长义工队维持学校周边的日常安全，护送学生安全过马路，组织学生安全乘坐公交车，以及协助学校内的大型活动等。

2013年至2017年，他带领的龙田小学义工队荣获“坪山区义工联先进集体”“坪山区公安分局先进志愿者服务分队”“坪山区公共事业教育局义工先进集体”等荣誉称号。

2014年，他牵头组织龙田社区学校、社区义工，在社区进行防诈骗宣传、禁毒宣传、安全文明劝导、扫黑除恶宣传、协助社区各类大小型公益活动等志愿服务，以“平安龙田—义工在行动”为主题，开展治安义工巡逻志愿服务，得到了居民的认可和表扬。

2015 年 7 月，深圳地区连降大暴雨，龙田社区吓田、同富裕、大水湾等多处积水，下水道不通、排水不畅。唐治红组织几名青年义工投入到抗洪抢险中，为社区居民降低了一定的财产损失。

认真负责，做一名优秀巡河队长

习总书记指出，“绿水青山就是金山银山”。我们要像保护眼睛一样保护生态环境，要像对待生命一样对待生态环境。2017 年，深圳团市委发起“河未来·益起行”志愿服务，在坪山区义工联的大力支持下，唐治红组织辖区义工成立了龙田护河义工分队，一起倡导护河治水。坪山区护河义工队坚持全社会动员，全过程参与，全流域巡护。做到三个“及时”：及时拍照记录河流环境，发现问题及时上传并 @ 水务局工作人员，水务部门及时处置并反馈处理结果。护河志愿服务得到市区街道各级部门的支持，同时，也逐渐得到了广大市民的理解和认同。

成立龙田护河队以来，义工们坚持巡河护河，到河边查看河道成了每个护河义工的“必修课”，寒来暑往，风雨无阻。护河队从最初的 20 人发展到 150 人，

龙田护河义工队 18 人在深圳龙岗河（坪山吓陂段）巡河、护河并清理河道两岸垃圾。

龙田护河义工队 29 人在深圳坪山田坑河（三角楼水支流）进行巡河、发放护河宣传资料及清理河道岸上、河底垃圾。

巡河志愿服务总时长超过 12 000 小时，举报并阻止排污行为 20 次，劝导在河里洗衣、游泳、钓鱼、捕鱼等不文明行为 300 余次。

护河志愿服务采用两种方式：自行巡河和集体巡河。

自行巡河是指，护河义工利用上下班和休息时间，自行到河边巡河，如发现有钓鱼、捕鱼、洗衣、游泳等行为，就当场劝离，对于有小部分市民不理解的，就通知相关部门来处理。如果发现河道内有建筑垃圾、生活垃圾、偷排污水、河道告示牌污损等现象，就拍照上传至护河义工微信群，并 @ 群里的水务局工作人员前来处理。做到随时拍、随时报，让护河义工与水务局工作人员在处理河流污染上形成有效的联动机制。

集体巡河是指，护河义工队每月组织开展 2 次以上的集体巡河，在河道附近对居民、小店发放护河宣传资料，清理河道内和两岸的垃圾，查看有无新增排污口，擦亮河边的告示牌，整理随意摆放的共享单车等。

通过巡河，唐治红摸索出了"一看、二闻、三拍、四传"的巡河要诀："一看"是看河道有没有垃圾，河水颜色有没有浑浊变黑；"二闻"是闻河水气味有没有发臭；"三拍"是对河流远景、左右近景进行拍照；"四传"是把所在位置跟河流照片传到"护河义工微信群"。如果发现排污或有垃圾需要处理，就 @ 群内环水部门工作人员。这套方法简单易学、便于操作，是在实践中被证明的行之有效的办法。

在一次巡河过程中，义工发现一家工厂施工时，挖掘机挖断了排污管，污水直接排流到河道。护河义工立即拍照上传至护河义工微信群并汇报水务局，水务局工作人员立即赶来现场查看情况，并找到施工负责人进行改正，有效阻止了一次污染扩大事件的发生。

在坪山区义工联和区水务部门的支持和指导下，坪山的河水逐渐变得越来越清澈，看着河边的美丽风景，大家感到由衷高兴。2018 年，唐治红带领的龙田护河义工队荣获“坪山区先进义工队集体”。

提高护河水平，需要不断的学习培训。深圳市团市委、市义工联启动“河未来，益起行”活动以来，对护河义工进行了多次培训，既有国内外的教授学者、也有治水领域的技术专家、还有深圳水务部门的负责同志，使护河队员们对深圳水情、水务知识、治水原理有了更深入的掌握。此外，市、区里还给护河义工搭建了很好的交流学习平台，组织“沙河尚”护河 U 站服务队、护水骑兵服务队等优秀队伍为大家做分享。

砥砺前行，做一名优秀的提升者

谈起这些年做志愿服务的体会，唐治红认为，一是护河治水志愿服务需要全市义工长期的坚持。他说：“坚持让平凡的举动变得特别有意义。”他觉得自己只是全市护河志愿者的一分子，全市护河巡河志愿服务行动每天随时随地都在上演。他相信只要护河义工坚持努力，一定可以让家园天更蓝、水更清、岸更绿。

二是护河治水志愿服务需要全社会的共识共为。服务过程中，他们最怕市民和企业不理解。当然，他们也得到很多支持和关注，特别是来自市民群众的点赞让他们内心很温暖。越是参与到治水工作中，越是发现，治水提质需要良好的社会氛围，需要发动所有市民朋友一起参与。有了社会和群众的支持和理解，义工的热情将得到最大限度地释放。

作为一名护河志愿者，他们的服务不见得多么高大上，但是一样有它的意义与价值；

作为一名护河志愿者，他们并没有惊天动地的事迹，但是他们有一年四季的坚持；

作为一名护河志愿者，看到身边的河流在大家的共同努力下逐渐变得清澈，他由衷地感到高兴；

作为一名护河志愿者，他始终相信：所有的坚持都有回报，所有的付出都有意义。

人物名片

姓　　名：郑　建

民　　族：汉　族

籍　　贯：重庆市长寿区

所在单位：重庆市渝中区巴渝公益事业发展中心

40

人物事迹

郑建把环境保护、为促进青少年发展搭建平台、推动公益事业发展当作自己的毕生事业，十六年如一日。

他组建了多个志愿者服务交流平台，先后参与发起成立中国大学生环境组织合作论坛、重庆青年环境交流中心等多个民间环保组织。在全国各地开展各类环保公益项目、活动数百次，培养了上千名优秀志愿者，推动数万青少年参与，数十人走上职业公益道路。

牵头组建重庆市科普志愿者服务总队，连续两年组织近 200 名志愿者服务于重庆市“科技活动周”。被聘为“重庆市生态文明和环保宣传‘十进’活动义务监督员”。2013 年 8 月，组织对重庆市环保系统官方新浪微博运营情况进行分析并提交调研报告，得到肯定。2013 年 12 月正式注册巴渝公益事业发展中心，工作方向从环保志愿服务拓展到推动公益事业的发展。

荣誉榜单

2019 年被生态环境部、中央文明办联合授予“最美生态环保志愿者”称号。

为什么世上必须要有理想主义者？因为有一些令人后悔的事情，会发生在过于长远的未来，需要当代理想主义者不计代价去避免。

——郑　建

郑　建：我宁愿，为意义去奔波

也许在这个世界上，再也没有比公益更有号召力的举动了。否则，我们很难解释为什么在 2003—2005 年，西安一个小小的学生环保组织中，直到现在 10 余年过去，竟有 30 多位同学一直在持续全职从事环保公益事业。

这既是公益的感召，更是心之所向，梦之所驱。

人生道路：放弃专业，去关注垃圾

毕业那天，郑建提着自己的包，看着寝室的同学一个个出门，他有点不敢回家，也许是近乡情怯，也许是因为还没有想好如何给家里的老人交代。

郑建家庭条件一般，父母殷切盼望着他能够找一个世俗意义上的好工作，他的专业也不错，如果能成为暖通工程师，在 40 岁上下拿到三五十万元 的年薪是稳稳当当的。但令父母没有想到的是，郑建并没有从事自己学习了 4 年的专业，而是投入了另一项他们认为根本不可能谋生的工作——环保公益。

这是一个奇怪的悖论：每一个孩子小时候父母都会教育他要做一个有理想的人，但每一个孩子长大了，成年了，真如此理想主义，父母却很难理解与支持。

1999 年，郑建考上长安大学，很偶然的机会，他和几个朋友创建了学校的环保公益社团，有机会接触到更多环保专家和环保志愿者，了解到了地球沉重的负担——被污染的大气与水源、居住在地球上的人类无止境产生的垃圾。

组织西南地区环保社会组织能力建设培训。

这些垃圾，有时候所带来的污染超出人们的想象——比如可以回收利用的玻璃埋在土壤里，4000 年才会分解；一枚纽扣电池，就能污染 60 万立方米的水，这相当于一个人一生的用水量。这些数字令人震惊，却又频繁出现在身边。

“得有更多的声音来说这些。”郑建心想。这是他开始从事公益事业的初心：让这些发人深省的数字，被更多人熟知。

在校期间，郑建所在的社团组织大家参加一些垃圾捡拾活动，大学生们将河道旁的垃圾进行收集与分类。但河道旁的垃圾实在太多，100 个大学生工作了两天，放眼望去，垃圾依然触目惊心。这时候大家才意识到，仅靠志愿者的力量来拾捡垃圾是微不足道的，真正改变地球的面貌还得靠宣传，让每一个人都认识到环境恶化的严重性和环境治理的紧迫性，才能从源头上遏制污染的产生。

有一次，社团组织大学生去跟踪宿舍产生的垃圾去向。大家骑着自行车，跟踪垃圾收运车到了垃圾中转站，垃圾车装满垃圾，跑了，自行车追不上。大学生们又换出租车继续跟踪，跟到了垃圾填埋场，如山的垃圾一眼望不到头，所谓的处理也很简单、粗糙。负责分拣垃圾的老人带着他们去附近的村庄走访，在四年前，当地的自压井三五米深度就可以喝到甘甜的井水，现在打到 10 米以上，压出的水都带着臭味。只要风过，满村都是恶臭。村里的年轻人已经走光了，剩下的老年人无处可去，拾荒为生，早早患上各种疾病，几乎没人能活过 65 岁。

如果垃圾无法得到有效处理，垃圾村面积将会逐渐扩大。回程路上，每个人的心情都很沉重。在宿舍里面随手扔掉的垃圾看起来微不足道，但是却带来一系列严重的环境问题。包括郑建在内的大学生环保志愿者们，这才更真实地体会到从源头上减少污染源的重要性。

从一名大学生环保志愿者逐渐成长为全国知名青年环保组织带头人的郑建，从那时候起就体现出强大的执行力。千禧年刚过，网络并不发达，他在 2003 年搭建的“中国大学生环境组织合作论坛”，却很快成为了全国同类平台中最大的交流平台。截至 2012 年，他自筹 50 余万元成功举办了七届论坛活动，近千名全国各地的大学生环保社团骨干参加了交流学习。他随手拿出一本 2010 年在重庆召开的第六届论坛，指着近 150 名参会人员的名字一一介绍他们的来历，以及现在在做什么，“这一届参会人员，目前还有联系的人员中有一半以上都还在从事环保公益工作。”2004 年，他和几名来自全国各地的环保骨干一起搭建了“济溪环境交流网络”，现在，也成为了全国最大最权威的青年环保志愿者网络交流平台。

四年大学生活结束后，郑建并没有像其他同学一样选择专业对口的高薪工作，而是参加了大学生志愿服务西部计划。从农村走出来的郑建并不认为自己深切了解农村，特别是从 20 世纪 90 年代开始的农村白色污染，迄今为止没有良好的解决方案，郑建希望能够到农村一线去深入了解一下农村存在的问题。在“大学生志愿服务西部计划”中体现出的活动策划、组织管理能力，让他留下来考区政府部门公务员更具有优势，但是，西部计划结束后，他放弃了这个机会，一个人跑到了北京，进入了中华环境保护基金会，准备在北京这个更高、更大的平台上去寻找答案，完成自己的理想。

感召民众：一个人的坚持，更多人的努力

北漂三年后，郑建于 2008 年初返回重庆。父母依然没有放弃说服他找一份稳定工作，托亲戚朋友又介绍了一个建筑公司高薪岗位，但是他再次放弃了，依然执着于环保。这个选择对于父母来说是巨大的打击，原本盼望儿子大学毕业能够为家庭挑起重负，没想到儿子竟然是一个理想主义者，会为了那些在他们看来虚无缥缈的理由放弃现实的经济收入。直到 2013 年，郑建将重庆青年环境交流中心正式登记注册为重庆市渝中区巴渝公益事业发展中心，开始有了

社保、公积金，随着影响力的扩大，他们这才慢慢认同了儿子的选择。

和所有的公益组织一样，机构在正式注册之前，运营维持得非常艰辛。郑建有时候会去协助政府做一些环保教育的项目，有时候也会义务到社区、学校进行环保方面的讲座或者宣传活动，有时候企业也会将一些履行社会责任的志愿服务活动委托他来执行，其他全国性社会组织在重庆落地的项目活动偶尔也会找到他。有时候委托方会给一些项目执行费用，这几乎就是郑建的主要经济来源，用郑建的话说，他就是一个公益圈的小包工头。为此他甚至有点害怕过春节，因为每一次春节，父母与亲戚都会把他的收入与亲戚家的兄弟姐妹相比较，每每这个时刻，他都百口莫辩。

做一个公益人，是要有一些牺牲精神的。与郑建一起在重庆市渝中区巴渝公益事业发展中心的工作人员以及参与志愿服务的 200 多名核心志愿者，加上数以万计登记注册参加过活动的志愿者，每个人都是出于对环保的热忱而参与进来的。他说志愿者不是免费的劳动力，要让志愿者在参与过程中学到知识、掌握能力、提高意识，所以他的机构很重视对志愿者进行知识与技能的培养，希望他们能够向更多的人宣传环保知识，推广保护环境的方法。向社区居民发放的投诉指南、垃圾分类指南等资料也需要经济开支，郑建不无感激地提到一些企业家朋友的乐善好施，他们会提供印刷甚至人员活动经费，但更多的时候，机构的开支还是靠郑建申请政府购买服务项目，或者向基金会申请公益基金支持。

郑建的坚持与许多人的奉献，一起撑起了这份事业的继续。10 多年的宣传教育做下来，郑建及所在机构培养的志愿者已经陆续向重庆市各大中小学校、街道社区、企业输出各类培训、讲座等宣传教育活动上万场，接受培训的人数以万计。2018 年 9 月，重庆市生态环境局委托郑建所在的巴渝公益承接重庆市生态环境保护志愿服务总队的秘书处工作，郑建作为秘书长，带领团队负责总队的日常管理运行、志愿者培训、业务指导、品牌活动执行和培育等工作。大半年时间内，他在各区县、部分乡镇（街道）、局属单位建立志愿服务队伍 125 支，招募近万名志愿者，累计提供志愿服务时长超过 9 万小时；开展“百镇千村万户生态环保宣传教育”“环保设施公众开放”等各类主题活动 700 余场次；组织开展了“世界无车日”“世界地球日”“环境日”等市级示范活动。直到现在，还有 10 年前接受过培训、倾听过讲座的人，成为了环保主义的信仰者，也成为了巴渝公益的志愿者。当年的培训唤醒了他们对环保的认知，而他们又将对环境的认知输送给更多的人。

仅仅以 2017 年在渝中区开展的社区环保科普讲座为例：在这年天气最热

的时候，郑建招募了 30 多名志愿者，他们有些是家庭主妇，有些是刚毕业的应届学生，还有一些在校生，他们对环保有一些隐约的了解，但不知道更多的细节，也不知道自己能为此做些什么。郑建带着团队对他们进行了半个月的培训，两个星期很快过去了，因为天气炎热，工作繁重，一部分人离开了，最后留下了有热情有能力的 10 多名志愿者，一起参与到社区宣讲中。

从 9 月到 11 月，秋老虎肆虐的日子里，10 多名志愿者将渝中区 77 个社区全部覆盖，约 3 000 多名居民参加了环保讲座，并向社区居民发放《中华人民共和国环境保护法》《重庆市环境保护条例》《环境污染投诉指南》《垃圾分类指南》等 5 000 余份。

今天，垃圾分类已经成为了所有人关心的话题。2019 年 6 月，上海人被垃圾分类搞得焦头烂额。这让每个家庭的家务变得复杂，却让整个中国的垃圾处理变得简单。面对各地的分类难题，郑建不断在交流会、培训班、朋友圈等渠道讲解、澄清一些分类方法，让大家了解国家垃圾分类政策中“因地制宜”的原则。事实上，垃圾分类从来都不是新潮流，欧美与日韩国家已实施了较长时间，并取得了较好的效果。如今，中国已经起步，配套的法律法规出台、全民重视，这里面同样包含着郑建与其他环保公益人多年来的奔走、呼吁、推动。

联络政府：让公益机构，成为政府与民众的桥梁

从 10 年前开始，郑建就身体力行，不点外卖，进行自家的垃圾分类，甚至为了减少地球负担，他会尽可能地减少垃圾丢弃，将废弃物做二次使用。2011 年，他对 60 多平方米的办公室进行装修时，总共只花了几百元钱，房间的大部分物品都是从亲戚家想要扔掉的废品中淘来的，就连电线都没有开槽嵌入到墙体中，而是直接粘贴在墙上。因为这个办公室过于特立独行，华龙网对此还进行了采访报道。随着组织的注册和规模的扩大，现在他 200 多平方米的办公室除了粉刷了一下墙面外，仍然保持着原来的简朴风格，办公家具大都用了十来年，书架是他 2008 年在二手市场淘的，至今已随着他辗转六七个办公室了。在这个办公室的图书角上，像图书馆一样规范编码摆放的书籍，是他从大学时期就开始收集的跟环保有关的资料，其中有不少都成了绝版……

很难说这是一个时尚的办公室，但毫无疑问这是一个低碳绿色的办公室。他几乎没有产出任何多余的垃圾，办公室不许点外卖，不提供一次性纸杯和矿

泉水，产生的办公垃圾要进行分类，将可回收物进行定期变卖或直接送入回收渠道，部分单面打印的纸张装订起来做草稿本。郑建的行为，感召着更多的志愿者一起参与到公益活动中。然而，近 20 年过去了，郑建越发感觉到个人力量的微薄，甚至组织起来的民间力量也始终难成体系。真正能够更快、更迅速、更有力地产生效应，还得依靠政府引领。

在郑建看来，环保社会组织是联系群众与政府的桥梁和纽带，随着对环保社会问题处理得越发深入，这个桥梁作用也就发挥得越明显。2013 年，他在浏览某个区县环保局的官方微博时，偶然发现有许多新媒体运营问题：关闭评论区，长期不更新等，他给微博发了条私信，却被直接拉黑了。他没有气馁，而是与志愿者一起对重庆市环保系统官方微博的运营情况进行了统计分析，并向市环保局提供了相关调研报告。报告递上去的第 2 天，环保局分管处长打电话过来，邀请郑建到局里详尽讨论如何规范使用新媒体。随后环保局出台了相关文件，对新媒体使用进行了规范，之后又邀请他建言重庆市的生态文明建设。面对这个庞大的话题，郑建和团队一起走上街头，通过调查问卷、实地访谈等方法，又给环保局提供了一份调研报告。2018 年 1 月，郑建再次通过九三学社重庆市委向重庆市两会提交了一份政协提案，推动环保社会组织健康发展，以更好地推动生态环境保护公众参与和环境治理体系构建的进程。近十年，郑建通过各种渠道向政府相关部门提出建议十余份。

如今，巴渝公益事业发展中心的运转越来越健康，也有了属于自己的更大的事业版图。

为什么世上必须要有理想主义者？郑建说，因为有一些令人后悔的事情，会发生在过于长远的未来，需要当代理想主义者不计代价去避免。每一个人都是中国，你环保了，中国就环保。让后代生活在欢笑中或是生活在悲伤中，取决于我们这一代人的一念之间——这就是公益人的意义。

人物名片

姓　　名：赵军友

民　　族：汉　族

籍　　贯：江苏省淮安市

所在单位：江苏省连云港市城建控股苍梧物业管理有限公司

41

人物事迹

赵军友 1999 年 10 月从部队转业到江苏省连云港市机关事务管理局（现市城建控股集团），负责苍梧小区、市级机关后大院、市各民主党派、市档案局等治安保卫工作。他在平凡的工作中干出不平凡的业绩，他敬业奉献，侠肝义胆，乐于助人，做的好事数也数不清。

自 2007 年以来，赵军友就带领全家人参加清洁海岸义工团，一直到今年已经有 12 个年头。他们的团队有 6 000 多人，利用自己的休息日，一起在 211 千米的海岸线上徒步俯身捡拾垃圾，保护湿地与海鸟，掌握海岸线周边工厂的污水排放情况，每次的活动都需要排队报名，而他每次活动都从未落下。2011 年，赵军友作为中国志愿者唯一代表，在联合国环境署组织的西北太平洋海滩清扫活动中发言。他的足迹踏遍港城海岸、湿地，累计志愿服务近 3 000 多个小时。

荣誉榜单

连续多次被评为连云港市十佳志愿者、最美环保人、江苏好人、江苏省道德模范、中国好人、中国十大海洋人物，绿色中国年度人物提名奖，其家庭获得连云港市文明家庭、最美环保家庭、省优秀家庭、全国五好文明家庭等。2019 年，被生态环境部和中央文明办联合授予“最美生态环保志愿者”称号。

服务于人，而受惠于人，我只是一个为幸福奋斗的平凡人。

——赵军友

赵军友：用平凡书写精神史诗

人的一生要在“舍”中度过，不同的人、不同的“舍”铸就了不同的人生。“做事要先学会做人。”这是赵军友人生中第一次离开家乡去部队时父母的离别箴言。

从高中时期便开始拿助学金的赵军友，早早就在心里铭刻下了“感恩”二字。他高中毕业后没有参加高考，直接选择了当兵，并加入了部队里的学雷锋活动小组，为地方家庭条件不好的孩子义务培养兴趣特长。学雷锋小组活动，让赵军友第一次感受到了“我也有力量帮助别人，别人也因为我的帮助感到快乐。”

今天的赵军友，以数不清的“感动港城”的事迹，早已是江苏连云港的名人。“我爱我利用业余时间所做的事，我的名字，我想应该就是志愿者吧。”他这样定义自己。

军威显本色

赵军友 1985 年应征入伍，至 1999 年转业到地方工作，在部队整整服役了 15 个年头。入伍时刚满 18 周岁的赵军友，因表现突出，第二年便光荣地加入了中国共产党。在部队他奉命参加了多次抢险战斗，先后荣立 5 次三等功，十多次受到部队团以上领导机关嘉奖，多次被评为优秀党员。正是人民解放军这所大学校铸就了赵军友的铮铮铁骨和献身精神，以至于他转业到地方的十几年时间里，仍然保持着一个战士的本质。忠于职守，听从于党的指挥，服务于人民的需要，这就是他的人生定位。

1999 年 10 月，赵军友从部队转业到江苏省连云港市机关事务管理局（现市城建控股集团），负责苍梧小区、市级机关后大院、市各民主党派、市档案局等治安保卫工作。他在平凡的工作中干出不平凡的业绩：几年来抓获小偷 140 多人，被他改造好的失足青年 40 多人，先后受重伤 6 次，轻伤无数次，在工作中他和他的保安同志们，为人民群众找回被盗、未锁车辆 6 000 多辆，其中斩车 400 多辆，挽回经济损失 4 000 多万元。2007 年，他当选“感动港城”十大典型人物，当时组委会给他的颁奖词是：他嫉恶如仇，不畏强暴，侠肝义胆，铮铮铁骨，让窃贼胆寒，保一方平安。他双肩挑着正义和责任，心里装着群众和安全。在和谐港城的大家庭中，他守护安宁，无私奉献。

十几年来，赵军友的节假日和业余时间几乎都用来做一件事：带着老婆、儿子与团友一起去做志愿者服务。他去福利院、养老院看望身患残疾的儿童、老人，带着残疾宝宝们去游园，为因洪水、地震造成残疾的灾区儿童上街募捐，多次无偿献血并发动义工朋友一起参加无偿献血。他帮助 28 户家庭找回失踪、走失的老人、小孩，被传销组织控制的青年人，帮助 37 名外来人员、退伍战士找到工作，帮助 19 名流浪汉返回家乡自食其力，帮助 6 名外来务工人员的小孩在就近的小学、中学入学。

他八年如一日，抽空陪伴身有残疾的 88 岁江希涵老人聊天，无论是春夏

带领志愿者们参加连云港海州湾国家海洋公园科研监测及净滩活动。

秋冬还是严寒酷暑，从不间断，直到老人家 2012 年 96 岁时过世。有一次他和义工朋友去市海州新坝养老院，为身患残疾的老人们打扫庭院，擦身子，包水饺，要走的时候，一位近 80 岁的老人，拄着拐杖走来对他说：“小伙子，你们下次什么时候再来？”赵军友的眼睛湿润了，当时就决定，联系更多的志愿者，轮换着两个月来一次，陪陪这群无儿无女身有残疾的老人们。从 2003 年中秋夜起，该爱心行动已经连续开展了 14 个年头。

每年中秋夜，赵军友都会走上街头搜寻身有残疾的流浪乞讨人员，为他们送上一份“爱心月饼”。2003 年的一天，他偶然得知，少数大学生因为家里太穷，只能节衣缩食，这对他触动很大，“我生在农村，知道孩子们的苦，特别是贫困人家的孩子。”从那时起，他就开始资助贫困大学生，每个孩子每个月 700 元，他说：“不多，不多，真的不多，但我也只能提供这么多，每个孩子只能提供到大一或大二。”这么多年下来，他资助过 27 个大学生，最多的时候，一个月资助 4 个大学生，资助金额近 3 000 元，而他当时的工资才 2 000 元多一点，穷困潦倒时他甚至想去卖血。“看到生活困难需要帮助的人，我总想去帮他们做点什么，尽管这种帮助十分有限。”

他九年如一日结对帮困新浦区浦东办事处菜市社区徐乃侠一家，使这一家三口都是残疾人的零就业户、低保户、特困户摆脱了贫困。那天，他在单位附近配钥匙时，结识了配钥匙的师傅一家，了解到这个家庭的不幸：夫妻俩都是残疾人，他们还有一个患脑瘫的儿子，一年要有半年时间去康复医院治疗，可

带领志愿者们参加连云港徐圩新区海滩垃圾监测及净滩活动。

带领志愿者们参加连云港海州湾国家海洋公园净滩活动。

是一家人每月可支配的收入只有几百元……回到家他将情况说给妻子听，两人决定帮助这个家庭，开始不间断地接济他们。但他发现这不能从根本上解决对方的困难。深思熟虑之后，赵军友帮他找到有关部门协调，选了一处很好的摊点，并帮助搭了房子接上水电，这对困难夫妇终于可以凭着手艺挣钱养家了。平时无论他多忙，都会去摊点看看，想到摊点位置是人流比较集中的好地方，如果再经营点别的，应该更有收益。于是他又四处奔波、协调，终于把所有的手续办妥，为这对夫妇申请了营业执照，办了烟草证，配钥匙之余还可以经营饮料、报刊、公共电话等，收益还不错，使这家人从根本上摆脱了贫困。

2006 年 9 月 2 日深夜，赵军友下班回家时发现一个浑身脏兮兮的人，起初以为此人是小偷，靠近一看此人冻得直哆嗦，看上去有很多日子没洗澡了，问他也不说话。赵军友便回家用瓶子装点热水，又拿了几个馒头给他，这人狼吞虎咽地把馒头吃光了，水也一口气喝光。第二天晚上，这人又来到他家附近，赵军友又给了几个馒头一瓶热水，他的儿子赵震还把自己盖的毛毯送给流浪汉。以后每天晚上，这人都到他家附近讨饭，一直持续到 9 月 11 日晚上，这人终于和赵军友开口说话了。他自称姓王，徐州新沂人，身体有点残疾，出来流浪已有半年多了。王某对他说，到今天为止，除了赵军友一家，没有一个人用正眼看他，几乎没有遇到过关心他的人，遇到赵军友之后，便重新燃起了生活的信心。赵军友和他聊了好长好长时间，给他 50 元回家的路费钱并把自己的电话留给他。12 日早上，赵军友一上班就接到王某的电话，他说他已经回家了，要凭双手去劳动，感谢连云港的好心人。

组织党员参加春季植树活动。

守卫那片蓝

赵军友是连云港市 60 多万名志愿者中的一员。多年来，他和队友们坚持清洁海岸、保护海洋的义举影响了无数人，这让他在 2014 年 6 月 7 日，站在了全国十大海洋人物的领奖台上。每个周末，赵军友都会身着小马甲、头戴鸭舌帽、身背小挎包，左手长夹子、右手垃圾袋，准时出现在"在海一方"公园海滩。破旧渔网、烟蒂……捡起垃圾，仔细分类。这些细碎烦琐的工作，他却乐此不疲。正如国家海洋局海洋日活动办公室主任、宣传教育中心主任盖广生对赵军友入选中国十大海洋人物的评价：赵军友日常所从事的工作与海洋毫无关联，但他却能数年如一日坚持保护海洋，坚守平凡，我们要向他致敬！ 211 千米海岸线，他用脚量了过来！

清洁海岸义工团正式成立时，成员不到 10 人，十年过去了，成员总数近千人，每年近 2 万人次参加清洁海岸的活动。然而，自豪的背后是一步步用脚丈量出的艰辛。赵军友为了能清扫更长的海岸线，每次出发前都是自费购置水和干粮，通常都是一瓶矿泉水配上 2 个馒头。也许正是这样的热情和艰辛打动了周边的人，越来越多的人加入到清洁海岸义工团的队伍中来。十年来，从与山东交汇的绣针河，到与盐城交汇的灌河，211 千米的海岸线他几乎走遍了。

除了清扫海岸，赵军友与队友们还自愿当起了海洋的保护者。他们在清扫海岸的过程中无意发现，随着潮涨潮落有一股黑色的液体在流动，义工团里每个人的神经都紧绷了起来：一定是有企业偷偷排放污水了。赵军友和队友们循着排水的方向找了过去，结果和他们预想的一样，在海州湾支流入海河口蒋沟子处，一家企业有污水处理设备却不用。赵军友立刻与队友们一起找企业交涉。违规排污企业说他们多管闲事，还对他们实施辱骂、恐吓和围攻，赵军友一想到污水给海洋带来的危害，便与之作殊死的斗争，并找到当地政府和环保部门，一起惩处了这家企业，问题最终得到了解决。十多年来，像这样的事情还有很多很多，但赵军友和队员们从未退缩，反而越战越勇，用他们的实际行动宣传着保护海洋的重要意义，影响着社会上的每一位公民。赵军友说，他现在最期待的就是清洁海岸义工团解散。因为那就意味着每一个人都自觉行动起来了。

保安工作是平凡的，平凡到许多人会冷视而过。但赵军友却默默地在自己的岗位上尽心尽责，勤勤恳恳地站好每一岗，守护着万家平安。

因工作突出，2006 年 8 月他被省委宣传部、省文明办、团省委评为优秀青年志愿者，2007 年 1 月被评为连云港市第十届精神文明建设十佳新人新事，2007 年 7 月 1 日被评为“感动连云港”十大典型。2008 年 5 月，他的家庭被连云港市新浦区委区政府授于“和谐家庭”荣誉称号；同年 11 月，他的事迹在中国人民解放军总政治部核心期刊也是全国中文核心期刊大篇幅专题报道。2009 年以来，赵军友先后被市有关部门授于“服务之星”、清洁海岸十佳义工、优秀共产党员、创建全国文明城市工作先进个人等称号。

面对人民授予的荣誉，赵军友说：“服务于人，而受惠于人，我只是一个为幸福奋斗的平凡人。我会继续以优秀共产党员的标准严格要求自己，想民之所想，急民之所急，全心全意为人民服务！”

人物名片

姓　　名：孙　毅
民　　族：汉　族
籍　　贯：江苏省泰兴市
所在单位：浙江省杭州市环保志愿服务总队

42

人物事迹

孙毅自 2004 年 6 月 5 日以《青年时报》社跑线记者身份加入杭州市志愿服务总队起，一直坚持在做好自身工作之余，参加环保公益服务。近 15 年来，他坚持深入社区、学校、企业、公共场所，每年参加环保志愿服务不少于 100 场（次），累计志愿服务时数达 6 000 小时。策划组织“一把伞，一座城”“厨房里的公益——环保酵素的制作与应用”“袋暖杭州”超市行、“贴沙河圆桌会”等绿色主题公益活动。2017 年 6 月，杭州市志愿服务总队被共青团浙江省委等单位表彰为“浙江省志愿服务先锋队”。

曾撰写并出版环保公益书籍《绿道遇见你——翻开环保志愿者的成长笔记》。

荣誉榜单

曾荣获“杭州市功勋志愿者”称号、“杭州市杰出志愿者”称号、杭州青年五四奖章。2019 年，被生态环境部和中央文明办联合授予“最美生态环保志愿者”称号。

环保从来不是一项高高在上的工作，每个人都可以做到，地不分南北，人不分老少。

——孙 毅

孙 毅：甘当环保铺路石

一把把旧雨伞，一叠叠购物袋，一筐筐啤酒瓶盖，一本本二手书，一支支铅笔头……新华路 112 号，在不到 10 平方米的杭州市环保志愿服务总队办公室里，满满地堆放着一些看似不起眼的物品，更像一间旧物仓库。

总队副队长孙毅只要有空都会来办公室待上一会儿，把各类物品整理一遍。这些在一般人看起来早该扔进垃圾桶的杂物，在他看来却是“宝贝”。他说，“一些东西之所以扔出家门，只是对自己没有用了，但可能对其他人还有用。我们现在做的，就是铺一条路，促进资源循环，物尽其用。”

每当有好奇的邻居走进办公室，孙毅总是微笑着将这些“收藏”展示给他们看：“这些不起眼的废弃物品，经过加工，就会变成漂亮的手工艺品。之前就有人从这里拿了 200 多个啤酒瓶盖做了荷花灯。即使暂时做不了什么，我们先把它们收集起来，为那些有能力做的人做准备，这些东西至少不会那么快地去垃圾桶。”

孙毅做环保志愿者已走过 15 个年头。这些年，他和团队的志愿者们一起身体力行，鼓励更多人参与到环境保护中来，他也一步步从活动的参与者、跟从者成长为思考者、引领者。2018 年 6 月，他结合自身环保公益实践，在杭州出版社出版发行了环保志愿服务入门读本《绿道遇见你——翻开环保志愿者的成长笔记》，通过在社区、学校、企业和公共场所赠书等方式，在一场又一场环保公益活动中，做更深入传播。

倡导垃圾减量是孙毅及其志愿者团队目前的一项核心工作。“我们之前倡

孙毅向企业家朋友赠送自己的作品《绿道遇见你》，他已累计免费赠书、捐书近 3000 册，帮助更多的人了解环保志愿服务。

导环保公众参与，更多的是在告诉别人保护环境要做什么，而垃圾减量是做减法，是考虑‘不做什么’。事实上，并不是每个人都了解环保专业知识，也不是每个人都特别需要了解。环保公益宣传，要生活化，不要过于专业化。要找到每个人生活中都会遇到的寻常物件或场景，做更简单也有效的绿色传播，帮助更多人参与进来，坚持下去。”

推广垃圾减量，就要明确什么是垃圾。首先，其实并没有什么东西天生就是垃圾。在一次次与学生、居民的交流中，孙毅总是会引导大家去探究垃圾的本原。“所有要扔出家门的东西，当初都是自己买回家的，或者单位福利，或者朋友赠送，很少有人会把一件东西认定为垃圾之后，还拿回家的。那些拾荒的人，捡的可能在别人看来是垃圾，但在他们看来，看到的首先是它们的用途和价值吧。投身环保公益的人，看到的东西那应该更不一样，价值是一方面，更重要的是社会价值、环境效益吧。”启发更多的人思考垃圾是怎么来的，探寻“垃圾可无”的方法和途径。

究竟怎样理解“垃圾”？跟个人投身环境保护之间到底是什么样的关系，是不是多一些环卫工人就够了？他从推进公众参与角度，更多强调垃圾产生者的主体责任。“人均垃圾产生量的减少，是一座城市、一个公民文明的标志。”大多数人终其一生对环境的正向贡献远远小于自己对外部环境的索取。同为地球的孩子，人们之间的区别，主要就是对外部环境负面影响的大与小之间的区别，索取的多与少之间的区别。我们的生活片刻也离不开大自然的慷慨馈赠。要让眼前的生活可持续，每个人都要行动起来，首先要努力减少自己对外部环境的负面影响。“没有绝对的投放自由。投放是权利，减量是义务。而目前我们在垃圾分类推进中，过于强调分类方法的普及，可能是抓了芝麻，丢了西瓜。想以此来推进形成全民共识，促成全民行动，更容易事倍功半。”孙毅对此有一套自己的理解：“我们推进的垃圾减量，是全流程全形态的，不只局限于固态。一般意义上生活废弃物是固态的垃圾。此外，受污染的水环境，就是液态的垃圾。而雾霾、空气污染，其实就是气态的或浮尘状态的垃圾，都是人类或有序或无序、或有度或无度活动的副产品。垃圾减量的目标，就是和更多的人一道，合力减少固态、液态、气态这三类垃圾。我们能够减少哪怕是其中一项，也会减少对外部环境的负面影响。在如何减少方面，大家可以做更多探讨，形成更多合力。固态垃圾的减少，比较重要的标志就是想办法促成一些东西不去垃圾桶。”

究竟怎样做到垃圾减量呢？孙毅列出五个“Jian”字：“捡、拣、减、俭、简”。用一条数轴来表示的话，“捡、拣”，是目前很多人在做的，这两个“Jian”，都是对“垃圾已有”的应对和补救。“俭、简”对应着人们行为习惯、消费理念的转变，在不影响生活品质的情况下追求更简约也更有品质的生活。这一阶段人们应主动减少垃圾，减少对外部环境的索取和负面影响，对应着“垃圾可无”。而居中的“减”，更像是这条数轴的原点。要引导更多的人千方百计去减少，无论是通过“捡、拣”还是“俭、简”，我们很难一步到位，也没有捷径可走，那就从自己力所能及的事情做起吧。

捡，即捡起垃圾。自己不乱丢，也愿意捡起看到的垃圾。

拣，指的是一种方法，实际上就是垃圾分类，将垃圾分拣后促进资源化利用。现在全国各地有不少方法在推广。

减，即减少垃圾产生的数量。

俭，即俭朴的人生观：即使再富足，还愿意过一种相对简单的生活。俭的精髓在于一知止。不得消极得什么都不做，而是知道自己的边界，自己主动踩刹车，适可而止。

简，传承的是中华民族传统文化中“大道至简”的深刻哲思，并不是经济总量上去了就可以不再考虑资源利用的效率、不再去考虑环境的承载、不再考虑子孙后代他们的发展权益。

秉承着这样的理念，在杭州市的大街小巷，在普通的杭州市民身边，孙毅和志愿者团队发起了各种各样的活动。不管是将旧雨伞收集整理后放在公共场所供应急使用的“一把伞、一座城”活动，还是将多余的环保购物袋收集起来放在超市转赠给其他购物者的“袋暖杭州”活动；不管是在社区深入推进垃圾减量、每周一期已经进行了200多期的“爱在东平巷”“爱在荆山翠谷”“绿色星期三”等绿色阵地活动，还是收集废瓶盖、铅笔头、油烟机废油等物品促进二次利用的行动，都能恰到好处地把践行垃圾减量与爱心公益结合起来。

对于孙毅而言，环保志愿者一次次办活动不是最终目的，更重要的是让环境保护的思想和行动真正融入日常生活。“我们希望能够找到家家户户都能做的、普通人都能干的一些事儿，其实一句话来说，就是倡导更多的人千方百计减少垃圾，减少对环境的负面影响。”

孙毅认为，环境保护不只是部分责任部门的事情，更是全社会共同的事情，需要所有的相关方相向而行。“我们团队的每一名志愿者、我们总队的办公室，以及我们发动的每一个人、每一个单位和每一个场所，都能够作为一个桥梁，为居民搭建起走向绿色的通道。”越来越多的市民看到环保志愿者的宣传后，开始主动将家中收集的废弃物送到环保收集点；越来越多的环保志愿者在各自工作生活的企业、社区、学校成立环保志愿服务分队、践行垃圾源头减量，将环保的种子播撒到更多角落。

“志愿者就是一群普通的社会人，不同之处就在于多了一份‘意愿’‘志愿’，这个‘意愿’一定是源于内心的动力，愿意更主动地比普通老百姓多做一点点。”孙毅及其团队通过实际行动调动社会资源，联结更多的公共空间，把“放错了的资源”放在该放的位置上。不计其数的旧物已经通过杭州市环保志愿者的努力传递到了他人手中，得到重新利用。面对“这个东西还有什么用”的询问，他们并不把自己当作“大厨”，不是说都会提供一个确定的方案，而是提供一些参考，让每个有能力有意愿的人，都可以参与进来。也会有一些东西聚集了之后，一时没有更多的办法，又让它们去了垃圾桶。“我们不给自己道德优越感，不会硬性要求别人，同时也不会过于束缚自己，一时确实做不到，那也要知止。但这样的做不到，并不是说当初的探索就毫无价值。我们不推崇绝对的环保，也不推崇绝对的公益。”

长年的志愿者服务工作，让孙毅成为一个健谈的人。但在他看来，行动比语言更有力量。他认为，环保从来不是一项高高在上的工作，每个人都可以做到，地不分南北，人不分老少。环保志愿者是一份事业，但不是一份职业；是

孙毅在整理废旧雨伞。已有近 3 万把废旧雨伞经他手物尽其用。

为学校师生作“袋暖杭州”超市行环保公益活动的流程指导。

一份发自内心的意愿，而不是一种噱头。他认为，环保志愿者最大的愿景，就是希望一切事物都能按照自身的规律有始有终、善始善终。这些得到善用的物品是爱的载体、善的载体。通过志愿者带动每个人的行动，不仅能减少垃圾的产生，也会让更多的人懂得分享、学会为他人着想。

“现在不少人看到大量垃圾被乱丢总是带有一种怨气，”孙毅说，“环境问题看上去是人与自然的关系，其实更表现为人与人之间的关系。千方百计去减少垃圾，最终的落点是绿色公民的培育。当更多的人愿意去做铺路石的时候，包括环境问题在内的很多社会问题，都会找到出路。当更多的人心里装着他人、装着自然、装着社会，当更多的人心里播种下生态文明的种子，整个社会文明的底线就会不断地抬升。”

“坚持做人中人，做好人中人。”孙毅曾在他的微博中写道，想要环境改善单靠一个人甚至一群人的力量是远远不够的。杭州环保志愿者目前已超过一万人，坚持助力美丽杭州、美丽中国，孙毅正以坚定的脚步向心中的美好愿景迈进。他有一个朴素的愿望，通过更多人的努力，逐步实现“有人的地方，就有环保志愿者；有河的地方，就有护河先锋队”。

做环保志愿者，做一颗普通、快乐而有作为的铺路石。一路上，孙毅正遇到更多的人踏上这条路，更多的人愿意参与铺这条路。这是他的长征，也是新时代所有人的绿色长征。

（本文撰稿：程维嘉）

人物名片

姓　　名：张佩环
民　　族：汉　族
籍　　贯：天津市
所在单位：天津市北辰区引河里幼儿园

43

人物事迹

张佩环引领教职员工坚持用自己的责任和担当带动幼儿、家长和社区公民关注、参与环保。在她的倡导和带领下，幼儿园 50% 的教师成为巾帼环境友好使者。2010 年幼儿园成立了“美丽幼师环保志愿团队”，连续 9 年、18 个环保季开展了 200 个环保活动，她不停地进行传承与创新，影响了近 3 000 个家庭、上万人次的大小公民，团队被评为“感动北辰文明人”。幼儿园先后编辑《让绿色沁人心脾，让环保浸润心间》《追寻教育生态　润开满园芬芳》两套生态环保教育园本教材，受到全国、全市和各区关注学习和参考使用。

荣誉榜单

先后荣获中国生态文明奖先进个人、天津市新长征突击手、北辰区“五一”劳动奖章等荣誉。2019 年，被生态环境部和中央文明办联合授予“最美生态环保志愿者”称号。

一所真正优秀的学校，她的文化一定是一种行动文化。

——张佩环

张佩环：教育与孩子是最美的期望

张佩环，天津北辰区引河里幼儿园党支部书记兼园长。从教 28 年来，她始终守望“初心”，打磨“匠心”，坚持用“工匠精神”开展生态文明教育。先后20余次在全市、全国以及国外介绍教育经验，并获评天津市新长征突击手、天津市师德先进工作者、天津市教工先锋岗、天津市教科研先进个人、北辰区“五一”劳动奖章等荣誉称号。

作为奋战在最基层的党员，一个集体的领头雁，张佩环深知言行举止对每一个人的影响，深知自己的满满正能量对一个集体发展的影响。9 年来，她用自己的责任和担当、对心灵教育的忠诚与守护，带动、影响着教师、幼儿、家长和更多的社区居民，近 3 000 个家庭、上万人次的大小公民在各类生态环保教育活动中参与、宣传、行动和转变。

引河里幼儿园座落于引河里社区内，该社区建于 1984 年，楼房老化，居民年龄结构偏高，外来务工者居多，文化水平、家长素质参差不齐：随地吐痰、乱扔烟头纸屑，每每接送孩子时，一些年轻的父母嚼着口香糖进出幼儿园，随口吐掉的口香糖粘在地上踩在鞋底，有的甚至粘在孩子们的鞋上。此外，还有接送孩子时一些家长对幼儿园严格的管理制度不理解，不会排队等待，甚至对老师多有讽刺、侮辱的语言，等等。这让张佩环陷入深深思考，作为从事幼教几十年的教育工作者，对成人的道德品质、行为习惯给下一代的影响心存担忧、心生后怕。家长的素质亟待提高，但每一个家长又对子女的期望是很高的，必须“青出于蓝胜于蓝”。家长的这种心理正好作为实施教育理念的突破点。张

“美丽北辰 我是小小行动者——生活垃圾分类活动”启动仪式。

佩环觉得“机不可失”，必须让教育渗透心灵，让触动心灵的教育扎根幼儿，使家长真实地感受那些耳濡目染、潜移默化带给孩子们的变化，并以小带大反哺家长，提高整个家庭的素养，进而形成社会正能量的传播磁场！

幼儿教育是影响人生的起点教育，孩子是国家的未来，这是张佩环的社会责任感。她将这种责任感传递给教师，教师种植到幼儿心田。为了绿色文明理念的倡导、形成、扎根、认同，她带领引河里团队的每一个人每一天都在倾注全心，用言行举止实践着看似简单却影响幼儿一生、影响未来公民素质的承诺。

任何一种观念的形成、文化的认同，都远非一日一时之功，都必须付诸艰苦卓绝的努力和实践。连续9年18个环保季200多个环保活动，她们不停地进行传承与创新，在自己的专业引领下，幼儿园形成了一定模式、系统化的主题活动，包括特色环保主题墙，特色亲子活动，走向社区、广场的各类环保宣传，“小手牵大手节纸、节电、节水总动员”“做地球未来小主人”“垃圾分类”等大型主题环保月，厨余积肥，家庭环保知识竞赛演讲，原创环保歌曲……亮点频闪，参与率高，参与面广。此外，张佩环带头编纂的两套生态环保教育园本教材，受到全国各地、全市各区的观摩学访者和百余园所的关注学习和参考使用。

“一所真正优秀的学校，她的文化一定是一种行动文化”。连续 9 年的生态文明教育，引河里幼儿园被家长评为“最懂小朋友的幼儿园和最懂幼儿教育的幼儿园”。只有张佩环她们自己知道，这份珍贵的“最懂”背后是苦功真功：每天入园、离园时每个家长、孩子有礼貌地与执勤教师、保安问好、再见；家长接孩子时有序排队没有了着急和抱怨；孩子无论在哪儿看见老师、客人都主动自信地问好……最让家长欣慰的是，就连 3 岁的小班孩子看到家里的蛋糕盒要扔，都会说：别扔，看看能做什么？中班顺顺妈妈说：早晨我用转笔刀削眉笔，孩子从地上捡起碎屑，对我说：“妈妈，你看像不像花？”我说：“真像！”他又说：“用胶棒粘在图画纸上就是花了。我们老师就能把没用的旧东西变成漂亮的、有用的东西。”活泼礼貌的孩子、舒心微笑的家长，来园观摩的同行无不感叹：孩子们如此懂规则、懂合作、懂要求、懂保护自己和他人真是太难得了，怎么做到的？引河里幼儿园人与人之间的尊重、信任、理解、谦让、包容成为大家的自觉行动，孩子们改变了，家长们改变了，也带动了社区的改变，这就是先进的教育理念带来的文化素养的提高，这就是文化自信产生的巨大能量！

从国际生态学校到北京会议中心国家领导人的接见，从成为中国生态文明先进个人到入选全国百名最美生态环保志愿者，张佩环认为，这背后是整个团

环保小卫士走进社区进行“亲水爱水”主题演讲。

教师参加区“心向党”演讲比赛，讲述我们的环保故事。

队的“奋斗”，是幼儿园每一名党员教师的担当作为，是热爱教育和孩子的初心不悔……

孩子和家长的认同，同事和领导的支持让她坚定了幼儿生态文明教育之路；荣誉和褒奖更让她坚定美丽中国因幼儿教育的扎根成就愿景！回想一路走来家人的理解和支持总会让她泪眼朦胧。忘不了每当因为担心丈夫太累，自己与他争抢对病重婆婆和年迈公公的照顾时，他永远会说：“不用你，你忙去，我能行！”忘不了婆婆去世当天正赶上她为全市园长作全天经验介绍，家人担心打电话影响她，发来信息，在看到“妈已过世”短短四个字时，她心如刀割，强忍泪水，继续与大家分享传播着“我们的理念与实践”，在中场和午休时，她含悲忍痛、面带笑容地回复、指导着各区园长的工作；忘不了讲座后晚间赶回家自己跪拜哭诉时全家人对她的无怨和包容……

张佩环常常对幼师们说，我们身上不仅承载着“建设富强民主文明和谐美丽的社会主义现代化强国而奋斗”的使命，更要将这份家国情怀植根在幼儿心中，因为，教育与孩子是中国最美的期望。

人物名片

姓　　名：杨建生
民　　族：汉　族
籍　　贯：上海市
所在单位：上海市生态环境局（退休干部）

44

人物事迹

杨建生退而不休，勤勤恳恳，任劳任怨，像一头永不疲惫的老黄牛，奋斗在环保事业和扶贫的第一线。他主持、策划了上海第一届“华谊杯”少儿生态微童话大赛，参与策划“企业进社区——社区生态文化角”活动，组织社区居民参观绿色工厂，开展“川流上海——寻访身边美丽小河”上海中小学生摄影、微电影作品征集活动，主持启动了与西班牙盈迪德（INDITEX）集团合作的可持续消费示范项目，组织了多次环保捐赠和扶贫活动……数万名学生、社区居民和贫困户受益于他兢兢业业的付出。

荣誉榜单

2019 年，被生态环境部和中央文明办联合授予“最美生态环保志愿者”称号。

我愿为环保公益宣传和扶贫做一头永不疲惫，永不退休的老黄牛。

——杨建生

杨建生：那个发挥余热奋斗在环保事业第一线的他

雷锋同志说过“要把有限的生命投入到无限的为人民服务当中去”，这也是原上海市环境保护局杨建生同志的最好写照。作为共产党员，他与时俱进，退而不休，保持和发挥党的优良传统，始终奋斗在环保事业第一线。

杨建生在上海市环保系统工作了38年，在职期间爱岗敬业，勤勤恳恳，任劳任怨，以负责的工作态度、实干的工作作风，赢得了单位领导和同事的一致好评。2014年2月退休后，原本可以过上平静悠闲退休生活的他，根据局里安排到中华环境保护基金会上海代表处工作。他依然时刻坚守共产党人的信仰，把应该做、能够做的事情做好，拼搏到老，奉献到老，为上海市环保事业继续发光发热。

在上海代表处工作期间，杨建生是零薪酬。由于上海代表处办公条件不很理想，他就想方设法筹集办公家具、用品，甚至将自己家里新买的打印机搬到办公室。近年来上海代表处积极向社会募集捐赠资金500多万元，开展了形式多样、内容丰富的环保公益活动。

与西班牙盈迪德（INDITEX）集团合作的可持续消费示范项目，于2017年12月启动了处理ZARA库存尾货衣物及残次衣物（包括衣服、鞋子及饰品），旨在探索研究衣物生命周期，打造衣物闭路循环体系，宣传践行循环经济、物尽其用的环保理念，促进绿色消费、可持续发展。经过近一年的探索，杨建生从调研、学习到义卖、捐赠、综合利用等，逐步走完一个闭环。他积极协调联系机关、事业单位、企业等不同的受众对象举行9次义卖活动，共卖出12 224

对贫困地区云南大理云龙县捐赠笔记本、冬衣。

件，总义卖收入达 279 758 元。为支持云南省环境保护厅对口贫困地区帮扶项目，杨建生努力推动“绿色帮扶，你我同助—沪滇环保合作”捐赠活动，对云南大理云龙县居民和学生进行衣服和文具的环保慈善捐赠，还为上海和养宝华养护院进行环保捐赠活动，将衣物捐赠给养护院的老人们。合计捐赠衣物 2 438 件，捐赠公益总价 56 388 元。

他协调日本著名的文具品牌方国誉株式会社即国誉商业（上海）有限公司，捐赠 10 万元人民币，定向资助上海百帝赛元广告传播有限公司具体实施的《网购包装物回收》项目，以支持网购包装物回收和再利用的模式探索。希望通过实践以网购包装回收的核心流程，研究网购包装的物流规律，找到网购包装物回收的科学方法，为探索网购包装物回收和再利用提供有效的模式。同时向贫困地区进行了捐赠，已有 8 000 本笔记本捐赠至河北承德市隆化县贫困地区，10 000 本捐赠至云南大理云龙县贫困地区希望小学。

在青少年环境宣传教育上，杨建生也做了许多工作，想了很多办法。2015 年 1 月，在他的积极协调沟通下，中华环境保护基金会上海代表处组织开展了第一届“华谊杯”童言话世界——少儿生态童话大赛，通过童话作品的文学创作和演讲、情景剧表演等形式，以童眼看自然、童言话世界的方式，将环境教育渗透到中小学的传统文学教育中去，给少年儿童一个深度思考和理解认知的契机，提高中小学生的生态环保意识，并呼吁全社会善待自然，促进环境的可持续发展。

2016 年，围绕“2017 年底前全市消除黑臭河道综合整治”和“河长制”重点工作，杨建生积极配合上海市环境保护局开展了“川流上海——寻访身边美丽小河”上海市中小学生摄影、微电影作品征集活动。通过活动引导青少年关注身边的水环境，使青少年更真实、具体地参与到保护水环境行动中。

2017 年，为配合上海市《水污染防治行动计划实施方案》的贯彻落实，杨建生积极配合上海市环境保护局组织了“川流上海——我心中的美丽小河”上海市中小学生摄影、绘画作品征集活动。该活动得到了全市各区中小学校的积极响应。青少年学生们用手中的相机和画笔，用他们的视角记录了上海城市水环境的色彩和精彩瞬间，记录了上海各级政府和市民在保护水环境方面的努力，记录了公众参与护河的各项活动，记录了上海城市水环境优美风貌，以及展现了孩子们对上海水环境的美好愿景。

2018 年 4 月，中华环境保护基金会联合上海市环境保护局一起开展了中小学“川流上海——走进湿地，你我同行”环保科普系列作品征集活动，杨建生组织策划了该项活动。通过青少年的视角真实反映上海湿地生态保护的情况，让中小学生通过“小手牵大手”影响家庭、带动社会，践行保护湿地环境，提高广大市民特别是青少年保护自然生态的意识，传播生态文明理念。作为活动

在新疆伊犁与清河镇牧业村干部群众、工作队研究讨论扶贫项目有关事宜。

积极协调各方，在新疆伊犁清河镇牧业村实施盐碱地土壤修复示范项目。

宣传的延伸，上海代表处还编制了《“川流上海——我心中的美丽小河”上海市中小学生绘画获奖作品集》《“川流上海——我心中的美丽小河”上海市中小学生摄影获奖作品集》，并将绘画获奖作品制作成 2018 年环保台历。

他组织策划的环保宣传活动还走进了学校课堂。2016 年开始，上海代表处配合中华环境保护基金会项目开发部开展“青少年环境知识科普课堂——生命之水”项目，通过向小学生上一堂“生命之水”科普课宣传普及水科学知识，传播节水爱水理念，让更多青少年学会科学、合理、节约用水。两年中，共有 238 所学校 38 614 名学生参与。

为了保护青少年身体健康，改善环境空气质量，杨建生协调闸北区、普陀区和徐汇区环保局并联合区教育局，采用凯杜公司捐赠的负离子环保涂料，在闸北、普陀、徐汇等区中小幼学校中选择恒德小学、美墅幼儿园、宛南实验幼儿园、中福会少年宫等学校机构进行室内空气净化示范。项目实施过程中代表处严格按照基金会有关程序规定与受赠单位签订了公益捐赠活动协议，产品的送货、接收、施工质量的跟踪、施工效果的检测等均安排人员签收，手续齐全，井然有序。受赠单位普遍对项目实施后室内空气的改善效果表示满意，许多试点学校计划逐步推广使用环保涂料，改善教室室内环境。特别是宛南实验幼儿园，项目实施前家长们对幼儿园教室室内空气状况甚为不满，投诉不断，通过示范项目效应，最后促使该幼儿园出资将所有的教室使用环保涂料进行粉刷，彻底解决了小朋友家长的投诉问题。

杨建生和上海代表处的同事们还积极组织环保宣传走进社区，推进社区人与自然和谐共生，培养人们的生态意识和环境道德，增强人们对于其他生命形式及整个自然界的责任感，这也是未来环境宣传教育的重点方向。

社区是社会的子细胞，是居民赖以生存的家园。杨建生参与策划了“企业进社区——社区生态文化角”活动，将生态文明理念传播到社区的各个角落。该项活动选择了曹杨街道社区图书馆、徐汇区凌云街道梅陇三村、杨浦区国和一村、浦东新区仁恒河滨城、崇明县怡祥居居委（金月湾社区）等10个社区作为试点，精心选择了满足不同年龄层次读者需求的环保书单，有雅俗共赏的生态文学作品、生动活泼的环保连环画、丰富多彩的科普系列丛书，以及《世界环境》《汤米环保之旅》等深受读者欢迎的杂志和音像制品。该项活动约有108 000人受益。

为积极引导公众参与，上海代表处组织开展了“绿色工厂参观——企业开放日活动”，组织居委干部、社区居民参观化工厂，使公众深入了解化工企业在安全、环保及履行社会责任方面所做的努力，帮助公众树立起对企业乃至对整个化工行业生产环境安全的信心，消除公众“谈化色变”的心理，激发了公众对民族品牌和民族工业的信心与自豪感。

杨建生认为，环境宣传教育是环境保护事业的基础性、先导性工作，是环境保护事业永恒的主题，环保人要始终以文化渗透为主要手段，以弘扬环境文化、促进生态文明为宗旨，实现环境公益活动的新跃升。

结合精准扶贫公益项目，2018年10月，杨建生带队组织专家一行4人赴新疆伊犁州霍城县清水河镇牧业村，与新疆伊犁州环保局驻村工作队、村“两委”召开草地改良示范项目座谈会，并现场踏勘试验田，实地查看土壤退化现状，决定正式启动草地改良示范工程项目。与哈萨克族牧民哈依沙·哈那提签订了三年的土地租用合同，拟将20亩地建成土地改良示范工程。目前土地已进行了深耕，先期准备工作正在进行中。

老骥明知桑榆晚，不用扬鞭自奋蹄。杨建生同志把退休视为老有所为的新起点，用自己朴实的方式发挥着余热，贡献着力量，以自己的实际行动坚持着“绿水青山就是金山银山”的信念，为环保公益宣传和扶贫做一头永不疲惫、永不退休的老黄牛。

人物名片

姓　　名：宿伟中

民　　族：汉　族

籍　　贯：山东省济南市

所在单位：济南无痕环境文化传播中心（无痕中国）

45

人物事迹

宿伟中是原环保部自然教育重点骨干、中国林学会自然教育分会常委、WWF（世界自然基金会）注册环境讲师、NOLS（美国国家户外领导学校）无痕高级讲师，十几年从事公益环境教育工作。截至 2019 年 4 月，已原创研发实施的环境教育项目主要包括：公众无痕环境公益课堂、校园无痕环境课堂、小河长青少年爱水行动、高校无痕环境行动、社区无痕环境行动、企业无痕环境行动、《公民十条》生态环境课堂、无痕环境指导员培训等；带领组织“无痕中国”公众活动 248 次，直接参与人数达 17 056 人次，累计举办无痕环境公益活动 325 次，累计参加人数超过 22 170 人次，影响市民逾百万人次。

荣誉榜单

先后获得济南市文明办、市旅发委颁发的“文明旅游工作先进个人”等称号，齐鲁公益联盟颁发的“公益组织践行者”称号。2019 年被生态环境部和中央文明办联合授予“最美生态环保志愿者”称号。

环境教育的结果，应该是让学习者了解、认识和感受到世界的美好，并激发起爱惜和保护的意识。

——宿伟中（大麦）

大麦和他的无痕中国

从沙滩北街搬到骑河楼以后，“自然之友”在北京的办公室离王府井大街只有一站地。这样在世纪大厦工作的大麦，可以常在下班后溜达着去自然之友——这是由梁从诚先生创办的、中国最早的环保组织之一。除了参加各种环境教育活动、和其他志愿者一起做事，大麦还承担了每期自然之友会刊的编审，利用自己年假参加了远赴湖南邵阳的“绿色希望行动”。这是2001年发生的事情。

18年以后，荣获生态环境部、中央文明办“2019最美生态环保志愿者”称号的大麦回忆起这个充满绿色的整洁办公室，仍然历历在目。“梁先生虽然离开了，但他对中国环保工作者的期待我一直记着：‘我们不求波澜壮阔，但需要水滴石穿的耐心，一点一滴的坚持。’”

由慈善到公益　“人需要对社会负有责任”

大麦原名宿伟中，父母是新中国成立前参加革命工作的老同志。大麦和姐姐从小就被教育，除了为自己和家庭，每个人都应该对社会和国家负有责任。1993年，大麦毕业以后分配在北京市综合投资公司分公司工作。没多久他就发现，和年轻的同事们在一起吃喝娱乐、大手大脚，每月2000多元收入花不到下月发工资的日子。于是，为让工资花得有意义，他在1994年初发动了三个同事，每人出 400 元捐给希望工程，认领和帮助一个失学儿童。2000 年通过媒体报道了解到自然之友，大麦开始踏上了环境教育之路，成为了环保 NGO 的志愿者。

从新闻媒体到广告行业，从公司高管到自己开办文化公司和旅行社，从北京、成都、青岛到济南，十几年来，生活无忧的大麦心底从未断了那个推动公众参与环保的念头。

这期间，他发起了全国第一个“多背一千克”公益旅行自驾活动，与环保组织保护国际（Conservation International）联合发起了西南地区户外观鸟自然教育活动，发起并持续长达 10 年的救助街头露宿者“送暖”活动，直到 2012 年，作为志愿者参加 LNT 培训成为无痕高级讲师，大麦才确定了未来的环保方向：推动公众参与环境行动。

LNT 为英文“Leave No Trace”的缩写，意为“人过无痕”，是以“照顾好自己、照顾好同伴、照顾好环境”的环境理念，以及对环境生态的人文关怀和生动的体现形式，成为目前全球化的环境教育方式之一。21 世纪初无痕理念引入我国台湾地区，2012 年中国大陆由 NOLS（美国国家户外领导学校）培训出了第一批、12 名无痕高级讲师，无痕中国创始人大麦，就是其中一员。

道路自信 寻求中国特色的环境教育之路

在无痕环境行动的实践过程中，大麦不断汲取国际先进环境教育理念，但也没有盲目地照搬国外的方法和做法，在发现了 LNT 项目落地过程中的种种“水土不服”后，他开始广求良方，寻找国际环境教育与中国本土实践结合的尝试。

大麦除了从北美的家人和同学处获得大量环境教育与自然教育资料，还先后参加了原环保部组织的自然教育重点骨干培训，以及 WWF（世界自然基金会）环境教育项目、美国 PLT 项目、日本 NEAL（日本自然体验活动协会）、韩国 ECOPA 生态教育、澳大利亚 PDC 朴门永驻认证设计师等培训和工作坊，参加了中日韩环境教育交流及中国台湾、香港地区多个行业跨界交流和参访活动，有机会从更多维度来观察国际领先的环境教育理念、产品和教学方式，并通过大量卓有成效的环保实践活动，逐渐完善了“无痕中国”的环境教育产品设计理念和系列教案。

大麦（右一）在自然教育培训课程中为学员分组。

大麦认为，“环境教育的结果，应该是让学习者了解、认识和感受到世界的美好，并激发起爱惜和保护的意识。参与无痕活动的起始，就应从自然教育入手，让人产生兴趣和愉悦。”

着力创新　不断研发实施无痕环境教育项目

作为一家专业的环境教育公益组织的负责人，大麦在长期的户外和旅行活动组织实施方面积累了丰富的经验，积极配合政府部门一起推进生态环境保护工作。

在项目研发中，大麦根据相关法律法规，兼顾中小学生、高校大学生、城乡社区居民、企业职工及管理人员等不同受众的个性特点和环境需求，以生态文明无痕课堂及工作坊的形式，依托“无痕中国”的环境教育力量，开发多套既紧扣“美丽中国，我是行动者”主题，又贴近生活实际、公众喜闻乐见的环境教育课程，深入学校、社区、企业进行活动试点和课程推广，逐步在全省铺开，形成广泛影响力，将“无痕中国”打造成在山东乃至全国都叫得响的环境教育品牌。

在无痕课程设计过程中，大麦充分借鉴了国内外先进的教学理念，本着“贴近生活，鲜活有趣”的设计原则，立足“知识、技能、价值观、行动”四个维度，将“无痕中国”原创的“体验式、游戏化、在地化”等元素运用到全部教学中，通过生动有趣的自然游戏和新颖独特的课堂和工作坊活动，吸引参与、激发思考、鼓励表达，让参与者在轻松愉快的氛围中了解和掌握“美丽中国，我是行动者”主题要领。

截至 2019 年 6 月，“无痕中国”已原创研发实施的环境教育项目有：无痕环境公众课堂、校园无痕环境课堂、小河长青少年爱水行动、高校无痕环境行动、社区无痕环境行动、企业无痕环境行动、风孩子自然课堂等。

重在落实 真正推动公众参与环境行动

自 2018 年 3 月生态环境部推出“美丽中国，我是行动者”活动以来，大麦带领无痕中国组织，仅在济南地区就实施环境教育项目落地活动公众活动

大麦在“公民十条生态文明工作坊”介绍“公民十条”颁布背景。

248 次，直接参与人数达 17 056 人次。

13 个月的时间，无痕中国在全国范围内的杭州、长沙、青岛、唐山、绍兴、聊城等地累计举办活动 325 次，累计参加人数超过 22 170 人次，影响市民逾百万人次。

2018 年 8 月接受山东省环保宣传教育中心委托的“公民十条”工作坊项目研发任务以来，经过长期试课和反复演练，目前“无痕中国”正在与济南市各区县环保、教育部门一起，把“公民十条”生态文明讲师培训工作，带给全省各地市的千家万户。

通过系列无痕环境教育公益活动的落地，有效地提高社会公众对于自然生态和环境资源的了解认知，通过打造绿色城市的方式，让公民和小市民们从小就关注绿色环境，让生态文明、可持续发展理念真正深入人心。

大麦在“小小河长青少年爱水行动”中，用手绘生态地图方式，帮助学生理解小清河流域城市及物产。

工作扎实 无痕中国获得社会和公众认可

“无痕中国”着力做好机构和组织建设工作，是济南市民政局评定的 4A 级社会组织、规范化社会组织模范单位，CCF（民政部中国慈展会）评定的“中国好社企”，拥有山东省第一所由原环保部宣传教育中心评定的全国自然学校试点单位“济南无痕自然学校”。无痕中国入选阿拉善 SEE 基金会“创绿家”和“劲草同行”伙伴。

在大麦的带领下，“无痕环境公益课堂”2017 年 9 月荣获民政部、中国慈善联合会“中国公益慈善项目大赛”金奖，2016 年 12 月荣获福特汽车环保奖，济南市委宣传部、市精神文明办颁发的“2016 最佳志愿服务项目”奖，共青团济南市委颁发的“济南市志愿者行动优秀项目”。

目前，“无痕中国”原创研发的无痕环境课堂开始走向模式复制的道路。

2016 年以来，“无痕中国”在杭州、长沙、青岛、唐山、绍兴、聊城等多地的合作伙伴项目落地开展公益环境活动，2018 年 5 月，无痕环境教育公益项目进入了由中国扶贫基金会、南都基金会等创办的“中国好公益平台”，成为品牌共建单位。目前无痕中国参加了内蒙、甘肃等多地政府部门和社会组织策划的路演活动，把无痕环境公益项目推向中国更广大的地区，进一步推动公众参与美丽中国的建设。

人物名片

姓　　名：王吉勇
民　　族：汉　族
籍　　贯：贵州省六盘水市
所在单位：贵阳黔仁生态公益发展中心

46

人物事迹

2014 年，王吉勇成立了贵阳黔仁生态公益发展中心，通过贵阳乐水行、海菜花课堂等形式定期开展水主题环境教育，已组织 113 期活动，带领市民徒步考察 35 条河流和 17 个水库，行程超过 1 200 千米。

他长期关注饮用水源地保护工作，组织专项调查，探索多方协作保护水源的有效机制。牵头发起“贵州河流日 1+2 行动”，每月第三周星期六组织全省联合巡河；参与贵州两条城市黑臭水体的治理监督。

开展“海菜花计划”，通过巡河小基金、专业培训、技术支持等方式支持环保宣传工作。现已资助超过 100 个河流保护项目，组织培训近 20 场，组建了贵州水源守护志愿者网络，培育了多个本地团队；黔仁生态公益发展中心已为生态环境保护筹集资金超过 200 万元。

荣誉榜单

先后荣获贵州省“十大生态环保志愿者”、贵州省优秀志愿者、长江经济带最美护河（湖）员。2019 年，被生态环境部和中央文明办联合授予“最美生态环保志愿者”。

成功的公益，应该是以提升全社会的意识为基础，以集体的力量，最终实现公益目标。我们就想成为这样的杠杆和桥梁。

——王吉勇

王吉勇：13 年守护贵州河流

王吉勇的女儿今年 7 岁。2013 年 4 月，不到 2 岁、刚刚学会走路的她，便参与了爸爸和同事们组织的“贵阳乐水行”活动，一起探访贵阳河流山川，关注水源保护，至今，她还是这项活动自己步行参与的“最小年纪成员”纪录保持者。

王吉勇以先志愿、后全职的形式专注公益领域 16 年，并于 2014 年创办了“贵阳黔仁生态公益发展中心”。他的女儿王小妞耳濡目染，一出门就会给父母念叨，“这地方有垃圾”“那里有污水”。

王吉勇觉得，这样下去不行。他赶紧给小家伙重新引导，多去关注那些美好的事物。这本也是他从事环保公益事业的目的——让我们所在的世界，看到越来越多的美好。

从教育转型到水源保护

一开始做公益，王吉勇是从关注家庭经济困难儿童教育开始的。2003 年 1 月，还在北京工作的他与朋友一起创办了“贵州人网站”，举行的第一次公益活动，便是资助毕节市威宁草海 25 个家庭经济困难的儿童读书。2006 年底，在全球绿色资助基金会和太平洋环境组织的资助下，他们又开始涉足水源保护领域。同年，他从北京回到贵州工作，开始密切关注黔东南清水江的环境保护，以志愿者身份，参加了黔东南清水江的环境调查和环保宣传，和志愿者团队一起，跋山涉水、徒步而行，跨越贵州、湖南两省，完成了清水江 400 多千米干流的环境调查。

王吉勇和志愿者们坚信，水源保护是需要走出来的，偷不得一丁点儿懒。只有真正用脚丈量过一条河，彻底了解它，才能知道环境保护的困境所在和解决之道。

直到 2014 年成立贵阳黔仁生态公益发展中心后，王吉勇仍一直在关注水源保护领域。2016 年 9 月，他又带着团队开始以公众监督的形式，参与贵州两条城市黑臭水体六盘水水城河、安顺贯城河的治理监督工作。监督方式还是“最原始最费时间精力”的那一套——通过沿河走访调查，发现污染源，向住建部、环保部的“城市水环境公众参与”微信公众平台等渠道进行反映。此外，王吉勇还是贵州省三岔河的“省级民间河长”。

2017 年 6 月，共青团贵州省委、贵州省水利厅等单位联合发起贵州省“青清河”保护河湖志愿服务行动，成立了贵州省“青清河”保护河湖志愿服务总队，招募选拔 33 名志愿者担任河湖民间义务监督员，王吉勇是其中之一。

13 年重点关注 4 条贵州河流，清水江、三岔河、水城河、贯城河。王吉勇说，从教育“转型”到水源保护，其实只是机缘巧合。做什么领域，他觉得都问题不大。“我只是想做点事情，为整个社会变得更美好出一点力。”

王吉勇与专家、志愿者一起巡护三岔河。

2017 年 6 月 19 日，王吉勇考察城市黑臭水体水城河，进行治理监督。

2019 年 1 月 5 日，王吉勇在 2019 水源保护年会发言，介绍贵州民间河长的模式探索。

为护水甘做“盯子户”

13 年 4 条河，王吉勇和团队成员反映的问题，陆续得到了河流属地职能部门的积极响应，督促相关单位进行了整治，河水正在变清、变好。

在他看来，做环保公益，就得有“盯子户”的精神。一条河的水质不是施个魔法，一下子就能变好的。“你得允许它有个过程”，王吉勇说，“这个过程里甚至会有反复，只有持续不断地去监督，才能真正还原那最美好的一面。”

成立贵阳黔仁生态公益发展中心后，除了自己和团队关注水源保护外，他们还做了一件事——借助黔仁生态和千禾社区基金会、阿里巴巴公益基金会，以及团省委、省河长办、共青团贵阳市委、贵阳市慈善总会等相关单位的力量，撬动更多组织、个人，参与到水源保护的事业中来。他们发起了“海菜花计划”，通过提供小额资助、专题培训、技术咨询与支持等形式，支持贵州本土团队或个人开展河流调查、污染监督、专项研究以及宣传教育等活动，参与贵州水环境保护工作。单靠几个人的力量，光有基金支持是不够的。

“成功的公益，应该是以提升全社会的意识为基础，以集体的力量，最终实现公益目标。”王吉勇说，“我们就想成为这样的杠杆和桥梁。”

（本文撰稿：贵州日报当代融媒体记者　刘姝）

人物名片

姓　　名：侯书文
民　　族：汉　族
籍　　贯：山东省荣成市
所在单位：本溪市卫生健康发展服务中心
　　　　　本溪市溪缘爱心联盟

47

人物事迹

侯书文是本溪市原疾病预防控制中心一名副主任医师，2009 年 1 月，她倡导成立了溪缘爱心志愿者联盟，长期致力于环境保护、倡导健康生活方式、帮扶孤寡老人等系列主题志愿服务。截至 2019 年，爱心联盟成员超过 1 000 人，组织了 2 000 多场公益活动，完成志愿服务 8 万多小时，捐赠 70 多万元，帮扶 139 名困难群众。她带领志愿者栽下了 11 片公益林，总面积达 600 多亩。她用人格魅力和行动力影响着更多的人成为美丽本溪的行动者。

荣誉榜单

2018年获世界清洁活动最高荣誉奖——蚂蚁奖，被评为辽宁省道德模范、辽宁好人、本溪市优秀义工。2019 年，被生态环境部和中央文明办联合授予“最美生态环保志愿者”称号。

每人进步一点点，社会前进一大步。

——侯书文

上医治未病

——侯书文的快乐公益路

20 世纪 80 年代中期，侯书文在上大学时，本溪还是当时“著名”的“卫星上看不见的城市”。知道侯书文是本溪人，同学们便不时拿本溪来打趣。那时男同学喜欢穿白衬衫，来自丹东的阿权跟侯书文开玩笑说，“回家路上火车一过本溪，我新穿的白衬衫领子就脏了。”侯书文很认真地跟他打赌说：等我毕业回去的，一定让你们刮目相看!

一句“赌话”，让她跟环境保护结下了不解之缘。

毕业后，侯书文如愿分配到了原本溪市卫生防疫站环境卫生科工作。老科长钱孝安对她说，我们的工作很重要呀，上管天下管地，中间管大气。她就跟着这个很专业很认真的老科长做好每件跟环境卫生有关的事，大气粉尘监测、污水监测、粪便无害化处理、沼气有效利用、固体废弃物无害化处理、填埋、楼房建设的预防性卫生监督等。让老科长格外欣慰的是，这个清瘦的小姑娘活脱脱就是一女汉子，不嫌臭，不怕登高，面对粪便发酵池中蠕动的蛆也不打怵，整天跟着老科长“可那走，可那去”地宣传指导。

侯书文打心眼里喜欢公共卫生这门专业，“上医治未病”是她最崇尚的理念，大卫生观、大健康观是她在工作岗位中不断探索的模式。但在现实中，随着市场经济的发展和后来机构职能的改变，有些领域分出去了，不同岗位、机构之间分界不清、工作扯皮等问题逐渐暴露出来。面对老科长的失望与期许，侯书文暗暗开始琢磨自己能做点啥。

2009 年 1 月 20 日，她成立了溪缘爱心联盟，进行禁毒防艾控烟、倡导健

侯书文在和溪缘爱心联盟的队员们种植公益林。

康生活方式、预防青少年犯罪、帮扶孤寡老人、保护生态环境等长期践行的公益活动。在她的影响带动下，11 年来，溪缘爱心联盟从当初的 80 多人发展到了现在的 1 000 多人。“上医治未病给予我的启示或者说用于公益的法宝，就是从开发人们的心智与理念开始，从源头达成共识一起来做事。”在“大健康”的视野下，环境保护必然成为她公益活动中的一项重要内容。

治理环境污染首先要帮大地母亲把肺功能建设好，于是，她就组织溪缘爱心联盟公益团队开始了种植公益林的探索，起初只是配合政府部门种树，随着种植成活率的提高，公益团队开始自发植树。为保证成活率，他们总是认真负责地挖好每个坑、搬掉每个影响树成林的大石头等障碍物。极好的成活率赢得了当地林业局的高度认同，每年都把他们的公益团队作为独立的植树单位来合作。几年来，侯书文带领她的团队植下了 11 片公益景观林共 600 多亩。这是作为一个民间公益团队从源头来助力本溪环境改变的见证。

伴随着团队品牌影响力的增强和辐射，侯书文根据志愿者的特长和服务技能，在总队下组建了 18 支分队，这 18 支分队各有特色和侧重，从不同角度围绕健康生活方式、生态环境保护去开展形式多样的各类公益活动，包括控烟与创建国家卫生城市，不随地吐痰与结核防治宣传，绿色出行与厨余垃圾环保酵素，孝道教育与感恩大自然，清理小招贴与创造文明城市等。18 支团队形成了强大的志愿服务功能，行行做得稳定、扎实。在每年至少 150 ~ 180 多次公益活动中，每个人都能不同程度地接受到环保理念的熏陶与影响。

2018 年，侯书文组建了本溪市爱心公益大联盟，带领大家一起走在“美丽中国，我们是行动者”的路上。在每天的“快乐健步走”活动中，随手捡拾垃圾，从我做起践行垃圾不落地成为团队的常规，

每个人的包里都备有垃圾袋，随手捡拾垃圾的做法影响着更多身边人、路遇人，爱大自然的同心圆逐渐扩大开来。为使宣传形式更接地气，她编排了许多倡导低碳环保的小节目，更围绕“今天你绿了吗”的话题跟居民们掰扯家里如何节约每度电、每分钱，围绕各类跟环保有关的节日，比如地球一小时、文明祭扫等话题策划了各类节目，旧物利用设计演出服装首饰花等，新颖的低碳环保演绎形式让更多的百姓积极参与进来。在 2018 年世界清洁日中，侯书文的爱心联盟团队以参与人数最多、发动单位最多而荣获世界清洁日最高奖——“蚂蚁奖”。

为了公益服务，11 年来付出了什么只有她自己知道。很长一段时间她用自己的工资收入来支撑团队的运行；她自掏腰包 18 万元买房，无偿为团队做库房兼偶尔的家用；因过度劳累导致嗓子变沙哑，原来动听的歌喉现在已唱不出动听的声音；也有人说她是精神病说她贪污的，因为他们认为没有人会自己

2018 年，本溪爱心联盟以参与人数最多、发动单位最多荣获世界清洁日最高奖——蚂蚁奖。

拿钱做公益，他们说，哪有那样的傻子……但乐观、快乐的侯书文依然是满怀的感恩和感激："我们团队能走到今天，离不开本溪市政府各级职能部门的技术指导与支持，也离不开本溪市委宣传部文明办等部门领导的亲自参与，感恩他们的支持。我只是给大家搭建了个公益平台，感恩大家选择这里发挥各自的才能。"

回望 11 年公益路，侯书文感慨道："每人进步一点点，社会前进一大步，这是各行各业都能用到的理念，就看我们是否用心用情去领会其中的内涵与内容。"

人物名片

姓　　名：杜　杰
民　　族：汉　族
籍　　贯：山西省忻州市河曲县
所在单位：太原市希望社会工作服务中心

48

人物事迹

2005 年，杜杰积极报名参与“中国大学生保护母亲河汾河——临汾行动”活动，那时还未成年的杜杰被破格选入了该活动。同年 9 月，杜杰自发组织成立了晋西北第一家民间环保组织“绿芽环保志愿者协会”。2006 年杜杰组织开展了“晋西北能源考察项目”，此外他还参与建立了绿色山西人才库，为太原市 19 个大学 22 家环保社团建立了绿色书架。

毕业后杜杰逐渐意识到，大自然是最好的老师，由此，他也从刚开始的环境教育渐渐地转向了自然教育。他经常组织孩子们进行破坏与恢复形式的生态游戏，以此来引导孩子们从内心深处去保护大自然。此外他还在朔州、忻州、临汾、吕梁、晋城、长治等地“孵化”出了从事自然教育的环保小组，以同样的方式传递着生态环保理念。

荣誉榜单

2019 年，被生态环境部和中央文明办联合授予“最美生态环保志愿者”称号。

希望我们的后代依然可以看到草长莺飞、花开花落，看到在野生环境下快乐生活的动物，而不是给他们一本画册。

——杜　杰

杜　杰：从校服到工作服，他的梦一直未变

曾经他是大学校园里的一名环保志愿者，稚嫩的年纪，懵懂的脸庞，却有一颗非常炙热的、想要保护环境、创造美好生态环境的心。而现在，他踏入社会参加工作，又成为一名环保工作者。从校服到工作服，这个美好而伟大的梦想一旦形成，就再也没有改变过。

从最开始的生态保护，到现在的自然教育，他始终将自己投身到民间环境保护公益事业中，用自己的热心、爱心、责任心对待每一项环保工作。他就是杜杰，一个胖胖憨憨、看上去有点腼腆的大男孩儿。

20 年前，在山西省忻州师范学院五寨分校，有这样一份个人办的小报——《校园环保》。他的创办者就是当时杜杰的大学老师李贤良，杜杰环保意识的启蒙人。

“李老师印制报纸后，会到各个班级挨个发放，寄托于这份报纸能激发同学们的环境保护意识。”2004 年入学的杜杰表现优异，是现代教育技术系 04003 班的班长。他看到李老师经常忙得满头大汗，十分辛苦，就热心提议这些报纸由他发放。学校开班干会时，杜杰发动各班班长领取报纸，再由班长将这些报纸交到各班学生手中。

也就是这个时期，这份小报上的环保故事和环保知识为他打开了认识国情的另一个窗口，“中国环境污染严重，环境保护到了刻不容缓的地步！”他读着，思想里就像植入一根弦，渐渐地被拉紧了。

一天，他看到李老师的一篇去信以及山西大学生绿色营发起人王海军的回

信。"李老师说他一个人的力量很微弱，诉说了他办报的不易和对环境保护乏力的困惑。回信说，民间环保有很多人在做，包括很多大学生环保志愿者都是我们民间环保的新生力量。所以，在战斗的，不仅仅是您一个人，您的身后，有一个庞大的志愿者团队。"杜杰说，那刻，他的眼眶充满了热泪，他决心去参与环保活动，哪怕只是一份微弱的力量。

2005 年暑假，"中国大学生保护母亲河汾河临汾行动"开始了，这是山西大学生绿色营发起的一个由全国大学生参加的志愿行动。这次是第二届，他踊跃报名参加。但活动组织方说他太小，还不满 18 岁，担心无法保障安全，但经过努力他最终被破格入选了该活动。可以说这次活动增强了他的环保意识，也让他明白了环保必须要付诸行动。活动前的环保培训中，郭忠烈老师提到，山西污染最为严重的地方在晋陕蒙交界处，杜杰的家乡河曲县正处于这个"黑三角"地带。他出生在河曲县一个风景秀美的小山村，从来没有觉察到身边的空气和水源已经被污染，感慨之余，更激发了他的一腔斗志：拯救环境，拯救家乡。

那次的环保行，第一站来到临汾霍州的王庄村。"这个村子里的小麦，秋天用汾河里的水进行浇灌，春天就发现，小麦全部枯死了。我们进行实地勘察、水源分析，还去到霍州退沙办采访调研，完成了一份死苗事件的环保报告。"

杜杰参与应对气候变化宣传活动。

杜杰说经过实地考察，他的内心受到了极大撼动，“看到满地的死麦苗，心头很沉重，农民的悲伤讲述，也让我们难过不已。污染已经关系到了我们的生存，这是多么可怕的事情。”

在临汾市尧都区段下康村的汾河支流边，气味呛得人流眼泪，杜杰和同学们用毛巾捂住口鼻靠近河边，望着河里的滚滚黑流，每个人都气愤不已。杜杰回忆说，“钢铁和造纸厂将污水随意排放到汾河中，造成了地表水污染，村民们得了多种怪病。看着这一幕幕无视环境的恶行，我们悲愤地写下了调查报告，交给了当地环保局和省环保厅，交给了省人大，最终促使污染企业购买了环境监测处理设备。”

这次环保行动，因大学生们对环保做出的贡献，获得了“福特汽车环保奖”的殊荣。

28名大学生，通过了这次环保行，成了忠诚的环保卫士。杜杰则成了一名专业环保人士，一直投身于环保事业。

同年9月，杜杰自发组织成立了晋西北第一家民间环保组织“绿芽环保志愿者协会”，也是迄今为止唯一一家。2006年杜杰组织开展了“晋西北能源考察项目”，该项目得到了世界绿色和平组织、原忻州市环境保护局、山西省环境文化促进会等相关单位的大力支持与肯定。

天空、大地、河流、绿地……人们将越来越多的目光投向大自然，环境问题的日益严峻，促发了中国全民环保意识的飞速觉醒。

时光荏苒，岁月如梭。杜杰即将面临毕业，是踏入社会找工作，还是继续从事环保事业？这是现在很多从环保社团出来的志愿者们都要面对的一个问题，也是杜杰需要思考和面对的问题。关乎人生，关乎家庭，这让他的决定遇到了很大的阻力。

2007年，杜杰再次参加了中国大学生保护母亲河——太原水源地的活动，这时的他，已经是一名成熟的环保志愿者。毕业后，面对多份工作抛来的橄榄枝，他还是毅然决然地选择了环保事业，前往左权绿色太行（左权县环境保护工作者协会）从事环保志愿者工作。2010年4月，他来到了山西青年环境文化交流中心，担任了秘书长一职。

这年，正逢山西青年环境文化交流中心进行改革，由高校青年环保组织摇身变为青年民间环保组织，致力于山西本土化民间青年环保公益行动。“改革后账户上只剩300元的经费，只有一个不足30平方米的简陋办公室，一台从二手市场买来的电脑，一个放满了300多种环保书籍的绿色书架。”但杜杰不负众望，带领着山西省内青年环保组织继续推进环保事业。

懂得越多，责任越重。环保，已不再是杜杰的业余爱好，他生命的每一分每一秒都与环保有关。其间，他组织了生态汾河中国大学生保护母亲河汾河巡回展，生态汾河山西大学生诗歌朗诵比赛，还举办了首届山西大学生环保活动小额资助，校园课本循环利用以及第五届山西青年大学生绿色论坛。杜杰通过做活动的方式，为太原市19个大学22家环保社团建立了绿色环保书架。

付出就有收获，2010年，杜杰被中国环境文化促进会授予“环境满意度优秀调查员”。2011年1月，他又荣获山西省环境文化促进会组织的山西省十佳优秀青年环保志愿者。

杜杰不否认，自己和激进的民间环保人士有所不同，他属于依托于政府支持帮助下的环保人士，“所以，很多时候，面对环保问题，我处理的方式更为温和，让各方面都能接受。”

2011年，山西移动公司回收废弃手机和电池的“绿箱子环保计划”搁浅。“绿箱子环保计划”是移动公司于2005年推出的一个环保活动，曾给该公司带来良好的社会声誉。

这一年，杜杰组织青年志愿者在省内各地级市以及太原发放1 000份问卷调查发现，山西省有68.68%的废旧手机留在居民的手里，缘于他们并不知道绿箱子计划。

“《废弃电器电子产品回收处理管理条例》明确要求对废弃电器电子产品实行多渠道回收，移动的‘绿箱子计划’可以起到很大的社会带动作用。这时，我们回访却发现，移动公司的这个计划只是阶段性的，他们已经中止了绿箱子活动。我们和一些营业厅进行了沟通，希望他们重新设置绿箱子，他们认为，这不是一个营业厅决定的。”无奈下，杜杰和环保志愿者们发起了“寻找移动绿箱子，山西青年在行动”的大型环保公益活动。

他们制作了一些牌子，上面写着“寻找移动的绿箱子”。杜杰和同伴们举着牌子，在移动各营业厅的门口上演了一场行为艺术秀。

“效果很好，移动很快就重启了‘绿箱子计划’。但是，我们观察了后期效果，发现了很多问题。之前，移动公司是积极主动地设置绿箱子，鼓励顾客将废弃手机电池放进绿箱子，并可以返还话费。如今，尽管他们继续了这种环保举措，但表现很消极，之前的奖励活动都取消了，因而，顾客的环保积极性也就减小了。主动与被动，有很大的差别。”杜杰反思，依靠环保“倒逼”的方式只能缓解一时环保危机，而无法让人真正地意识到环保问题的严重性。

进而，他想到了一个解决思路：要想让大家爱护环境，必须首先改变人的认识，“体制教育是主食，自然教育就好比是辅食，让孩子从小热爱身边的大自然，懂得环保的重要性，然后通过他们去改变大人的理念。”

杜杰认为，这是一条全民环保理念提升的最佳捷径。

2013 年 6 月，杜杰选择从体制的安逸中剥离出自己的身体和灵魂。他说他需要的是一个广阔的环保平台，让他能做更有意义的事情。同年，他到太原市民政局注册了太原市希望社会工作服务中心，这是一家民间环保组织。

在等待中心审批的过程中，杜杰没有停止脚步，他的环保教育说干就干。环保从娃娃抓起，他组织孩子们到大自然里认识自然，体验自然。“只有感恩热爱大自然，才会去保护它，守护它。”杜杰说。

2014 年，杜杰面临与李贤良老师同样的困惑，他想改变，但很多时候无法改变，他想要帮助更多的人，却无能为力。

这时，一个消息遍布各大论坛、贴吧、微信社交圈中：太原某房地产公司策划的一场声势浩大的萤火虫艺术节，即将在 8 月 1 日举行。不可否认，这个活动的前期营销做得非常漂亮，对于生活在北方的太原人，南方夜空中星星点点的萤火虫，是他们喜欢并希望接触的小生灵。他们期待着这样的一场视觉盛宴。

然而，这个节日对于萤火虫们来说，将是一场夺取生命的浩劫。

杜杰获知这一活动后，他是悲切的，他热爱自然，更热爱一切小动物，他不能容忍这样悲惨的事情发生在自己的身边。他发动了山西省青少年环保社团联盟、青环志愿者服务中心等环保组织通过微信微博，以及通过媒体对这一活动进行了谴责。杜杰还亲自到活动组织方处进行了劝说。通过舆论宣传，太原人也意识到这个看似唯美的活动缺乏一些环保精神，他们也一起通过网络进行了反对和抵制。

7 月 27 日上午，主办方通知萤火虫艺术节取消了，微信微博上一片欢腾，大家都为那些小生命的留存而庆幸而欢呼。

一直以来，杜杰都希望能通过自己的努力让更多的人真正获益，他认为这才是最有意义的环保行动。

知易行难。如何让更多的人重视环保、参与环保是杜杰想的最多的事。考虑到现在想要彻底改变人们的环保意识太难，于是，他想要从孩子抓起，让孩子从小养成爱护大自然、保护环境的良好习惯。他认为现在的孩子普遍都有一种叫“自然缺失症”的症状。“自然缺失症”是由美国作家理查德·洛夫在《丛林中的最后一个孩子》中提出来的一种现象，即现代城市儿童与大自然的完全割裂。大自然是最好的老师，它能够让孩子们尽情地发挥自己的创造力，并调动孩子们身体的各个器官，以不同的方式来激活他们的感官，从而培养孩子应对自然和社会的能力，使他们获得终生受用的生存技能和价值观。由此，杜杰也从刚开始的环境教育渐渐地转向了自然教育。

杜杰告诉记者，所谓自然教育，就是要亲自去发现大自然的美。如果见到树叶就乱摘，它会疼的；如果在玩耍的过程中踩到草坪，小草是有生命的，它会因为人为的随意践踏而失去生命……爱美是人的天性，爱自然也是人的天性，自然是一切美的源泉。没有孩子会生来不爱树林、池塘、草地，不爱野花、小鸟、动物，如果他们漠视这些，那就是现代城市生活对童心的扭曲。因此，杜杰会经常组织孩子们进行破坏与恢复形式的生态游戏，以此来引导孩子们从内心深处去保护大自然。

“比如我们会将孩子们分成几个小组，每组分给一张报纸，让他们尽可能地将报纸撕碎，这短短几秒钟就可以做到，然而若想要恢复报纸原样，除耗时长外，拼凑在一起的报纸仍是‘裂痕斑斑’。这就如同我们的环境，如果不加以保护，等到伤痕累累再去修复就难上加难了。”

除了身体力行，杜杰还在朔州、忻州、临汾、吕梁、晋城、长治等地“孵化”出了从事自然教育的环保小组，以同样的方式传递着保护环境的重要性。他说：“生命是值得敬畏的，自然是值得敬畏的。我希望我们的后代依然可以看到草长莺飞、花开花落及各种在野生环境下快乐生活的动物，而不是给他们一本画册。我们没有强大到跳出这个星球移民到别的星球的本事，我们也需要动物的陪伴和帮助，这不是拯救别的物种，而是拯救自己。我们只有一个地球，我们要为后代负责，我想通过自然教育这种方式去影响更多的人，共同保护我们生存的家园。”

环保，是他从学校到社会一直追寻的梦，他说，他会在这条路上一直走下去……

人物名片

姓　　名：郭　峰
民　　族：汉　族
籍　　贯：甘肃省张掖市临泽县
所在单位：金川集团公司铜业公司原料分厂

49

人物事迹

郭峰响应“拯救民勤，保卫家园，绿色接力，植树造林”活动的号召，从 2011 年起，连续 9 年带领“星光志愿者服务队”和金昌的志愿者赴民勤县夹河乡国栋生态林等生态林基地参加治沙植树活动。

他还策划组织了“节能减排，爱护家园”“还泉水清澈，还小草蓝天”“低碳环保，健康生活”等志愿主题活动，并坚持在世界地球日、世界环境日、节能宣传周等重要节点组织公益宣传活动，倡导生态文明理念。2014 年，他发起护水行动，向公众宣传节水护水理念。如今活动已落地生根，金川峡水库及河两岸环境卫生得到了极大的改善。

荣誉榜单

2010 年获得金昌市五星“优秀志愿者”称号；2013 年荣获“金昌好人”称号；2015 年被评为金昌市“模范职工”，荣获金昌市“五一”劳动奖章；2016 年获得金昌市第五届道德模范称号；2019 年被生态环境部、中央文明办联合授予“最美生态环保志愿者”称号。

让沙漠因我们而充满生机，让绿洲因我们而生息不绝。

——郭　峰

郭　峰：环保路上的“骑行达人”

也许是河西走廊原来战乱匪祸颇多，甘肃许多地名很有特色，具有深远的历史背景，单从人们向往平安美好生活方面就有“秦安”“静宁”“民乐”“永昌”“景泰”等，郭峰曾用甘肃地名联句：民勤民乐，天祝甘肃景泰永昌。

2010 年 10 月一个秋高气爽的周末，“骑行达人”郭峰骑自行车到民勤县游玩，半道遇上大风，眼看村庄、田野笼罩在滚滚尘土中，庄稼、公路被沙土掩埋，心里有一种说不出的滋味。在民勤县苏武广场，郭峰站在温家宝总理题写的“绝不让民勤成为第二个罗布泊”雕塑前，心想，作为民勤的邻居，作为一个志愿者，应义不容辞担当起拯救民勤的责任。

宾馆虽然是双层玻璃，又加了双层窗帘，但屋内依然沙尘弥漫，充斥着一股土腥味。一觉醒来，地上、桌上、窗台上落下一层细细的沙尘。

民勤之行，郭峰没有领略到孔孟的文化底蕴，远远望着虎视眈眈的沙丘，滚滚沙尘的天空，他感受到腾格里沙漠、巴丹吉林沙漠两面夹击的威胁，感受到民勤未来的艰辛。

民勤在古代由于水草丰美，是一个可耕可渔的土沃泽饶之地，明代和清初被称为“塞上奥区”。然而，如今这块面积 1.6 万平方千米的绿洲，在两大沙漠（巴丹吉林沙漠、腾格里沙漠）的夹击下命悬一线。因严重缺水，绿洲正渐渐失去生命的颜色，若不再持之以恒治沙，不再凝心聚力抗争，民勤将不复存在，31 万人将背井离乡，沙尘暴将更加肆无忌惮横扫中原大地，侵袭江南水乡。

唇亡齿寒，皮之不存毛将焉附，倾巢之下安有完卵？郭峰在倡议书这样

惜水、护水，关爱金川母亲河行动。

护饮用水源行动。

参加“拯救民勤治沙植树”活动。

说：人活着，总要做一些有意义的事情。我们虽然囊中羞涩，虽然身不由己，但这并不影响我们对生活的热爱和美好的追求。千里之外的杭州志愿者都能在民勤昌盛村建立生态林基地，每年都有人参加植树活动，何况近在咫尺的我们，有何理由不参加民勤沙漠化治理。金昌市在我们持之以恒的共同努力下建成全国文明城市、园林城市，人们享受着绿树成荫，鸟语花香，然而，相邻的民勤却饱受沙尘暴的肆虐。我们相约一起去种树，走进民勤，走进沙漠，在贫瘠的沙地上洒下汗水，种下绿色，播下希望，让沙漠因为我们而充满生机，让治沙工作因为我们而长盛不衰，让绿洲因为我们而生息不绝。

郭峰联系到“拯救民勤志愿者协会”负责人马俊河，于 2011 年 3 月 24 日，他们一行五人代表金昌市的志愿者组队到达民勤县夹河乡国栋志愿者生态林基地，参加了民勤荒漠化治理志愿者在行动启动仪式，首次在腾格里播下金昌志愿者的爱心。

从 2011 年起，郭峰响应“拯救民勤，保卫家园，绿色接力，植树造林”活动号召，连续 9 年带领“星光志愿者服务队”和金昌的志愿者赴民勤县夹河乡国栋生态林、昌盛乡杭州志愿者林、昌宁乡四方墩生态林基地参加治沙植树活动。从最初的 5 人到近 200 人参与，充分体现了金昌志愿者的一份邻里守望的责任和爱心。

2012 年春天，郭峰得到武威志愿者 4 月 3 日在昌宁乡昌盛村治沙植树的信息，因为距离较近，郭峰就约骑行队骑车行驶 60 多千米到昌宁乡昌盛村南面的一片沙地，到后才知道植树的地方是杭州林昌盛梭梭林基地，是杭州市民捐资建设的，难怪杭州青年志愿者琉璃，不远千里赶到民勤参加杭州林的植树活动。同伴在挖树坑，她放苗木，每次放苗木时，琉璃都是双膝跪地，躬身叩首，好似一位虔诚的信教徒。

环顾即将被沙丘掩埋的村庄，凝视黄沙穿过道路侵蚀田园，目睹沙上墙、羊上房的现状，若再不齐心协力防风治沙，昌盛将变得更萧条，地图上将抹去这个让祖祖辈辈生存的地名。郭峰将所见所闻上传到QQ空间和微博，引起网友的关注，纷纷表示愿意加入到拯救民勤治沙植树志愿者的行列。

2016年3月12日，植树节。清晨的风还有些凛冽，7点半已有百余名志愿者聚集在新华东路路口，他们或骑自行车，或骑摩托车，或开着私家车，清一色穿着运动衣运动鞋，他们此行的目的地便是民勤县昌宁乡昌盛村6社，这已是郭峰自2011年开始组织志愿者来民勤植树的第6个年头。天公不作美，走到半路时，天空中飘起了雪花，风也呼呼地越刮越大，志愿者们大部分是骑自行车的，风雪中没有一个人停下休息，更没有一个人返回，有骑不动的，就下来推着自行车前行。直到中午近11点，整个队伍才陆续到达目的地。志愿者们在沙地里吃了几口自己带来的干粮，马上投入了“战斗”。两人一组，一人挖坑，一人放梭梭苗，进度很快。休息之际，志愿者们到去年种植梭梭的区域察看了一遍，去年种下的梭梭基本都已成活，长势良好，令人欣慰。协助此次活动的民勤志愿者丁丰鹏说，经过几年的努力，昌盛村杭州志愿者林已完成种植绿化任务，成活率

带领志愿者赴腾格里沙漠参加治沙植树行动。

达90%以上，已起到防风固沙的作用。郭峰指着金昌志愿者新栽的一片梭梭林，深情地说："明年春天你们再来看，这里又是一片绿了。"

——金昌日报记者康艳

植树的地方是一片沙丘，荒凉的近似于悲凉的沙丘在我的心里引起一种悲壮的感觉。茫茫的沙丘上旗帜飘扬，有很多志愿者队伍已经先行我们到达，开始了拍照植树。我无言地走在沙丘上，稻草埋成了一块块四方的形状，我们在四方里挖坑，植下细长的梭梭树苗。梭梭树是护沙治沙的优选，是在沙漠中生存力量旺盛的树，只要不被风吹跑，给它点水就能顺势生长，长成一蓬蓬一簇簇。然后用它们蓬蓬的身体阻挡着流沙的前行。

当地的一个专家告诉我，前面的村庄，沙丘已经成了矮墙，攀上沙丘就能爬上房顶。曾经看到过一篇报道，说民勤某个地方的村庄被沙丘掩埋，致使那里的村民不得不流离失所，背井离乡，迁移到别的地方。

海浪一样的沙丘，脚踩上去就是一个坑。这是真正的细沙，干净平滑，手触摸上去还有一丝柔滑，抚摸着让人亲近又让人惧怕的细沙，心开始变得荒芜、疼痛。植树造林，爱护环境，给世界一片蔚蓝，给我们一个家园，难道真的路漫漫其修远兮吗？民勤之行，让我了解到如果不给自己一个压力，永远不知道自己有多大的动力与潜力，民勤之行，也让我了解到爱护家园的志愿者队伍越来越庞大，犹如我们这次的出行，有年过半百的，有正当青年的，还有从河西怀揣拳拳爱心一路骑车追来的。这片林有个美丽的名字叫杭州林，为什么有这样的名字呢？当地人告诉我，这是杭州人不远万里来播种的林。我体悟到，这不是简单的名字，它是美好的期盼。上有天堂，下有苏杭，他们希望沙漠成绿洲，祖国到处风景如画，人民犹如在天堂般幸福快乐富足。

——甘肃作家协会会员、星光志愿者苏文兰

2017年3月，又到一年植树的季节，这次治沙植树点设在了昌宁乡四方墩。四方墩生态林基地位于民勤县昌宁乡政府西北方向，有明代遗留的烽燧四方墩在此，故得名。这里地处腾格里沙漠的最西端，与巴丹吉林沙漠握手相望，也是民勤县境内最大的风沙口之一。常年雨水稀少，西北风多而破坏力巨大，对下游的农田和村庄造成很大的危害。为了熟悉线路、环境，郭峰和星光服务队队员骑车行驶60多千米，提前进入荒漠踩点，然后起草倡议书、活动方案，联络金昌市自行车运动协会会长路思阳，为支援拯救民勤治沙植树做充分的准备。

3 月 12 日，北风呼啸，窗内沉积一层细细的黄沙，不见明媚的阳光，不见湛蓝的天空，空气中弥漫着土腥，漂浮着雾蒙蒙的沙尘。寒风肆虐，沙尘飞扬，是西北地区春天的特色，隔三差五要刮个昏天黑地才心满意足。每起一场大风，看见浑浊的天空，郭峰不由想起地处沙漠蚕食的民勤，那即将被吞噬的田园和村庄。

活动没有因为恶劣的天气而取消，近 200 名志愿者，十几个团队准时集结到位，郭峰带领队伍浩浩荡荡向民勤昌宁乡挺进，与兰州、武威来的志愿者会合，在这片古战场打响了蓝天保卫战。

2017 年 6 月 24 日，郭峰一行 3 人骑车前往昌盛村回访杭州志愿者林，当看到梭梭以不屈的精神顽强地与风沙、干旱抗争，终于让这片荒芜的沙漠披上绿装，消除了沙丘对农庄、田地的侵蚀，他开心地笑了。

一位志愿者说：我们身边不缺志愿者，不缺默默奉献爱心的好人，社会需要像郭峰这样有责任的热心人、领头人，引导、带动更多的人加入文明城市的建设中。也正是郭峰锲而不舍带领金昌志愿者支援拯救民勤治沙植树，通过电视、网络宣传，越来越多的社会团队、组织奔赴民勤，加入蓝天绿洲保卫战中。

人物名片

姓　　名：黄　威
民　　族：汉　族
籍　　贯：江苏省连云港市
所在单位：连云港日报社（本职）
　　　　　连云港市清洁海岸志愿服务中心（志愿服务）

50

人物事迹

2007年，黄威参与创办连云港市清洁海岸志愿服务中心的前身“清洁海岸义工团”，专注海滩垃圾清理工作12年，每年组织志愿服务活动20场次以上。十多年来，连云港市清洁海岸志愿服务中心举办的环保志愿服务活动，累计吸引超过3万人次的市民参加，清理海滩垃圾数万千克，并带动了淮海工学院、市公路处、市建工集团、东连岛村等长期开展清洁海岸活动；身为一名记者，黄威撰写了《宿城千年银杏病危待救》《野鸭吃紫菜 愁坏养殖户》等多篇生态环境保护类新闻作品；2010年，他通过暗访，刊发曝光稿件，打掉了多个非法捕猎窝点，解救了大批野生鸟类。

荣誉榜单

获得江苏省2018年学雷锋志愿服务优秀志愿者、江苏省“最美环境守护者”、第四届江苏省“母亲河奖”绿色卫士奖、连云港市优秀志愿者、连云港市第十三届优秀新闻工作者、连云港市最美环境守护者等荣誉。2019年，被生态环境部和中央文明办联合授予“最美生态环保志愿者”称号。

行动起来就是改变！

——黄　威

黄　威：碧海银滩“啄木鸟”

地处中国沿海脐部的连云港，八月的阳光就像无际无涯的瀑布，倾泻在无遮无挡的西墅海滩上。有一群身着蔚蓝色服装的志愿者，无惧烈日炙烤，弯腰捡拾着海滩上的垃圾，让一段海滩恢复了洁净。这些志愿者都来自连云港市清洁海岸志愿服务中心，2007 年以来，连云港 200 多千米的海岸线上，一直活跃着他们清洁海岸线的身影。他们的“领头雁”就是有着碧海银滩“啄木鸟”美誉的黄威。

在记者节与海洋环保结缘

黄威，生于 1984 年，今年刚满 35 岁，但是算起“公益年龄”来，他就比较资深了——2007 年从徐州师范大学毕业之后，黄威就踏入公益领域，参与创办了连云港市清洁海岸志愿服务中心，十多年来平均每年组织环保志愿服务 20 次以上，并逐步成长为这家环保社会组织的负责人。

黄威本职工作是连云港日报社的一名记者。他和环保结缘要从 2007 年 11 月 8 日说起。每年的 11 月 8 日是中国的记者节，2007 年记者节，有感于海岸线上的垃圾泛滥，黄威所在的连云港日报社组织记者、编辑以及社会各界人士 200 多人，来到连云港市大板跳海滩，对海岸线上的垃圾进行清理。当天，一共清理了海滩垃圾 2 000 多千克，社会反响强烈。参与活动的黄威也被清理出

连云港市清洁海岸志愿服务中心的志愿者在清理黄海海域鸽岛的垃圾。

来堆积如小山的垃圾震撼了。

黄威从小在海边长大，记忆中的海滩，总是干净清爽。这么多的垃圾从哪里来呢？通过查阅资料，黄威发现海洋已经成为一个巨大的垃圾储存场，无数塑料垃圾在海水中浮沉，有的随着潮水和风被带到了海滩上，形成了长长的垃圾带，对旅游、航运、渔业都形成了较大的影响。黄威说："海洋干不干净，老百姓看不到深海的情况，他们首先看到的是海滩。如果海滩都不干净，那就不能说我们的海洋是干净的。"

因为社会反响强烈，"清洁海岸"这一活动形式被固定下来，并注册成立了民办非企业单位连云港市清洁海岸志愿服务中心，成为连云港日报社面向社会公众举办的一个公益品牌。十多年来，黄威一次不落地参与活动，并逐渐参与活动的策划、组织、宣传等工作，成长为连云港市清洁海岸志愿服务中心的理事长。

让"清洁海岸"成为市民新时尚

海滩上的垃圾多，那就去将它们清理掉！自 2007 年以来，黄威放弃大量休息时间，投入大量精力，每年组织志愿服务活动 20 场次以上。在海岸线上他无数次俯身，捡拾起一个又一个垃圾；在泥泞的河岸边，艰难地寻找排污口；在学校、在社区，不遗余力地宣讲垃圾分类知识……连云港 200 多千米的海岸线上，他用双脚丈量了很多遍，海岸线上处处都留下了他的身影，一个又一个环境问题被反馈到政府相关部门并得到了妥善的解决。

每年夏天，来连云港海边游玩的外地游客很多，但是有些开放式海边沙滩上的垃圾，让这些游客扫兴而归，甚至对连云港良好的旅游形象都打了折扣。每到这个季节，黄威总要带领志愿者频繁开展活动，他们在海岸线上清理垃圾、劝导文明旅游，让海岸线的环境变得更好，提升连云港的旅游形象。在他的努力下，一些开放式海滩由地方政府聘请保洁员长期监管清扫，沙滩变得清清爽爽，游客也能尽兴而归。

夏天，在海边捡拾垃圾，被晒得脱一层皮是常事；冬天，海边刺骨的寒风让他的膝盖落下了病根。每到周末，他就到海边组织活动，女儿嚷嚷着让爸爸带她去海边玩，他却抽不出时间。

组织环保志愿活动不易，很多团队因为缺钱、缺人而逐渐消亡。面对这种情况，黄威想方设法筹措资金，带领组织走上规范化、专业化道路，拓展环保

从 2015 年开始，连云港市清洁海岸志愿服务中心实施“科研监测”项目，志愿者每年清理、分类、称重、统计固定海滩垃圾 6 次，并取得海洋垃圾分布数据。

志愿服务新载体，策划、组织丰富多彩的环保类活动，走进海岛渔村、街道社区，进行环保理念宣讲，发动更多民众关注环保、参与环保，营造“志愿行动、关爱生态”的潮流，将活动办得红红火火，受到社会各界的充分肯定。

在黄威和他的团队共同努力下，十多年来，连云港市清洁海岸志愿服务中心举办的环保志愿服务活动，累计吸引超过3万人次的市民参加，并带动了江苏海洋大学、连云港市公路处、连云港市建工集团、东连岛村等单位成立志愿者队伍开展清洁海岸线活动，形成了良好的社会参与环境保护的氛围。在黄威和其他志愿者的共同努力下，连云港市清洁海岸志愿服务中心形成了“海好有你”——连云港海州湾海洋环保系列行动、“海纳百川”——海州湾入海河流生态调查与监督等品牌项目，先后获得中央文明办关爱山川河流志愿服务活动100家重点项目、江苏省优秀志愿服务组织奖、福特汽车环保奖等重要奖项，已经成为连云港市乃至江苏省环保领域的知名志愿服务团队。

相比于海洋中“海量”的垃圾，志愿者们捡拾的垃圾数量可以说是微不足道。有很多人问黄威：“你们辛辛苦苦在海边捡垃圾，过段时间又脏了，能起到什么作用呢？”黄威总是回答说，如果大家都不关心环境，不主动去做志愿服务，那环境怎么会好起来呢？行动起来就是改变。我们清理了一段海岸线，至少这段海岸线在一定时间内是干净的，大家能够心情愉快地在海滩上踏浪。在这个过程中，志愿者作了表率，带动了更多人参与，更重要的是逐步转变了大家的思想。大家都行动起来，从源头上减少垃圾产生，坚持垃圾分类，不让垃圾入海，我们的海岸线自然就干净了。

“化笔为刀”为保护生态环境鼓与呼

身为一名记者，黄威还一直在用自己手中的笔来为环保、为生态、为志愿服务鼓与呼。他采写的《宿城千年银杏病危待救》《野鸭吃紫菜 愁坏养殖户》等多篇新闻作品，从小切口关注大生态，产生了积极的影响，并推动相关部门切实解决了具体的环境问题。

2010年11月，黄威接到市民举报，称临洪河口湿地里非法盗猎野鸭现象猖獗。为了摸清情况，黄威化妆成饭店厨师暗访，与盗猎分子、野鸭贩子等人接触，获取了大量一手资料和盗猎野鸭的确凿证据。新闻刊发后，当地农林、公安等部门迅速开展联合行动，打掉了多个非法捕猎窝点，解救了大批野生鸟类。

2018 年夏天，黄威了解到一条入海河流出现了一个隐蔽的排污口，严重影响河流水质，河中出现了大量死鱼。他和志愿者多次到现场调查，最终确定了污染源，并将结果向环保部门进行了反馈和举报。在大家的共同努力下，终于将这一排污口“堵上”了。黄威说，环保社会组织和环保部门是“同盟军”，有着让环境变得更好的共同目标，环保社会组织和环保部门要心往一处想、劲往一处使。因为在环境治理中发挥了独特的作用，2017 年，他被聘为江苏省首批“环境守护者”，每月提交观察报告，反映身边的环境问题，成为江苏环保部门的“鹰眼”和“参谋”。

因在志愿活动中表现突出，黄威获得了江苏省 2018 年学雷锋志愿服务优秀志愿者、江苏省“最美环境守护者”、第四届江苏省“母亲河奖”绿色卫士奖、连云港市优秀志愿者、连云港市第十三届优秀新闻工作者、连云港市最美环境守护者、连云港市十大最美环保家庭等荣誉，成为当地知名的“环保达人”。

黄威说，十多年的环保公益路，让他收获很多，最大的感动就是越来越多的人愿意来参与他组织的清洁海岸活动，这给了他坚定地走下去的信心。现在，他最大的心愿就是在海边再也捡拾不到垃圾，再也看不到黑臭的河流，希望“绿水青山就是金山银山”的理念深入人心，让所有人都能共享美好的生态环境。

人物名片

姓　　名：李晓红
民　　族：汉　族
籍　　贯：四川省绵阳市三台县
所在单位：新疆巴州阳光志愿者服务协会

51

人物事迹

李晓红，巴州阳光志愿者服务协会发起人，库尔勒市温暖阳光社会工作服务中心理事长，具有全国志愿服务督导人才培训结业证书，助理社会工作师，库尔勒市第 88 例遗体器官捐赠者。

李晓红和他的团队被评为州市先进公益组织。他组织志愿者会同爱心人士在铁门关景区建立公益林基地，并每年派志愿者对公益林补种树苗、修整枝丫。通过6年的维护，大漠荒山顶上重新焕发生机。他还经常组织开展捡拾垃圾、保护水源等活动，在铁门关、罗布人村寨、博斯腾湖等旅游景区大力宣传环保理念，劝导游人爱护环境。

荣誉榜单

荣获全国“四个 100”最美百名志愿者、库尔勒市第三届道德模范、巴州第五届道德模范、全国无偿献血金奖。2019 年，被生态环境部和中央文明办联合授予“最美生态环保志愿者”称号。

公益就像我的生命一样重要，像呼吸一样自然。

——李晓红

李晓红的公益人生

李晓红，很普通的一个名字，也许大家根本不认识他，但在新疆志愿服务组织的队伍里，他却是大名鼎鼎的“晓红姐”，获得全国宣传推选学雷锋志愿服务“四个 100”最美志愿者称号，以及生态环境部和中央文明办评选的百名最美生态环保志愿者，两个国家级荣誉。他还被提名新疆维吾尔自治区第六届助人为乐道德模范，也是国家级助理社会工作者。也许是有些女性化的姓名，还有他做事细腻、坚韧不拔的性格，造就了“晓红姐”这个特殊的称谓，也成就了他特殊的公益人生。

真心做公益 开创 90 天清退制度

没有组建团队之前，李晓红在社会上就是一个好人，无偿献血多年，对弱势群体乐善好施。慢慢地，随着形势的需要，需要成立志愿者团队，李晓红从被选为领头人开始，就下定决心，打造一支优秀团队。在巴州阳光志愿者服务协会，有严格规范的章程，特别是 90 天清退制度，在全国也属先例，目的是让大家行动起来，不“坐”志愿者。大家不管经济收入和社会地位，做志愿者都是相互平等的，看的是善心善行。

李晓红没有相对稳定的工作和收入，做公益又占据了他很多的时间和精力，但他依然乐观坚持着，没有因此放弃自己所追求并为之努力的公益事业。

看到河滩垃圾忧心忡忡。

他以前在小区开了一家小商店，基本上都是帮小区居民做便民服务，免费代购商品、充值话费等，小店是社区居民交流沟通的活动场地，也是一个爱心基地，团队多年来一直接受热心市民捐赠的闲置物品，通过整理修复后直接送到需要者手中。由于做志愿花去大量时间，没有精力经营小店，他索性将小店改造成协会办公室。

做公益是一件上瘾的事

李晓红说，做公益是一件上瘾的事情。

他曾因义务无偿献血 20 多年获得全国金牌，造血干细胞捐献、器官遗体捐赠也是身先士卒，并曾多次荣获州市优秀志愿者称号，他所在的志愿者服务组织也多次被评为优秀志愿者团队。

做公益最难的就是坚持，在库尔勒这个曾经获得全国文明城市四连冠的城市里，李晓红带领志愿者活跃在孔雀河畔的环境保护、铁门关的荒山顶上植树造林、火车站的春运服务中，风雪中环卫工人手中冒着热气的牛奶、敬老院里飘香的饺子和欢快的歌声、乡村小学孩子们喜悦的眼睛里都映射着他及团队的公益足迹。

多年来，他的言行感染着团队的每一个人，坚守公益的信念也深植每位志愿者的内心。

公益就像我的生命一样重要

做志愿要做到雪中送炭，不做锦上添花。李晓红不断学习公益理念，不断创新，一举通过国家助理社会工作者考试，获得用专业方法帮助有需要人群的资格，又获得“全国志愿服务督导人才培训班 2019 年第一期”志愿服务督导资格，将志愿服务从实践走向专业。

李晓红和他的团队根据需求，不断设计优秀志愿服务项目。2016 年，“游城市美景，筑乡村梦想”项目开始实施，为帮助乡村孩子完成微心愿，志愿者组织乡村特殊家庭孩子（贫困、单亲、留守等等）到城市一日游，感受社会发展魅力，参观科技馆，游览城市美景。该项目曾获得第三届中国青年志愿服务项目大赛银奖。

随后，协会继续开展“童心传承孝行”项目，带领志愿者和孩子们走进社区、敬老院，让孩子们在活动中亲身体会和传承中华传统美德，旨在发扬中华民族爱老孝老敬老的传统文化，该项目获得第四届中国青年志愿服务项目大赛银奖。2018 年 5 月，协会与库尔勒市温暖阳光社会工作服务中心打造了《女童保护防性侵知识讲座》，得到了当地市文明办、教育局、检察院等机构的支持，解决社会问题，为青少年健康成长保驾护航。项目获得了 2018 年自治区青年志愿服务项目大赛银奖。目前，该地区已经有 2 万余名孩子受益，社会反响良好。

李晓红说，公益就像我的生命一样重要，就像呼吸一样自然。没有豪言壮语，没有惊天动地，就这样默默奉献。“改变不了别人，就去用榜样影响。”李晓红说，自己会将公益之路永远走下去。

（本文撰稿：新疆库尔勒市电视台记者　李琼）

查看荒山公益林生长情况。

人物名片

姓　　名：刘智勇
民　　族：汉　族
籍　　贯：辽宁省沈阳市
所在单位：中国石油大庆油田有限责任公司油田设计院

52

人物事迹

刘智勇曾随同时任环境保护部副部长、现任生态环境部部长李干杰赴韩国参加第16次中、日、韩三国环境部长会议青年论坛；2016年，他参与东盟10+3青年环境论坛，在国际舞台上为中国环保发声；2017年，他参加了原环保部宣传教育中心举办的“美丽中国，我是行动者”环保宣传活动，同来自全国的志愿者一同走进社区进行环保宣传；2018年6月3日，他受邀参加了“美丽中国，我是行动者”大庆地企纪念“六·五”世界环境日暨环境保护宣传月活动的启动仪式，并作为“环保达人”代表向现场观众诉说环保心声。

荣誉榜单

曾被评为“大庆最美环保人”“陕西环境保护优秀志愿者”。2019年，被生态环境部和中央文明办联合授予“最美生态环保志愿者”称号。

我希望通过自己的宣传，能够有更多的外国朋友了解中国，也希望通过自己的努力，感召更多身边人加入到环保行动中来。

——刘智勇

刘智勇：环保理念的传播者

2019 年 6 月 5 日，在世界环境日全球主场活动现场，一位阳光帅气的小伙子接过百名最美生态环保志愿者荣誉证书。“最美生态环保志愿者”短短九个字，浓缩的却是他与环保结缘的青春。他就是中国石油大庆油田有限责任公司油田设计院防腐设计助理工程师刘智勇。

缘起校园，与环保同行

“课堂上，老师们经常会以当下人类面临的恶劣环境形势来举例，激励我们要努力学习专业知识，积极改变环境现状。从那时开始，我就感受到环境保护势在必行，更迫在眉睫。”2011 年，刚刚迈入大学校园的刘智勇，选择高分子材料与工程专业作为自己的学习方向。他喜欢这个专业，因为这个专业与他家乡油城大庆的开发建设密不可分，但他不知道的是，他的这个选择，实际上，更为他今后从事环保公益事业，悄悄埋下了一粒种子。

为了更好地了解环保、力行环保，刘智勇加入了学校的环保社团。起初，他和很多学生志愿者一样，仅仅因为“做环保是件好事”，经常参与一些简单的校园环保志愿活动。

其间，他还主动报名参加校际间的交流活动，通过与同样关注环保的其他学校的同龄人交流，不断提高自己对环境保护的认识。

2013年，英语水平和表达能力出众的他，作为学校的代表，参加了北京大学国际模拟联合国大会。平时就关注环保话题的他，毫不犹豫便选择了UNEP委员会，活动议题是“生物多样性与城市建设”。活动中，刘智勇与来自全球200多所高校的学生代表就活动议题进行交流。由于每名学生代表都被赋予了不同的国家身份，就需要各个代表在国家利益与全球利益之间艰难博弈并寻找平衡。通过一次次的探讨和磋商，刘智勇和其他几名代表共同完成了一系列环保方案的制定，并起草了相关的环境保护文件。通过这次活动，刘智勇清晰地认识到，环境保护其实是个共性话题，地球只有一个，不论哪个国家、哪个地区的环境出了问题，都会对整个地球的生态造成影响，各国之间唯有互相信赖、互相合作，才能实现共赢。

这一年，刘智勇还参加并通过了原陕西省环保宣传教育中心青年志愿者的选拔，获得了由原环境保护部授予的“青年环境友好使者”称号。刘智勇说，“从那一刻起，环保不再仅仅是我的个人兴趣，我深深感受到了自己身上肩负的责任和使命，我要为环保理念的传播作出贡献，以一传千，以千带万！”

参加第十六次中日韩环境部长会议青年论坛。

参加 2019 年世界环境日全球主场活动。

走出国门，为中国发声

如果说，成为“青年环境友好使者”，为刘智勇从事环保公益事业设立了一个新的起点，那么，两次走出国门，参与国际性环境论坛的经历，便是激励他在环保这条路上不断前进的动力。

2014 年，刘智勇通过原环境保护部的层层选拔，成为中方 5 名青年代表之一，随同时任环境保护部副部长、现任生态环境部部长李干杰赴韩国大邱，参加第 16 次中日韩三国环境部长会议青年论坛。时至今日，令刘智勇依然印象深刻的画面就是当时在交流问答环节，一名韩国代表提出了一个非常有针对性的问题：“中国的西部土壤荒漠化非常严重，你们是怎么治理的？中国的周边国家有时候会出现空气污染，是不是因此引发的？”刘智勇的第一个反应就是“Absolutely not”（绝对不是）！他当场挺身而出，进行反驳，列举了我国在植树造林方面做的大量工作及显著成效。但那一刻，他也深深意识到，外国人对中国还有很多的误解和偏见。“相互指责并不会改善全球生态，要将环境保护需要各国合作共赢的理念传递出去！”刘智勇暗下决心。

机会总是留给有准备的人。2016 年，刘智勇再次代表中国前往新加坡参加东盟 10+3 青年环境论坛。那时的他，已成为一名石油人。在论坛上，结合工作实践，刘智勇介绍了中国石油作为大型能源企业，一直以来所采取的环保举措和循环再利用技术。他说，“对于我们石油能源企业而言，崇尚环保，不仅是对国家政策要求的遵循，更有利于油田的美化建设，同时，还能在一定程度上节能减排，实现降本增效。绿色环保，早已是石油企业的重中之重。如今，随着技术的发展和环境意识的提升，化工厂区早已不再污水横流，而是绿树成荫、鸟语花香。”一幅幅现场展示的照片让外国代表既吃惊又羡慕，当场就有不少外国代表提出想要到刘智勇所在的企业来参观的想法。

刘智勇告诉记者，他参与的这几次国际性环保论坛，让他感触最深的就是大家对中国的不了解，不了解中国在环保方面所作出的努力和取得的成效。“我最希望的，就是能够通过自己，把中国的名片向世界展示，传递我们中国的声音、中国青年的声音，为中国代言，为中国环境正名。”刘智勇笃定地说。

回到家乡，做义务宣传

每次参加完交流活动，刘智勇都会及时将自己的见闻进行整理，特别是其他国家和地区的好经验、好做法，他更是会如获至宝似的记录到自己的备忘录里，回来后，一一重新查询，细致地思考能否将其进行转化，成为助推自己家乡环境建设的措施。

在他心中，交流只是一个途径，是自己学习的一个过程，更重要的是如何实践，将好经验、好做法进行推广和实施。这其中，宣传便必不可少。

2017 年 8 月，他参加了原环境保护部宣传教育中心举办的“美丽中国，我是行动者”环保宣传实践活动，与环保志愿者们一同走进社区，向身边人普及环保知识，传播环保理念，倡导绿色消费，号召大家携手共建美丽家园。活动过程中，恰逢夏季阵雨，豆大的雨滴打在志愿者们的身上，呼啸的北风甚至几次将放置好的宣传板吹倒，可大家的热情却没有被浇灭。深受感染的小区居民，更是给予了大力的支持，主动参与到宣传活动各个环节中，收到了良好的效果。

2018 年 6 月，刘智勇作为环保达人，参加“美丽中国，我是行动者”大庆地企纪念“六·五”世界环境日暨环境保护宣传月活动的启动仪式，并以自身经历向现场的大庆市民作宣讲，诉说环保心声，现场参与人数达 300 多人。像这样的大型宣传活动，如今，刘智勇已经组织并参与了 12 次，传播人数超

4 000 多人，发展环保志愿者 500 多人。

此外，他还常利用业余时间制作环保手工工艺品、组织身边朋友进行环保调研等。

要问刘智勇为什么做环保？为什么能一直坚持做环保？其实，他的想法很简单，“就是单纯的喜欢，并没想过要做多大，也没想过要做到什么程度，只是希望能够身体力行，做一点是一点，并不断地坚持下去。”谈及自己对未来从事环保的目标和计划，刘智勇说：“我希望通过自己的宣传，能够有更多的外国朋友了解中国，也希望通过自己的努力，感召更多身边人加入到环保行动中来。”

人物名片

姓　　名：钱巧玲
民　　族：畲　族
籍　　贯：福建省古田市
所在单位：东南网南平站专题部
　　　　　南平市环保志愿者协会

53

人物事迹

2016 年，先后策划并组织开展“美丽中国 我是行动者”“环保宣传进校园”“绿色星期六”环保微行动等十多项环保志愿服务活动。其中“绿色星期六”环保微行动自 2016 年以来，坚持每周常态化开展，通过组织志愿者低碳徒步行走、沿途清除白色垃圾的方式，传播环保理念，在 2018 年获得福建省志愿服务项目大赛优秀奖。

在推行河长制过程中，组织志愿者开展“百姓河长 洁净母亲河”志愿服务项目，参与人数达 2 000 余人次，清理垃圾上千千克，该项目荣获 2018 年福建省志愿服务项目大赛铜奖。

荣誉榜单

2017 年获得“南平青年五四奖章”；2018 年获得南平市四星级志愿者等称号；2019 年被生态环境部和中央文明办联合授予“最美生态环保志愿者”称号。

其实，我很怕这么多的荣誉和光环……我只是一个平凡的行动者。

——钱巧玲

钱巧玲：绿色环保的“小星星”

曾经的天空是那么蔚蓝，曾经的江河是那么清澈，曾经的家园留下了多少难忘的梦幻……

钱巧玲，纤瘦秀丽，眼里透着睿智和干练，谈到自己，还略显拘谨。2015年，长期从事网络媒体采访的她，在一次与南平市环保志愿者协会会长交谈中，听会长介绍说：“环保志愿者把行动带给社会的同时，也传递了爱心，传播了文明，将爱心和文明汇聚成社会暖流，汇聚成正能量。在南平，就有这么一群把付出当作快乐，把爱心化为温暖的环保志愿者，他们把自己化作音符，与广大市民一起共同谱写环保志愿者无私奉献的赞歌。”

初次接触环保志愿者协会的钱巧玲，深受环保志愿者精神的感召，就在那一刻她萌生了一个心愿，立志要做一名环保志愿者。当天，她便加入南平市环保志愿者协会，开始积极参与各项生态环保公益行动，不断提升自己对环保志愿者工作的认识，从内心对自己的人生价值有了更深层次的理解。

五年来，钱巧玲从一名普通的环保志愿者，一步步成长为协会的副会长兼秘书长。一丝丝辛劳之后浸着汗水的幸福感油然而生，微笑不由自主地爬上了她的脸颊，那种感觉是充实，是欣慰，是无法表达的无悔付出。

爱上环保　做一名合格的引领者

“回想五年来的环保志愿者生活，有时候也觉得累，特别是遇到周边人的不理解，那种质疑的眼神……也曾想过放弃。”她刚入会时，协会正处在起步阶段，面临市民对环保志愿服务行动的观望、不理解甚至质疑，环保志愿服务活动难以顺利开展等种种困境。她利用自己的工作关系和私人交情，积极奔走，耐心协调，寻求党政机关和社会各界在人力、物力、财力及精神力量的支持，由此点燃南平市环保志愿者们建设美丽家园的激情。

然而，搭台唱戏，这个道理谁都懂，台子搭起来了，这个“戏”该怎么唱呢？

南平市近年来的精神文明建设从逐步发展，到欣欣向荣，许许多多的企事业、党政机关的志愿团队如雨后春笋般孕育而生，扶贫、救困、协助市容市貌的维护等等公益活动频多，你方唱罢我登场，这就难免发生活动重复，人力资源浪费，甚至有些虎头蛇尾、无疾而终的现象，对志愿服务工作不可避免地产生了一些消极的影响。该如何建立起一个长效机制，吸引更多热心人加入环保志愿者团队，并保持长久的发展态势？作为协会引领者中的一员，如何整合社会资源，如何统筹安排活动，如何让社会影响力最大化？这些值得思索的问题，也是一直萦绕着钱巧玲的难题。

“我们必须要有响亮的口号，要有能常态化开展的品牌活动。”钱巧玲经多方交流探讨，查阅资料，最终把目光投向了常态化的绿色环保公益活动。她先后策划并组织开展了“绿色星期六”环保微行动、“环保宣传进校园”“百姓河长 洁净母亲河”“爱分类 爱生活”“零废弃”绿色场所等十多项品牌志愿服务项目，深受市民的喜爱。其中“绿色星期六”环保微行动自 2016 年起每周常态化开展，通过“互联 +”模式线上报名，组织环保志愿者低碳徒步行走、沿途清除白色垃圾，向市民传播环保理念，引导市民参与生态文明建设，得到社会各界的广泛认同、支持与参与。活动至今已开展 150 余期，参与单位百余家，参与人数达 2 万余人次，累计步行近百万米。该品牌项目在 2018 年福建省志愿服务项目大赛中荣获优秀奖。

推广环保　做一名优秀的传承者

“一到周六，别的同龄孩子都在父母的陪伴下嬉戏游玩，而我每次都带着女儿参加志愿服务活动。”钱巧玲自豪地说起这件事，她说女儿陪着她捡了几

百姓河长在闽江开展河面垃圾打捞。

年的垃圾，现在已经是相当优秀的环保志愿者了。她生动地比划着说：“那时候女儿还在读小学，才这么高，比垃圾夹高一点，现在已经跟我差不多高了！”在她行动的感召下，越来越多的志愿者带着孩子加入环保志愿者这个大家庭。发展与传承并存，点亮了延绵不断的光芒。

每到周六，市民主要休闲、运动的九峰山、玉屏公园、江滨公园等户外场所，都有环保志愿者们的身影，他们当中有公务员也有普通市民，有退休老同志也有才上幼儿园的孩子，年纪最大的 80 多岁，最小的只有 3 岁半。他们利用周六休息时光一边健身步行，一边拾捡白色垃圾，用一次又一次无声的行动悄然影响着、改变着周围环境。“现在，活动中经常会有许多市民对我们竖起大拇指，也有的直接加入捡拾队伍一起行动起来。”

钱巧玲非常关注环保和生态文明建设问题，经常利用外出学习考察的机会，将所见、所学、所思与本市环保志愿服务实际结合，以创新为驱动，以问题为导向，不断拓展活动视野与工作领域。她带领志愿者积极配合“河长制”工作，开展以“百姓河长　洁净母亲河”为主题的志愿服务项目。刚开始时，具体实施所涉及的相关部门和设备运转，延绵数十公里河道的责任分配，都是千头万绪。她左思右想，慢慢地厘清思路，在南平市生态环境局、水利局等部门的支持下，经过多方联系和商讨，成立百姓河长专项小组；随后她联系了“门当户对”的南平市樟湖水路运输有限公司作为活动开展的平台，组织成立“百姓河长”志愿服务队，参与延平湖“三江六岸”河湖管理保护监督工作，定期开展监督、曝光、清理、反馈等各项工作，履行河流保护管理责任，当好百姓河长。

该活动开展至今已百余期，参与人数达2 000余人次，清理垃圾数千千克，保障了闽江和建溪、西溪沿线的洁净，取得了良好效果。该项目在2018年福建省志愿服务项目大赛中荣获铜奖。

奉献环保　做一名平凡的行动者

“说到垃圾分类这项活动，我也是忐忑不安，上海当前正作为试点城市开始推广，我们虽然是小城市，也得笨鸟先飞不是？”颇有远见的钱巧玲，早就开始关注垃圾分类这项环保举措，设立“零废弃”绿色场所垃圾分类志愿服务项目，并积极协助多家单位着手建立垃圾分类机制，引导市民进行垃圾分类，并在全市机关企事业单位陆续推广。多家单位都成为“零废弃”绿色场所联盟单位，联合开展垃圾分类工作。

“刚开始进入社区宣传和劝导垃圾分类，没少招人白眼，不理解也正常，毕竟要突然改变多年的生活习惯，是需要一个过程的。就好像我们刚开始上街开展活动，总是有很多质疑的眼神，甚至有些路人直言不讳地说这只是作秀而已，还不是为了拍照宣传……听得多了，也就习惯了，毕竟大家所说的那些现象也是客观存在的，我想我们只要长久不懈地坚持下去，就一定能得到社会的认可和支持。”她总是这么爽朗地表述着，丝毫看不出眼前这位单薄的女子，内心居然蕴含着无比巨大的能量，像一束耀眼的光芒。

“说来好笑，自从我加入协会后，就来了个全家总动员，一家老小，甚至亲朋好友都被我动员到环保志愿服务活动中来。很多人不理解，说何必呢，把自己所有的业余时间都搭进去了，还让一家子人跟着受累。可是，每次看到年幼的女儿和年迈的母亲跟着我一起参加志愿服务活动，我心里说不出来一种欣慰，他们的支持是我最大的动力。”这几年，平时她除了本职工作，就是忙协会的事，很多人甚至只知道她从事环保志愿者工作却忘了她还是一个媒体从业者。到了节假日她就更忙了，组织活动、人员调配、外部协调等大小事都得亲力亲为，一一落实到位。“你别看我瘦，我可是精力无限，再苦再累，乐在其中。”

她像一只娇小的春燕，奔波于机关、单位、学校、社区，忙碌在山间、林下、绿岸、湖边，身体力行推动生态南平建设，促使协会与有关部门达成共识，结合“地球日”“环境日”等重要节日开展系列宣传活动，深受市民欢迎。在她与环保志愿者们的共同努力下，协会2017在福建省第二届“母亲河奖”评选

开展保护母亲河青春生态行志愿服务活动。

中荣获“绿色团队奖”；2018 年，在福建省学雷锋志愿服务“四个最美”先进典型宣传活动中荣获“最佳志愿服务组织”，被中共福建省委文明办评为福建省首批“百家优秀志愿服务组织”，在南平市社团组织评估工作中获得 4A 评级。协会发起的品牌志愿服务项目先后获得福建省志愿服务项目大赛铜奖、优秀奖等 10 多个奖项，她本人也于 2016 年被原环境保护部宣传教育中心授予“巾帼环境友好使者”，2017 年获“南平青年五四奖章”，2018 年获“南平市四星级志愿者”，2019 年获生态环境部、中央文明办授予的“最美生态环保志愿者”等称号。

“其实，我很怕这么多的荣誉和光环，真的，是一种无形的压力，所有的活动都是依靠广大环保志愿者的无私奉献，我不过就是做了一些策划和推动的工作，这也是我应尽的责任和义务。”说到这些，钱巧玲脸色微微的绯红，她撩了一下清爽干练的短发，浅浅地微笑着，像含羞的少女，纯真的面容，如一席柔软的绿色春风。

在她的努力下，社会上越来越多的人加入到环保志愿者队伍中，共同营造健康、和谐、美丽的社会大家庭。现在市民们对于环保志愿者已经不再陌生了，他们的身影随处可见，他们只是普普通通的环保行动者。

她像一颗“小星星”，散发出至纯至臻的光芒，那光芒，纯净而隽永，在蔚蓝的天空中闪烁……

人物名片

姓　　名：盛　建
民　　族：汉　族
籍　　贯：江苏省南京市
所在单位：南京水务集团有限公司（本职）
　　　　　南京爱心之旅社会工作服务中心（志愿服务）

54

人物事迹

2011 年 7 月，盛建和一群热爱环境保护的市民们共同组建了“南京爱心之旅”环保志愿者团队，开展宣传保护水环境的公益项目——“绿水行动”。

8 年来，盛建作为“绿水行动”的公益项目负责人，带领环保志愿者，组织市民，累计服务 4 000 小时以上，开展环保公益活动 100 多次，考察了 20 多座水库、40 多条河流和 100 多个废弃矿山宕口，积极宣传珍惜资源、保护环境的理念，吸引更多的市民参与到南京环境的共同保护、共同建设上来。

荣誉榜单

2014 年荣获“保护生态、美化环境——南京好市民”“南京市优秀志愿者”“江苏省优秀青年志愿者”称号，入选“2014 江苏好青年百人榜”；2015 年荣获“江苏省十佳青年志愿者”“江苏省优秀环保志愿者”称号；2016 年荣获第三届江苏慈善奖“最具爱心的行为楷模”称号；2018 年荣获第八届母亲河奖“绿色卫士”、全省“优秀环境守护者”称号；2019 年荣获全省“优秀环境守护者”、江苏省首届“十大河湖卫士”称号，被生态环境部和中央文明办联合授予“最美生态环保志愿者”称号。

做公益让我收获了快乐，结识了很多热心朋友，还给了我这么高的荣誉，我很感恩。

——盛　建

盛　建：懂水·爱水·守护水

2019年7月6日，笔者就一篇约稿向盛建再次催稿时，他连声说“对不起，太忙了，真的顾不上。”这天是周末，他连续组织了两场环保活动，带领“民间小河长”登上秦淮画舫检测水质，又参观南京凯燕电子有限公司，让小朋友们了解电子废弃物的安全处置流程。仅发稿前3个月里，他参加和组织的社会服务活动就有16场。

在南京市，可能许多人不认识盛建，但要是提起“江河卫士联盟”，在江苏地区可是很有名气。“江河卫士联盟”2016年由《扬子晚报》和阿里巴巴天天正能量共同发起，邀请盛建担任总干事，陆续联合了40多家单位、团体，长期开展水环保公益活动。“江河卫士联盟”坚持长期带领来自各行各业的志愿者，用环境教育，改变市民对身边水环境的认识，也渐渐改变着社会对于保护环境的看法。

懂水：监测饮水水源，关注身边水环境变化

2001年，盛建大学毕业后，进入南京自来水总公司（现为南京水务集团），从事水质监测工作，一干就是18年。每年长江枯水期和丰水期，为了取水厂的原水，盛建经常和同事们乘坐快艇在长江上各个水厂的采水点来回奔波，一跑就是一整天；取回水样之后，又要尽快赶回实验室分析水样。也正是因为工

2016年5月14日沙洲西河，盛建（居中）参与组织的绿水行动启动仪式（市水务局、市团委、扬子晚报、市少年宫联合行动）。

作性质的特殊，使得盛建在工作中，可以更多地接触到长江水源，也可以更直观地看到周边水环境的变化。而作为监测人员的他，也在不断反思，“虽然净水工艺逐年改善，可以去除污染物，不断提高出厂水质，但毕竟是‘治标不治本’，也受到限制。要为居民提供更安全健康的饮水，必须要积极主动去保护水源，保护水源周边环境。”也正是自那时起，“做水环境公益”的念头，便如同一颗种子，扎根在他的心里。

2011年的一天，江苏展览馆前的广场上有许多公益组织作展示，有爱心公益组织在广场上招募“绿水行动”志愿者，准备带着市民走一走、看一看身边的河流。家住附近，出来散步的他凭借自己专业上的优势，也报名参与公益活动，后来购买了一些简便的检测仪器，和市民们一起走河测水。

那以后，虽然多数公益伙伴没有坚持再做这一专题，但盛建却把“绿水行动”坚持下来，在保留了“看看家乡的河流”这一核心理念的同时，打造了真正专注于水环境的环保公益组织——“江河卫士联盟”。

爱水：走河测水，让更多人爱护水环境

“江河卫士联盟”的活动，得到了阿里巴巴集团和本地媒体《扬子晚报》的支持。生活在南京、工作在南京，盛建对这些或绕城或穿城而过的水系，可谓如数家珍。采访中，他简单地介绍了长江水是如何流经南京，而南京城又是如何借助长江水“吐故纳新”的。他说：“简单地说，长江水经简单处理，首先注进玄武湖，玄武湖的水流向珍珠河，珍珠河的水再流进内秦淮和外秦淮，长江水对秦淮河的水系进行冲洗之后，再回归长江……”正是基于这些专业的知识与理解，盛建得以充分凸显“家乡”和“周边”的概念，也正是因为这个概念，使得参与进来、和他一起走河测水的“江河卫士”，年龄层次“两极分

2017 年 7 月 16 日秦淮河三岔河口岸边，盛建为雏鹰小队开设“护水”讲座。

2018 年 4 月 15 日，武定门秦淮河河道，盛建为小学生环保志愿者和家长讲解河水、自来水水质检测。

2019 年 5 月 12 日，盛建带领南师附中江宁分校 30 个小学生，走访监测秦淮河江宁段。

2019 年 5 月 18 日，盛建走进南京工业大学浦江学院，宣讲水环保。

化”严重。简单地说，就是老同志很多、小朋友也很多。为什么呢？因为许多参加走湖的老同志，本身就是土生土长的南京人，参加环保志愿活动，走走看看，许多水系、许多河流，都是他们从小生活过、下河洗澡、逮鱼摸虾的地方。他们是水环境由好变坏的亲历者，也是经雨污分流、秦淮河流域综合整治环境改善的见证者。他们和孩子们走在一起，可以给孩子们带来更加鲜活的讲解，结合盛建的专业知识，孩子们对于水质的改变历程也有了更加直观的认识。

据盛建介绍，在参加过“江河卫士联盟”的成员中，仅 2018 年雏鹰小队就有 30 多个，这其中，寒暑假回校参与社会实践评比，有至少 2 个小队获得了学校一等奖，并被所在区教育局报道。这让盛建倍感欣慰，也使得“江河卫士联盟”社会效益得到凸显。

守护水：建立联盟，让更多的人参与进来

在采访中，盛建饶有兴趣地提到了他曾经在单位里的另一份“兼职工作”：做自来水水质的“三来”服务。因为具备在水质监测方面的专业知识和服务热情，他被派去接待用户并解答用户关于自来水水质投诉与疑问。

干了近十年，他总要面对一些很多人“闻所未闻”的问题，比如“我家的自来水怎么有味道？”“我家的自来水为什么变蓝了？”“我家的自来水怎么有红线虫？”“我家的自来水怎么是热的？”对于这些，他都能给出非常专业的回答，在不断的回答中，他通过耐心接听，从用户的角度去看待和分析每一个诉求。而他，也把工作中的经验和感悟用在环境教育中。他说：“和孩子们在一起，更多的时候是在给他们做科普，比如‘什么是水’‘水是怎么变脏的’‘又是如何治理的’，孩子们关心的是科学；而陪同孩子们一起参加活动的家长，也会向我询问诸如‘家里的自来水安全吗’‘需不需要加装净水器’‘什么品牌的净水器比较好’，家长们的关注点和用户来电反映的诉求非常相似，都是家人的健康。”

通过不断的思考，如今，在做环境教育的时候，盛建把更多的精力放在了“水环境的变化对人的健康的影响”这一主题上，一边讲故事、一边检测水质，用水质检测的结果来直观反映治水的成效。他说：“讲述水与人体健康的关系，只有让‘本地水’与‘本地人’产生关联，这样才会最有效吸引居民对自家周边水环境的关注，这样的环境教育效果才最好。”

现在，盛建的环境教育正在以多种多样的形式开展着。除了传统的走河走

2019 年 7 月 26 日，盛建组织小学生和家长 80 多人，
参观光大公司垃圾焚烧发电厂。

湖，他现在还带着孩子深入秦淮河的源头，乘坐皮划艇进行水样采集，让孩子们亲身感触到“清澈的秦淮河水”，让孩子们和家门口“浑浊的秦淮河水”产生对比，形成感观上强烈的反差，再通过讲故事的方式，让孩子们理解保护水环境的重要性；他同时还联系了南航的老教授和专业航模队，借助无人机来采集水样，让孩子们的视野更开阔，观测水体的足迹延伸到更远的地方。

18 年的专业工作、8 年的公益经历，盛建组织公益环保宣教的经验日趋熟练，已经实现了他刚刚参加工作时立下的志愿：“尽己所能，让市民喝上放心的水”。通过他的不懈努力，已经有越来越多的市民，不管是大人还是孩子，能够更加清楚地认识到水环境的变化，自发地形成环境监督的力量，来督促政府有关部门在水环境整治工作中不松懈、久久为功。这正是环境教育的价值所在。

（原文刊于《环境教育》杂志，2019 年 3 月，撰稿刘浩，本文有改动）

人物名片

姓　　名：王　涛
民　　族：汉　族
籍　　贯：河北省
所在单位：北京绿色啄木鸟志愿服务中心

55

人物事迹

2006 年 5 月至今，王涛坚持参与公共文明志愿服务，创建绿色啄木鸟公益组织并自筹 5 万元资金建立“中国禁痰网”。走进企业、走进学校开展环保主题宣传 100 多场；走进社区开展绿色交换空间活动 10 余场。目前，绿色啄木鸟公益组织已有 6 000 余名志愿者加入，遍布全国十多个城市，并成立伦敦、悉尼等海外分部。此外，绿色啄木鸟志愿服务中心还成立了河湖护水队，积极履行民间河长职责。

荣誉榜单

荣获“北京十大志愿者”“中英民间绿色使者”“第四届全国优秀公益人物”“身边雷锋，最美北京人”“感动社区人物”“2015 年度中国公益事业领军人物”以及 2018 年“第二届首都环境保护奖”等荣誉和称号。2019 年被生态环境部、中央文明办联合授予“最美生态环保志愿者”称号。

我的理想是"天下无痰"，有一天，当中国变成无痰国家、当北京变成无痰城市时，我就会觉得我付出这些是值得的。

——王　涛

王　涛：城市中的"绿色啄木鸟"

过去北京有过"随地一口痰，罚款 50 元"的规定，结果执法困难不说，还引来不少争议。而王涛的办法是递上纸巾："您把刚才吐在地上的痰擦了吧。"如果被拒绝，他就说："您不擦，那我擦吧。"这话一出口，除了个别"愣头青"，随地吐痰者都是一个大红脸后主动配合。

王涛从 2006 年开始倡导"绿色啄木鸟"行动，从制止随地吐痰到劝阻乱

绿色啄木鸟学雷锋志愿服务示范站举办生态文明建设宣传活动，首都文明委领导韩龙彬、孙平等指导工作。

扔垃圾、乱涂乱画、不排队，再到倡导绿色出行，保护森林、禁止乱伐。他创建的绿色啄木鸟公益协会致力于让北京更文明、更干净。

北京申奥成功后，所有人都期待着奥运会的到来。北京人王涛在和外国朋友的交谈中了解到，一些人随地吐痰是他们在中国旅游或工作期间印象最深的一种不文明现象。于是，从2006年开始，王涛跟“随地吐痰”较上劲了。他买了卫生纸、纸巾等物品，到天安门广场宣传禁痰。

一开始，很多人不理解王涛的做法。但他坚持，看到有人随地吐痰，就会上前劝阻，并递上纸巾，请求吐痰人擦掉自己吐在地上的痰。如果对方不愿意，他就会说：“那好吧，我帮您擦。”然后，真的蹲下身去擦痰迹。

王涛说，别人都会嫌痰脏、恶心，连自己吐的痰都不愿意擦，“我怎么会不觉得脏呢？可是不得不这样做。”他相信，这样做一定会触动别人的自尊心，给他深刻的印象。“希望他以后能有意识地不再吐痰了。”王涛说，很多人吐痰是一种习惯，一种无意识行为。但他的行为，一开始也遭到了不少白眼，甚至险些挨打。有一次，王涛看见一个小伙子边打电话边吐痰，就上前劝阻。对方骂了他几句，上了公交车。王涛也跟着上了公交车，并坐在小伙子身边，说：“我是志愿者，吐痰的行为不文明，也危害环境。”没想到，小伙子一把揪住王涛的衣领：“想打架啊？”

绿色啄木鸟学雷锋志愿服务活动。

绿色啄木鸟学雷锋志愿服务示范站，居民排队用可回收物品交换生活用品。

这样的事情，王涛遇到过几次。他说，更多的人还是愿意改正的，尤其是当自己身体力行之后。从 2006 年至今，王涛“禁痰”13 年，“明显地感觉到随地吐痰的人少了，过去一天发出去二三十包纸巾擦痰，现在只用三五包。”

如今，王涛所倡导的绿色啄木鸟行动，从公共场所到走进社区、学校、企业，从制止随地吐痰、乱扔垃圾，到制止劝阻乱闯红灯、公共场所大声喧哗等；从协调街边发生的各种矛盾，到制止公共场所抽烟、不排队；从社区垃圾分类，到引领低碳生活，涵盖公共环境治理多个方面，通过志愿者对公共环境的维护，制止劝导公共环境的不文明行为，一点一点改变着城市的行为陋习。此外，绿色啄木鸟还成立了河湖护水队，王涛任队长，护水队员每天风雨无阻坚守岗位，积极履行民间河长职责，巡视河道、路边的环境问题并及时上报，对不文明行为人进行劝导和制止。

绿色啄木鸟环保公益组织在王涛的带领下，从最初的 1 名志愿者发展到至今 6 000 余名志愿者，全国十多个城市先后加入到了绿色啄木鸟行动中来，还成立了伦敦、悉尼等海外分部。王涛组织开展的各项生态环境保护行动，得到了中央电视台、《人民日报》《北京日报》、北京电视台等 100 多家媒体的广泛报道，得到了北京市委市政府以及广大市民的高度赞扬。

王涛说，希望自己和团队成员就像执着的啄木鸟一样，为北京的环境尽心尽力，当有一天，中国变成无痰国家、北京变成无痰城市时，所有的这些付出都是值得的。

（参考资料：北京晨报《“啄木鸟”跟“随地吐痰”较劲 8 年》 作者刘洋）

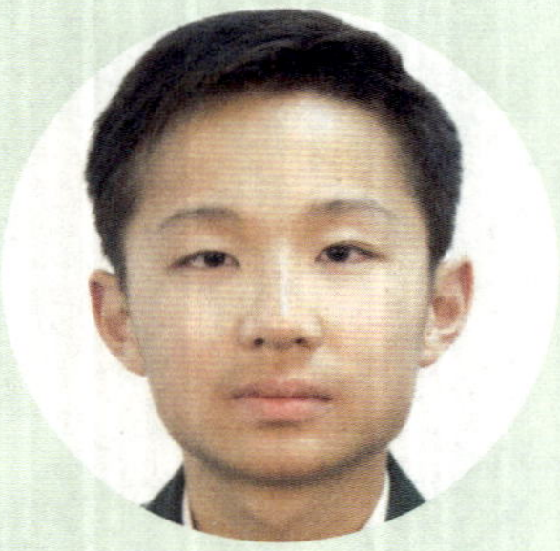

人物名片

姓　　名：陈天锐
民　　族：汉　族
籍　　贯：江苏省东台市
所在单位：南京师范大学附属中学树人学校

56

人物事迹

初中一年级时，陈天锐参加学校“秦淮河水质调查”活动，并加入了树人环保社。因表现优秀，担任环保社第二任社长，带领环保社每位小伙伴在 QQ 空间和朋友圈及班级群积极宣传环保知识。在老师的引导下，陈天锐与环保社成员组织了“树人环保小卫士”活动；向学校提交了关于设置创意分类垃圾桶的相关方案并落地实施；策划并组织完成了“滨江绿道环保步行”活动；策划完成环保剧表演——“模拟法庭”。

荣誉榜单

2019 年 3 月，被江苏省文明办推选为江苏省“新时代好少年”。2019 年 6 月，被生态环境部、中央文明办联合授予“最美生态环保志愿者”称号。

少年强则国强。美丽中国的建设中当有我们青少年的奋斗足迹！

——陈天锐

陈天锐：年少有为，环保无畏

“大家现在看到的是三汊河河口闸。三汊河河口闸位于秦淮河汇入长江口处，是‘江苏最美水地标’之一。它采用双孔护镜门的设计方案，是世界第三座同类型水闸；大闸门叠加溢流小闸门的结构形式为世界首创。汛期闸门开启泄洪，非汛期关闸蓄水，使秦淮河保持一定的水位，改善城市河道景观，并通过提高水环境容量，改善外秦淮河水质……”

金陵水脉主题研学活动正在进行，眼前这位意气风发、站在三汊河河口闸前、面对来自全国各地观摩老师们侃侃而谈的中学生，正是南师附中树人学校环保社社长陈天锐同学。他心系环保、践行环保、宣传环保，2019 年 3 月，被评为“新时代江苏好少年”；2019 年 5 月，经过层层选拔，被评为全国百名最美生态环保志愿者之一。

这位初中学生小小的身体里蕴藏着大大的能量。他与环保的故事要从 2018 年的那个春天说起。

四月的阳光温暖而明媚，四月的春风温柔而细腻，那个小小的少年不会想到，一次简单的“秦淮河水质考察”活动，会让他记忆如此深刻，让他与环保结下不解之缘。2018 年 4 月，陈天锐就读的南京师范大学附属中学树人学校地理组的老师们组织“秦淮河水质考察”活动。当时初一的他和小伙伴们一起走出校园，走进自然，触摸未曾真正了解的母亲河。

“纸上得来终觉浅，绝知此事要躬行”。活动中，陈天锐一次次地想起这句诗，一次次深切体会到其中蕴含的哲理。在南京水利展览馆，他紧紧跟着讲

在滨江环保行中清理江边废弃公共自行车。

解员的步伐，聆听秦淮河源流概况介绍，追寻金陵大地上水脉演进的印痕，体会源远流长的水文化；近距离观察南京古代先民的镇水神物——“爬虾虫”。在观看三汊河河口闸模型的动态演示过程中，他被深深震撼着，这里看看，那里瞧瞧，不断询问各种问题，“河口闸有什么作用？”“大闸门、小闸门分别有什么用处？”在讲解员的耐心讲解下，他终于了解了三汊河河口闸的基本构造和巧妙功能。

如果说参观南京水利展览馆震撼了陈天锐那颗热爱自然的心，那么接下来的环保步行、检测水质、问卷调查等一系列活动则激发了陈天锐心中强烈的环保意识。

陈天锐跟着初二的学长学姐一点点学习，目测水样透明度、颜色，闻水样的气味，学习到了水质考察的基本方法，眼前的河水似乎很浑浊，有一点点臭味，随着手中 pH 试纸颜色的一点点变化，他的心一点点紧张起来，这不是他心目中的秦淮河。他心目中的秦淮河是书中“烟笼寒水月笼沙，夜泊秦淮近酒家”的朦胧之水，是“官柳动春条，秦淮生暮潮”的灵动之水，是“千年壮丽山为郭，十里人家水绕楼”的亲民之水……看着眼前逐渐污染、水质变差的秦淮河，他才明白书本上那美丽动人、如诗如画的秦淮河已经成为历史。他的眼睛里一片茫然无措，像丢失了最珍贵礼物的孩子，急切地想要做些什么，却又不知从何开始。

活动结束后，一群志同道合的同学自发组成了南师大附中树人学校的环保社团，而他也成为一名光荣的环保小卫士。

环保小卫士的工作并不容易。环保社成立后，做些什么，从何做起毫无头绪。从无到有的过程是最艰辛的，在繁忙的学业面前，最初的热情往往会慢慢被磨灭，但陈天锐坚持下来了。他和几名骨干成员在老师的指导下，精心设计了社团活动方案，并在社团内部成立了策划组、活动组、宣传组，大家各司其职，分工协作。当每周五环保社定期活动的时候，他总能感觉到一种由衷的自豪感，每一次的讨论中他都积极说出自己的想法，每一次活动他都积极参与，渐渐的，他得到了老师及同学的喜欢和认可，成为第二任环保社社长。

社长一职不仅仅是光环和荣耀，更是责任与担当。他忘不了校长将树人环保社的标牌交给他时的信任眼光，忘不了环保社社员们对他的期待目光，他在心里暗暗发誓，我一定要带领环保社做得更好，吸引更多的人加入环保。

很多次课余时间，别人在玩耍聊天，他在静静地思考如何开展活动。有一次，他经过学校小卖部，发现有很多同学乱扔垃圾，给校园环境带来了很不好的影响。于是陈天锐便与环保社成员一同在学校人流量较大、产生垃圾最多的地方—校小卖部处，指导同学们进行垃圾分类投递。在老师的指导下，他进行了深刻的反思，光靠捡垃圾来指导同学进行垃圾分类，环保社的力量确实太小了，要借助学校的力量扩大垃圾分类的影响力，美化校园环境。在又一次的环保社活动中，他提出了自己的想法，社员们积极响应，从观察垃圾来源到提交设置创意分类垃圾桶的提案，他全程参与，课间的休息时间一再缩减，午饭也常常是草草吃完就赶着去观察校园垃圾情况，睡觉时还在一点点琢磨如何让提案更有说服力。当得知学校通过提案时，当看到社员们欢呼雀跃的情形时，当目睹创意垃圾桶里放满了对应的垃圾时，陈天锐的心里宛如喝了蜜一般甜，所

秦淮河环保行中采集水样。

秦淮河环保行中了解越城与秦淮河关系。

讲解河口闸。

有的付出都是值得的。

2018年10月底，陈天锐带领环保社的同学们一起策划并组织完成了“滨江绿道环保步行”活动。在南京最大的自来水厂——北河口水厂水源地一级保护区，陈天锐发现部分居民无视警告在水源地保护区附近垂钓，他联合环保社社员，坚决履行小河长职责，上前制止居民并拨打大河长电话举报此事。为了保护碧水蓝天，他无惧无畏。在步行活动过程中，每一次看到垃圾及被废弃的共享单车，他都会主动地去进行清理。

2018年11月，陈天锐所在的南师大附中树人学校被生态环境部评为“美丽中国，我是行动者”全国小河长、小湖长青少年环境志愿行动项目全国首批试点学校（全国仅30所）。为了更好地履行小河长职责，陈天锐带领同学们每周定期进行水质监测并作记录。

随着科技的不断进步，知识的不断更新，检测水质的方法与仪器越来越多样，陈天锐抚摸着老师带来的水质速测仪和传感器，心情激动。仪器可以帮助他们更快速地测量水的各项数值，这样就节约了把水样送到水厂的时间，有了仪器，他就可以带领环保社的社员们定期开展“小河长巡河”活动，让同学们持续深入了解秦淮河水质概况。为了早日将仪器的使用方法教给同学，他在家中查阅大量资料，课间就跑到老师身边提问，别人午休的时候他还在认真研究仪器的使用。很快他就能熟练掌握水质监测仪的使用方法，他“盯牢”每一位同学，手把手地教，直到每位同学都能熟练掌握。2019年5月，全国中学生水科技展评活动在树人学校举办，陈天锐带领同学们观摩学习，主动和来自全国各地的学长们交流，向他们请教。通过这次活动，陈天锐深切地体会到了科技进步对环境保护的重要性。从这以后，他学习的劲头更足了。

2019 年春季，又一年的“秦淮河水质考察”活动开始了。在老师们的精心设计下，今年的活动不仅仅局限于水质考察，还延伸为“金陵水脉主题研学”，多方位帮助同学了解母亲河与人们的关系。作为社长，同时又是初二的学长，陈天锐在活动开始之前就积极策划具体实施方案，完善调查问卷，采样小组的分工与合作，活动结束后的数据分析及成果汇报……因为参加过一次，所以他尽量将可能出现的情况一一分析，与老师共同协商安排各项事宜。从单纯的参与者、感受者转变为组织者、策划者，陈天锐的成长是迅速的。回到同样的起点，阳光正好，微风不燥，他相信在新入学的学弟学妹中，有着很多和曾经的自己一样的人，他们满怀好奇而来。而他要像曾经的学长学姐一样，传播知识，教会学弟学妹自己动手测量水质，传播环保理念，让更多的人一同践行环保。

宣传环保不仅是每一次活动中的响亮口号，更是身体力行、以身作则的务实作风。陈天锐敢于创新，勇于突破。除了传统的环保手抄报、横幅签字活动等，他鼓励社员们在假期针对身边的环保现象发表环保记录，在 QQ 空间和朋友圈宣传环保。他与环保社社员们共同策划了环保剧表演——“模拟法庭”，同学们自编自导自演自拍，反映“光明化工厂”乱排污水导致附近村民生存环境恶化的情况，凸显了经济发展与生态环境保护之间的尖锐矛盾，起到了很好的教育效果。在国旗下主题演讲中，他深情地说道，“也许我们尚还年幼，也许我们势单力薄，也许对于新闻中那些日益严重的地球危机无可奈何，但对于多捡起一个垃圾、多栽一棵树、多回收一次废物，还是力所能及的。而这一切只是为了能够抹去心中那份愧疚，能够告诉世界我们心底的希望，能够表达对自然的敬爱，能够说一句‘地球，对不起，我爱你’，能有资格希望，多年之后，我们能躺在绿茵地上，凝视着满天星空，无悔地回忆着今天的扬帆起航。让我们行动起来，从建设美丽校园做起，为美丽南京、美丽中国做出自己的贡献！”

年少有为，环保无畏。青春的模样大概如此。

（本文撰稿：王志洪　许雪娥）

低碳生活 从我
绿水青山就是金山银山
iCare

“美丽中国，我是行动者”

2019 年“百名最美生态环保志愿者”名单

北京市

王　涛　　北京绿色啄木鸟志愿服务中心
贺玉凤　　退休
廖理纯　　北京绿化基金会
林美钦　　北京第二外国语学院附属中学

天津市

张　涛　　天津生态城绿色之友生态文化促进会
安　旭　　天津市生态道德教育促进会
张佩环　　天津市北辰区引河里幼儿园
董　剑　　天津滨海环保咨询服务中心

河北省

孔媛媛　　邯郸市环境文化交流促进会
代进萍　　退休
师彦文　　退休
武亭亭　　张家口慈善义工联合会

山西省

张　强　　太原市环保志愿者协会

王　璟　　山西省环境文化促进会
杜　杰　　太原市希望社会工作服务中心

内蒙古自治区

白　金　　锡林郭勒盟锕锣铱公益环保志愿者协会
董永宏　　鄂尔多斯市第一中学
吴向荣　　阿拉善锁边生态协力中心
丁耀先　　包头市环保联合会

辽宁省

刘德天　　盘锦市黑嘴鸥保护协会
侯书文　　本溪市卫生健康发展服务中心、
　　　　　本溪市溪缘爱心联盟
李玉鹏　　国家海洋局大连海洋环境监测中心站

吉林省

万晓白　　白城市通榆县环保志愿者协会
任建国　　上营森林经营局
初建美　　国网通化供电公司

黑龙江省

丁伟光　　百威（佳木斯）啤酒有限公司
刘智勇　　中国石油大庆油田有限责任公司工程建设公司
　　　　　油田建设设计研究院

上海市

杨建生　　退休
牛广成　　闵行区古美社区环保服务中心

江苏省

盛　建　南京水务集团有限公司（本职）
　　　　南京爱心之旅社会工作服务中心（志愿服务）
鞠　鑫　靖江市第一高级中学（本职）
　　　　靖江赤子之心环境文化交流中心（志愿服务）
赵军友　连云港市城建控股苍梧物业管理有限公司
陈天锐　南京师范大学附属中学树人学校
黄　威　连云港日报社（本职）
　　　　连云港市清洁海岸志愿服务中心（志愿服务）

浙江省

忻　皓　浙江省绿色科技文化促进会
孙　毅　杭州市环保志愿服务总队
郁振伟　镇海绿丝带环保志愿者总队
杨建南　永嘉县蓝天公益中心

安徽省

王双喜　亳州市谯城区青年志愿者协会
陈光荣　泾县汀溪乡兽医站
方　倩　安徽省万薇林业科技有限公司

福建省

陈志鸿　厦门市滨海湿地与鸟类研究中心
钱巧玲　东南网南平站专题部
　　　　南平市环保志愿者协会
蔡鹏泽　泉州市石狮市祥芝美丽海岸志愿者协会
汤丽娟　福州市环境科学研究院

江西省

林　鹏　新余志愿者协会
蒋　忆　九江市青山绿水自然保护中心

郭联发	南昌市微爱公益发展中心
黄永富	石城县鸟人健康活动馆

山东省

李宝宝	淄博市绿丝带发展中心
杨长寨	济南回民中学
高孝河	禹城市环保志愿者协会
宿伟中	济南无痕环境文化传播中心

河南省

李发珍	平顶山市净乡村公益事业服务中心
贾迎辉	濮阳市衣往情深志愿服务队

湖北省

运建立	襄阳市环保协会（绿色汉江）
董玉清	荆门日报社
柯志强	武汉绿色江城环保服务中心
高宝燕	武汉市长江日报社

湖南省

陶桂萍	长沙市青山绿水环境保护志愿者协会
朱硕杰	汝城县志愿者联合会 湖南省绿色卫士汝城大队
曾晨希	长沙市第一中学
谭敦双	澧县梦溪镇彭家厂村
张建伟	长沙市雨花区洞见公益文化发展中心

广东省

唐治红	坪山区龙田街道龙田社区治安队
袁淑文	广州市绿点公益环保促进会
陈晓丹	深圳市环境科学研究院

广西壮族自治区

黄枢余　防城港市港口区光坡镇红沙村
王　琨　广西南宁小太阳文化传播有限公司
李景茗　广西绿色联盟、广西青年绿色营

海南省

李　波　海南师范大学
张菁华　海南省蓝丝带海洋环境保护协会
郑礼志　海南省绿手帕社区环保健康服务中心

重庆市

陈良勇　潼南区梓潼街道纪念碑社区
郑　建　渝中区巴渝公益事业发展中心

四川省

何平均　退休
罗　丹　成都根与芽环境文化交流中心
沈　尤　成都观鸟会

贵州省

王吉勇　贵阳黔仁生态公益发展中心
雷月琴　退休
朱理华　贵阳市生态文明基金会

云南省

张峰屹　昆明文明行动义工联合会
提　布　云南白马雪山国家级自然保护区管护局

陕西省

王　冰　陕西省环保志愿者联合会
刘文化　西安市未央区环保志愿者协会

郑卫钢　陕西省妈妈环保志愿者协会
张　昕　西安市青益志愿服务发展中心

甘肃省

赵向阳　平凉市青少年生态文明宣教志愿辅导员
路思阳　金川集团公司镍钴研究院
郭　峰　金川集团公司铜业公司原料分厂
张　月　兰州环境能源交易中心有限公司

青海省

葛玉修　青海省银保监局

宁夏回族自治区

王宇箫　宁夏生态文明促进会
王幼奇　宁夏大学

新疆维吾尔自治区

蒋可威　乌鲁木齐市百鸟汇生态保护志愿者团队
　　　　白鸟湖志愿者巡护队
李晓红　巴川阳光志愿者服务协会
初雯雯　阿勒泰地区瞳之初自然保护协会
　　　　瞳之初自然影像工作室

中国环境科学学会推荐

徐明昊　河海大学
陈朝煌　东北师范大学
肖开心　江西师范大学